京津冀
协同创新研究

童爱香 于怡鑫 李小燕 苗润莲　著

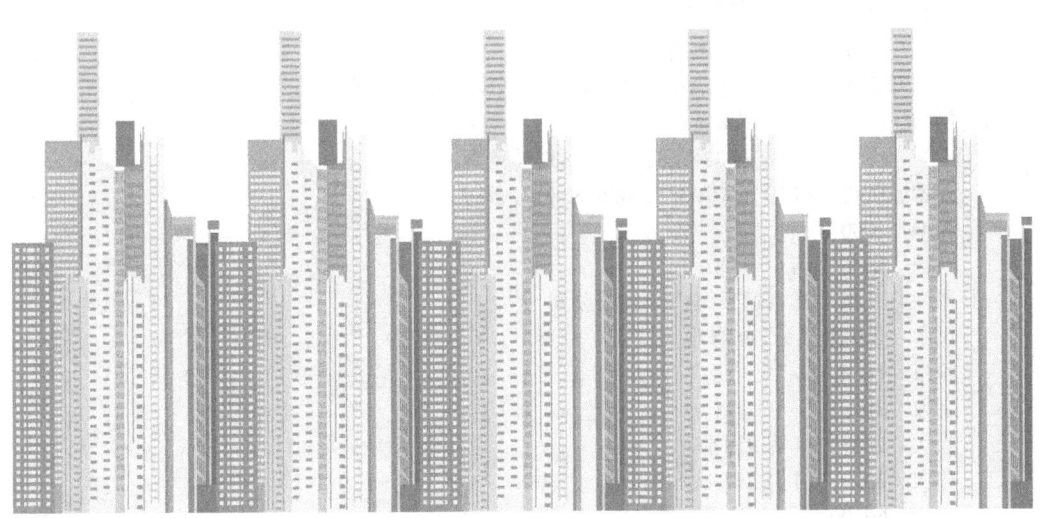

中国金融出版社

责任编辑：赵晨子
责任校对：孙　蕊
责任印制：程　颖

图书在版编目（CIP）数据

京津冀协同创新研究/童爱香等著．—北京：中国金融出版社，2023.4
ISBN 978－7－5220－1955－0

Ⅰ.①京…　Ⅱ.①童…　Ⅲ.①区域经济—国家创新系统—研究—华北地区　Ⅳ.①F127.2

中国国家版本馆 CIP 数据核字（2023）第 052679 号

京津冀协同创新研究
JINGJINJI XIETONG CHUANGXIN YANJIU

出版
发行　**中国金融出版社**

社址　北京市丰台区益泽路 2 号
市场开发部　（010）66024766，63805472，63439533（传真）
网上书店　www.cfph.cn
　　　　　　（010）66024766，63372837（传真）
读者服务部　（010）66070833，62568380
邮编　100071
经销　新华书店
印刷　北京七彩京通数码快印有限公司
尺寸　169 毫米×239 毫米
印张　14.5
字数　241 千
版次　2023 年 4 月第 1 版
印次　2023 年 4 月第 1 次印刷
定价　66.00 元
ISBN 978－7－5220－1955－0
如出现印装错误本社负责调换　联系电话（010）63263947

序　言

当前，区域协调发展战略成为全面建设社会主义现代化国家的重大举措。党的二十大报告提出了在新征程上区域协调发展的战略部署，即"促进区域协调发展，推进京津冀协同发展、长江经济带发展、长三角一体化发展"。党的十八大以来，以习近平同志为核心的党中央高瞻远瞩、统揽全局，坚持实施区域协调发展战略，促进区域协调发展。推进实施京津冀协同发展、长江经济带发展、粤港澳大湾区建设、长三角一体化发展、黄河流域生态保护和高质量发展等区域重大战略，推动形成优势互补、高质量发展的区域经济布局，区域发展的协调性不断增强，区域协调发展呈现新格局。

京津冀地区作为全国创新要素最集聚、创新产出最丰富的区域，重点高校和研究机构众多，高素质人力资源密集，知识创新成果丰富，高科技产业发展迅猛，有可能通过区域协同创新成为新时期引领中国转型升级发展的重要引擎和参与全球科技竞争的"桥头堡"。实现京津冀协同发展、创新驱动，是面向未来打造新的首都经济圈、推进区域发展体制机制创新的需要，是探索完善城市群布局和形态、为优化开发区域发展提供示范和样板的需要，是探索生态文明建设有效路径、促进人口经济资源环境相协调的需要，是实现京津冀优势互补、促进环渤海经济区发展、带动北方腹地发展的需要。

在传统的行政区划体制下，京津冀内部存在创新要素地区分布不均衡、创新资源流动性低、创新与制造协作不足等突出矛盾，成为制约区域协同发展的主要"瓶颈"。京津冀协同发展战略的核心是通过有序疏解北京非首都功能来探索人口经济密集地区的优化开发模式,通过调整经济结构、空间结构谋求内涵集约型发展,通过交通体系、城镇体系、产业布局、生态建设、社会政策一体化发展,使整个区域的生态、生产、生活得以协调和充分利用,从而使三地的优势最大化地发挥,实现区域整体的协同发展。

自2014年京津冀协同发展战略提出以来,京津冀协同发展迎来了重要发展时期,三地积极落实新的发展理念,区域合作基础不断积累,在产业转移协作、生态环境治理、交通一体化、创新共同体建设、基本公共服务共建共享等方面的协同发展初显成效。京津冀地区交通一体化作为京津冀协同发展的先导尖兵,区域内和区域间交通互联互通程度逐步得到增强,为区域的整体性发展和协同目标的实现奠定了基础。产业方面,京津冀地区立足打造"一核、双城、三轴、四区、多节点""一盘棋"空间布局,提质增效成绩亮眼,空间布局更加科学,产业间协同效应日益显著,"一盘棋"格局已初步形成。近年来,京津冀三地在生态环保领域合作越发密切,积极推动区域生态环境保护协同发展不断走向深入,统一立法、统一规划、统一标准等实现突破,生态环保领域协同成效显著。京津冀地区科技协同范围不断拓展,科技协同顶层设计不断加强,协同创新平台共建持续深化,科技成果跨区域转移转化机制取得突破,区域分工与布局得到深化,推动了地区创新链、产业链、供应链协同发展。在公共服务领域,京津冀地区持续推进京津冀公共服务等重大基础配套设施建设,夯实协同发展的配套支撑体系,努力实现区域基本公共服务均等化发展。

本书分为七个章节,试图通过理论和实践相结合的方法深入研究京津冀协同创新的相关问题。第一章基于文献综述了京津冀协同创新理论基础及研究现状;第二章梳理了2010—2020年京津冀地区经济科技发展现状;第三章从专利合作的视角分析了京津冀协同创新网络;第四章总结了京津冀地区在交通、产业、生态环保、科技创新及公共服务领域协同创新的建设成效;第五章比较研究京津冀、长三角、粤港澳三大区域协同发展现状，在比较中对京津冀协同发展进行了直观的评价，本书将科技资源共享流动视为京津冀协同发展的重要驱动力；第六章从京津冀地区科技条件资源共享，京津冀地区企业迁入、迁出现状，非首都功能疏解视角深入探讨科技资源共享流动如何促进区域协同创新，进一步提出相应的建议；第七章开展京津冀协同创新案例研究，探讨科技冬奥推动京津冀协同发展，以及京津冀地区碳达峰与碳中和问题。

　　本书在撰写过程中参考了很多国内外相关文献，在此谨向原著作者表示衷心感谢！由于时间仓促和水平有限，不足之处在所难免，敬请读者批评指正，以便改进。

著　者
2022 年 12 月

目　录

第一章 京津冀协同创新理论
基础及研究现状

　　京津冀协同创新是一种跨地区、跨组织的创新协作活动，是创新水平创新结构的整体协同。本章从创新、协同创新等基本概念入手，层层递进地诠释京津冀协同创新的内涵，进而阐述协同论、区域创新合作理论、区域创新网络理论等区域协同创新研究的相关理论基础，并基于文献计量方法对京津冀协同创新研究现状进行多维度的统计分析和可视化展示。

一、相关概念

（一）创新

　　1912 年，奥地利经济学家约瑟夫·A. 熊彼特在《经济发展理论》一书中首次提出"创新理论"，将创新者定义为资源以不同的方式进行组合，创造出新的价值的人或组织。但这种"新组合"往往是"不连续的"。也就是说，现行组织可能产生创新，然而，大部分创新产生在现行组织之外。熊彼特认为创新具有五种形式，包括开发新产品、引进新技术、开辟新市场、发掘新的原材料来源、实现新的组织形式和管理模式。[①]

　　目前，创新理论已经发展成为包含产品创新、管理创新、技术创新、市场创新、战略创新、制度创新、国家创新、区域创新、产业创新、企业创新等在内的若干不同类型和层次的复杂创新系统及相应的理论体系。相应地，创新的概念也变得非常宽泛，通常是指以现有的思维模式提出有别于常规或常人思路的见解为导向，利用现有的知识和物质，在特定的环境中，本着理想化需要或为满足社会需求而改进或创造新的事物、方法、元素、路径、环

---

① 约瑟夫·A. 熊彼特. 经济发展理论 [M]. 北京：华夏出版社，2015.

境，并能获得一定有益效果的行为。[①]

（二）协同创新

1971 年，德国物理学家赫尔曼·哈肯教授提出了"协同"的概念，又于 1976 年系统地论述了"协同理论"，发表了《协同学导论》等著作。协同论认为，整个环境中的各个系统间存在相互影响而又相互合作的关系。协同是指系统内各个子系统高效地合作，使系统的结构和功能从无序到有序、再向高一级系统演进，从而实现"1 + 1 > 2"的复杂过程。"协同创新"是"协同"和"创新"两个概念的组合。关于协同创新的内涵并没有统一的界定。中国许多学者已从关系网络、微观个体、中观组织、跨区域等视角认识协同创新，并意识到其实质上是不同主体为实现共同利益，通过各种手段或途径进行合作创新的一种行为（见表 1 - 1）。

表 1 - 1　　　　　　中国学者关于协同创新的内涵界定

视角	内涵	学者
关系网络	集群创新企业与环境既相互竞争、制约，又相互协同、受益，通过复杂的非线性相互作用产生企业自身所无法实现的整体协同效应	胡恩华（2007）、张方（2011）
中观组织	企业、政府、知识生产机构（大学、研究机构）、中介机构和用户等为实现重大科技创新，而开展大跨度整合的创新组织模式	陈劲（2011）
微观个体	合作各方以创新成果为目标，以资源共享或优势互补为前提，以利益共享、风险共担为准则，相互协调、相互合作，共同完成一项技术创新的活动	李守伟（2013）
资源要素	将创新资源和要素融合，通过各种手段，突破主体间的障碍，释放人才、资本、信息、技术等具有创新活力的元素，实现深入协作	周敏冬（2019）
跨区域	跨行政单元的创新主体利用创新资源和空间关联实现知识、技术等成果高效产出的过程	白俊红（2015）
	不同的创新主体（如政府、大学及研究机构、企业等）基于各自的利益需求而作出的跨越组织边界、地理边界、制度边界的有机体，与各协同创新主体以其所拥有的创新资源与要素，借助各要素间的相互作用和有机配合而产生的整体效率最优的过程	吴和成（2020）

[①] 王崇举，曾波，刘成杰，等.长江经济带协同创新研究［M］.北京：科学出版社，2020.

本书借鉴学者对协同创新的认识，着眼于跨区域的关系网络视角，将协同创新的内涵界定为：协同创新是政府、大学和研究机构、企业、中介机构、金融机构、非营利性组织等多元主体跨越地理边界和组织边界，发挥各自能力优势，整合互补性资源，加速技术推广应用和产业化，协作开展产业技术创新和科技成果产业化活动，实现整体效率最优并满足各自利益需求的过程。协同创新作为一种跨区域的多元主体协同互动的网络创新模式，通过知识创造主体和技术创新主体间的深入合作和资源整合，能够产生系统叠加的非线性效用。

（三）京津冀协同创新

京津冀是全国创新要素最集聚、创新产出最丰富的地区，重点高校和研究机构众多，高素质人力资源密集，知识创新成果丰富，高科技产业发展迅猛，有可能通过区域协同创新成为新时期引领中国转型升级发展的重要引擎和参与全球科技竞争的"桥头堡"。但是，在传统的行政区划体制下，京津冀内部存在创新要素地区分布不均衡，创新资源流动性低，创新与制造协作不足等突出矛盾，成为制约区域协同发展的主要"瓶颈"。因此，推进京津冀协同创新已成为实现区域整体高质量发展的迫切需求和重要任务。

京津冀协同创新是以三地创新要素禀赋为基础，以创新环境优化为保障，依靠三地比较优势，政府、大学和研究机构、企业、中介机构、金融机构、非营利性组织等多元主体跨越地理边界和组织边界，协作开展产业技术创新和科技成果产业化活动，实现整体效率最优并满足各自利益需求的过程。因此，京津冀协同创新的意义不同于传统的创新，而是知识和技术创新主体间跨越地理边界和组织边界更紧密的资源整合，不再囿于单一的线性创新模式，是京津冀区域主体多元化的新型创新模式。

京津冀协同创新的内涵可概括为两个方面：（1）京津冀三地在创新水平都保持增长的前提下，创新水平差距不断缩小，区域创新结构更加协调；（2）京津冀协同创新是一种跨地区、跨组织的创新协作活动，要求知识、技术、人才等创新资源在不同地区、不同组织之间充分流动，形成分工合理、要素匹配、协同合作、融合发展的区域创新系统。[①] 上述两个方面相辅相成，缺一不可。如果只强调京津冀三地间的合作，而最终没有实现区域创新水平

---

① 孙瑜康，李国平．京津冀协同创新水平评价及提升对策研究［J］．地理科学进展，2017，36（1）：78 – 86．

的增长，将是一种无效的协同，不仅增加了协同成本，而且降低了创新效率；如果仅注重区域整体创新水平的增长，但内部缺乏协同合作，那也是一种低效率、不均衡、不充分的增长。

二、理论基础

（一）协同论

协同论（Synergetics）也称"协同学"或"协和学"，是 20 世纪 70 年代以来在多学科研究基础上逐渐形成和发展起来的一门新兴学科，是系统科学的重要分支理论。协同论以现代科学的最新成果——系统论、信息论、控制论、突变论等为基础，主要研究远离平衡态的开放系统在与外界有物质或能量交换的情况下，如何通过自身内部的协同作用，自发地出现时间、空间和功能上的有序结构，产生协同效应，即复杂开放系统中大量子系统相互作用而产生的整体效应或集体效应。协同作为物理学概念最早被俄裔美国学者 H. I. 安索夫运用到经济学方面，并提出了合作的"蚁团效应"。后来经学者深入研究，又将协同理论内涵进行划分，出现了"互补效应"与"合作效应"。2013 年，中国学者马永坤结合实际构建了战略协同、知识协同与组织协同"三位一体"的协同创新理论框架。[1]

（二）区域创新合作理论

区域创新合作理论含义较为广泛。从区域一体化理论到协同发展理论，所有的理论共同认为要素的充分流动、资源的优化配置是区域创新合作的起因和目标。最早的新古典贸易和经济一体化理论认为，在两个及以上的国家或地区实现要素和商品的流动，各方发挥各自的比较优势，从而推动经济发展。随着时代的发展，经济一体化理论有了更深的内涵，从国家或地区发展到了区域与城市，从单一追求经济增长到多层次、全方位合作，其中比较高级的形式就是跨区域的创新合作。王丽钧（2012）提出，受区域经济聚集与扩散效应的影响，科技创新要素在区域间自由流动，形成了区域经济的集聚和专业化分工，并降低交易成本，由此影响公共资源的配置，形成了开放性、

---

[1] 马永坤. 协同创新理论模式及区域经济协同机制的建构 [J]. 华东经济管理，2013，27（2）：52 - 55.

自组织性和多样性的区域创新体系。[①] 陈劲（2012）从整合与互动强度两个维度探索构建了协同创新框架，整合维度主要包括知识、资源、行动、绩效，互动维度主要指各个创新主体之间的互惠知识分享、资源优化配置、行动最优同步、系统匹配度。无论是从这两个维度上的哪个位置来看，协同创新者都是一个沟通—协调—合作—协同的过程。[②]

（三）区域创新网络理论

区域创新网络是由区域内政府、企业、高校、科研机构和金融机构等多种主体协同创新构成的组织形式，既有利于实现资金、知识、信息和创新技术等生产要素更快速的扩散、转移、创新和增值，又有利于降低市场的不确定性，获得重要的创新协同作用和技术产品的交叉繁殖，保持区域持续的创新能力和竞争优势，从而推动区域经济乃至国家经济的发展。区域创新网络具有内部协作性、根植性、开放性、稳定性及其与环境的依存性等共同特征。

创新网络概念来自 1989 年日本东京大学今井一洋和马场靖宪（Imai & Baba，1989）提出的系统创新和跨边界网络。[③] 1991 年，英国学者 C. 弗里曼（C. Freeman）明确提出创新网络概念，认为创新网络是应付系统性创新的一种基本制度安排，而网络构架的主要联结机制是基于企业间互助创新合作共赢关系。[④] 他进而把"创新视角下的网络类型"分为合资企业和研究公司、合作 R&D 协议、技术交流协议、有技术因素推动的直接投资。1994 年，英国学者 R. 罗斯韦尔（Roy Rothwell）则提出由于研发和生产组织随着技术创新过程的不断变化而改变，以及技术创新中企业间的战略一体化和创新过程的"电子化"，创新研究正走向网络化时代。[⑤] 1996 年，P. N. 库克（Philip Nicholas Cooke）在其《区域创新系统：全球化背景下区域政府管理的作用》一书中，对区域创新网络的概念作了详细阐释。他认为，区域创新网络概念源于

① 王丽钧，顾新. 跨行政区域创新体系的形成与演化研究 [J]. 科技进步与对策，2012，29（17）：33-36.

② 陈劲，阳银娟. 协同创新的理论基础与内涵 [J]. 科学学研究，2012，30（2）：161-164.

③ Imai K., Baba Y. Systemic Innovation and Cross-border Networks：Transcending Markets and Hierarchies to Create a New Techno-economic System [M]. [S. l.]：Institute of Business Research，Hitotsubashi University，1989：389-407.

④ C. Freeman Networks of Innovators：A Synthesis of Research Issues [J]. Research Policy，1991（20）：10-15.

⑤ R. Rothwell. The Changing Nature of the Innovation Process：Implication for SMEs. In：Oaakey, R. (ed.)，New Technology Based Firms in the 1990s [M]. London：Paul Chapman Publishing，1994.

演化经济学，它强调了企业经理在社会互动中不断学习和改革而进行的选择，从而形成了企业的发展路径。这种互动超越了企业本身，它涉及高校、研究所、教育部门、金融机构等。当在一个区域内形成了这些部门的频繁互动后就形成了一个区域创新网络。1997 年，中国学者赵慕兰等提出网络中创新的参与者会在协同作用的基础上导致这种创新网络的诞生。①

学者还普遍论证了创新网络对创新活动的影响。如 1992 年，M. 斯托珀尔（Michael Storper）认为，网络内的协作从两个方面促进创新：一是高水平的协作表明了创新劳动的高水平分工和专业化；二是协作可以看作知识溢出的渠道。2001 年，英国学者 J. H. 洛夫（James H. Love）与 S. 罗珀（Stephen Roper）在总结了此前的新经济地理和区域创新系统文献后，以英国和爱尔兰工厂为对象，研究了网络和地方环境对工厂创新活动的深度和成功概率的影响，发现拥有发达外部联系合作网络的工厂显示出更大的创新强度。② 2002 年，J. 哈格多恩（John Hagedoorn）和 G. 迪伊斯特斯（Greert Duysters）③ 指出，通过跨组织的技术创新网络应用可以使企业获取新智慧，并且逐步增强企业技术创新能力。

也有不少学者以区域创新网络的视角来研究京津冀的协同创新问题。如周密等（2016）通过分析京津冀专利权的协同关系和转移网络，认为京津冀协同创新网络的可达性高、等级森严，呈现中心型—半中心型—包容型—脆弱型的复合结构。④ 张永波等（2017）基于北京市科技企业京外投资数据对京津冀科技创新的空间网络进行研究，提出了边缘扩散、散点集群和中心城市联动三种模式。⑤ 唐恒等（2017）基于专利申请的合作数据运用社会网络分析方法对京津冀地区专利合作网络进行了研究，发现从合作主体类型来看，以企业间的专利合作为主，企业与科研院所间的合作次之，企业与高校间的

① 赵慕兰，等. 历史的创举：历史科技工业园区研究 [M]. 北京：海潮出版社，1997：43.

② 周立军. 区域创新网络的结构与创新能力研究——基于知识、学习和社会资本的视角 [D]. 天津：南开大学，2009.

③ John Hagedoorn, Geert Duysters. The Effect of Mergers and Acquisitions on the Technological Performance of Companies in a High – tech Environment：Technology Analysis & Strategic Management，2002，14 (1).

④ 周密，孙浬阳. 专利权转移、空间网络与京津冀协同创新研究 [J]. 科学学研究，2016，34 (11)：1736 – 1743.

⑤ 张永波，张峰. 基于企业投资数据的京津冀科技创新空间网络研究 [J]. 城市规划学刊，2017 (Z2)：72 – 78.

合作相对较少。① 邢华等（2018）运用社会网络分析方法构建京津冀城市群创新网络，认为京津冀城市群创新网络已经逐步形成但密度不高，仍在发育中，北京处于创新网络核心地位。②

三、京津冀协同创新研究现状

（一）数据来源与研究方法

1. 数据来源

鉴于 CNKI 作为国内收录期刊文献较为完整的数据库，可反映国内学者对某学科领域的研究重点，因而选择以其为检索平台，检索式定位"（主题 = 京津冀）and（主题 = 协同创新）"，选择学术期刊库进行精确检索，时间范围设定为数据库建库时间至 2021 年 12 月 31 日，共检索到文献 1113 篇，检索后下载相关文献信息，包括作者、机构、关键词等，并通过机器和人工相结合的方式对以上数据进行去重和清洗，主要剔除作者信息不全及刊讯、书评、访谈等非学术性文献 238 篇，最终获得 875 篇有效文献数据。

2. 研究方法

从知网平台导出数据后，主要使用 Excel 及 Gephi、VOSviewer 等软件进行数据处理和分析，通过年发文量分析、研究作者分析、研究机构合作网络分析、关键词词频分析等，探讨京津冀协同创新的研究现状和趋势。

（二）文献分析

1. 发文量变化趋势分析

文献年度载文量变化能够在一定程度上反映整体的宏观变化趋势。如图 1 – 1 所示，2011—2021 年，京津冀协同创新相关文献总计 875 篇，其中，2011—2013 年发文量仅 6 篇，不足总量的 1%，说明京津冀协同创新当

---

① 唐恒，高粱洲，刘桂锋. 京津冀产学研专利合作网络时空演化研究［J］. 情报杂志，2017，36（10）：130 – 136.

② 邢华，张常明. 浮现中的城市群创新网络：京津冀城市间专利合作与城市群演进［J］. 地域研究与开发，2018，37（4）：61 – 66.

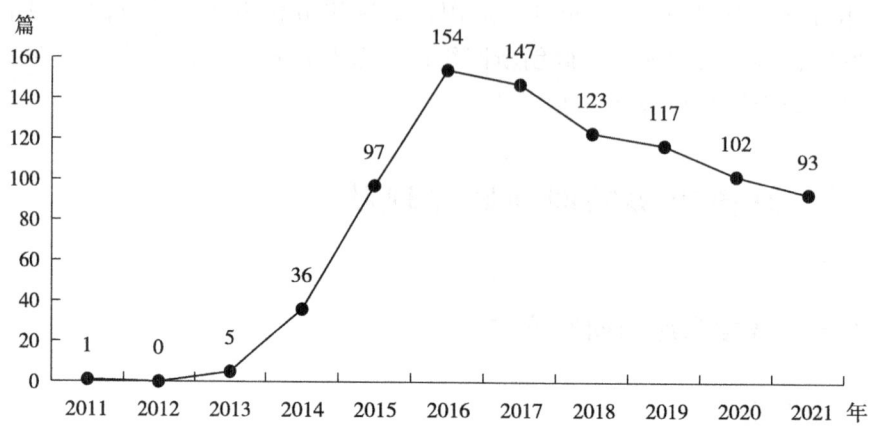

图1-1 2011—2021年京津冀协同创新研究领域学术论文发文量变化趋势

时未引起关注。2014年开始发文量出现明显的上升拐点，2014—2021年发文量占总发文量的99%，2015—2021年的年发文量保持在100篇左右，其中2016年最多，达到154篇，此后匀速下降，到2021年降至93篇。这样的发文量变化趋势与京津冀战略的发布及政策出台情况相吻合：京津冀协同创新研究是从2014年京津冀协同发展战略推出后才正式起步的。从首都圈、经济一体化、环渤海、都市圈到2014年提出的"京津冀协同发展""京津冀一体化"的概念已经经历了30多年的发展。"京津冀协同发展"的提出，使京津冀区域合作正式成为国家层面的战略，中央对其进行了规划并作出一系列指示。2014年，京津冀三地科委签署《京津冀协同创新发展战略研究和基础研究合作框架协议》，就战略研究和基础研究合作达成共识，合作重点是科技创新一体化、生态、产业协同、政策协同、科技资源共享等。该协议标志着三地正式开始整合科技资源，搭建京津冀协同创新战略框架。之后，又签署了一系列协议，用以建立创新合作的机制并保障其顺利运行达成目标。① 随着相关政策的不断出台和实践的推进，京津冀协同创新研究也受到众多专家学者的关注，并由此产生了一系列研究成果。2016年之后，相关政策和实践进入稳步推进阶段，研究趋于平稳。

2. 研究作者分析

2011—2021年共有1434位学者发表关于京津冀协同创新研究领域的论

---

① 刘琪. 京津冀区域技术创新合作网络演化研究 [D]. 天津：河北工业大学，2021.

文，总计 875 篇，人均发文量 0.61 篇，合著发表论文 527 篇，合著率为 60.02%。

本书对论文作者进行统计（作者合著代表该文献的每位作者均发表了 1 篇文章），得到京津冀协同创新领域不同发文量的作者人数。可以发现，发表 1~2 篇论文的作者人数为 1368 人，占总作者人数的 95.40%，从一个角度说明京津冀协同创新领域开展持续深入研究的人员相对较少，研究发展尚不成熟（见表 1-2）。

表 1-2　　　　　　　　　　不同发文数量的作者数

发文量（篇）	1	2	3	4	5	6~13	14
作者数（人）	1217	151	34	12	10	9	1
作者比例（%）	84.87	10.53	2.37	0.84	0.70	0.63	0.07

核心作者在一定程度上可以反映研究领域的中坚力量，并领导学科的发展。依据普赖斯提出的计算公式，核心作者的发文数量 $M = 0.749 \times \sqrt{N_{max}}$（式中 M 为发表论文篇数，$N_{max}$ 为所统计年限内发表论文数量最多的作者论文数，那些发表论文数量在 M 篇以上的作者即核心作者）。据此，对京津冀协同创新研究领域的作者群进行统计分析，得到 $N_{max} = 14$，代入公式计算出 M = 2.8，所以，发文量在 3 篇及以上的作者群体为核心作者群。根据表 1-2 的数据计算，核心作者有 66 位。受篇幅限制，这里仅列举发文量 5 篇以上的作者，并标注了作者研究机构。南开大学的张贵发文量最多，发表相关文献 14 篇，其次是北京市科学技术情报研究所的李梅及河北金融学院的刘宾，均发表相关论文 9 篇，领域核心作者主要分布在京津冀三地的高校和科研院所。通过对发文量较高的几位作者的研究方向进行分析，发现高频作者关注的方向为京津冀协同创新生态系统、京津冀创新资源、京津冀创新人才、京津冀协同创新路径、京津冀协同创新与雄安新区发展、京津冀产业链创新链融合等（见图 1-2）。

3. 研究机构分析

科研机构是科学研究的人力和智力资源所在，特定研究领域中的科研机构分布体现了其知识主体力量的总体分布。在统计分析的 875 篇文献中，以第一作者署名机构发文 10 篇及以上的机构有 17 家（见表 1-3）。

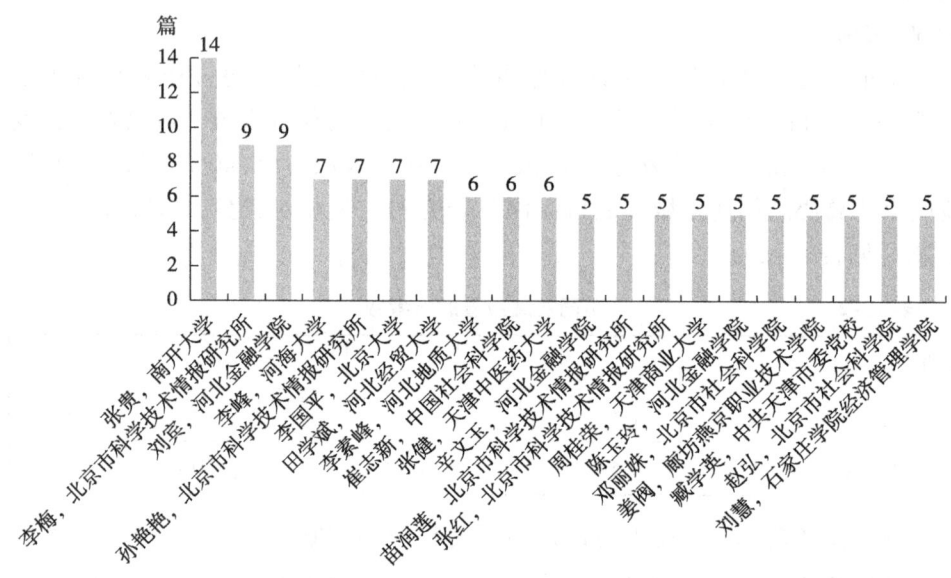

图1-2 2011—2021年京津冀协同创新研究领域作者及其机构发文量

表1-3 京津冀协同创新领域发文量10篇及以上研究机构

机构名称	数量
河北金融学院	47
河北工业大学	41
河北地质大学	27
南开大学	24
燕山大学	21
河北经贸大学	20
河北大学	20
首都经济贸易大学	20
北京市社会科学院	18
天津商业大学	17
天津社会科学院	14
中国社会科学院	14
华北理工大学	13

续表

机构名称	数量
天津财经大学	13
中国科学院	11
北京大学	11
北京市科学技术情报研究所	11

　　按照发文量对研究机构进行排序，得出京津冀协同创新研究发文量
Top5 的研究机构（含并列）依次为河北金融学院、河北工业大学、河北地
质大学、南开大学和燕山大学。在这些机构中，河北省 4 家，天津市 1 家，
且发文量前三的机构全部来自河北省，显示出河北省内学界对京津冀协同
创新的高度关注。另外，重点高校和知名科研院所占比较低，发文量在 10
篇及以上的机构中，只有南开大学、中国社会科学院、中国科学院、北京
大学等几家榜上有名，说明国家重点科研力量对该研究领域的关注相对不
足，这样的研究力量分布在一定程度上说明该领域学术创新突破的发展潜
力有限。

　　用 Python 的 Pandas 模块对科研机构数据进行统计并以电子表格形式将边
列表及节点列表分别导入 Gephi，并进行计算、排序、分割、过滤、渲染等处
理，形成京津冀协同创新主要研究机构合作网络聚类如图 1 - 3 所示，图 1 - 3
中节点的颜色深浅代表聚类分布，节点的大小代表该研究机构合作发文量的
多少，反映该机构在合作网络中的地位和影响力，节点间连线的粗细表示研
究机构间合作发文的频次，连线越粗，表示科研机构间的合作越紧密。其中，
中国科学院、北京大学、河北工业大学、华东师范大学、中国区域科学协会、
河北金融学院、河北经贸大学、中国社会科学院、中山大学、香港大学、中
国地理学会、河北农业大学、南开大学等高校和研究机构处于京津冀协同创
新研究合作网络中较为核心的位置。从合作机构地域来看，合作频次排名前
五（上述 13 家）的机构中，位于北京和河北的机构数量最多，分别是 5 家和
4 家，高于其他地区（天津、上海、广东和香港各 1 家），这表明在全国范围
内，北京和河北两地在京津冀协同创新领域的合作研究开展得最为积极活跃。
另外，聚类结果的可视化直观地描述出研究结构合作的内部社会结构，同种
颜色的机构代表它们之间有相对较强、较为积极的合作关系。可以看出，河
北金融学院、河北经贸大学、河北工业大学、河北农业大学等分别与河北其
他研究机构形成了小团块儿，即具有较强的合作关系的团体，而与北京、天

11

津的科研机构合作不明显，这表明河北科研机构在区域内合作频繁的特征突出。科研机构形成的子网络呈现范围广泛、层次丰富、强强联合的特征，其中包括中心度高的中国科学院、北京大学、中国社会科学院等，它们之间有合作，也与众多其他机构形成合作关系，团体中合作对象主要为在京机构，域外辐射到了上海、香港、广东等地区的研究机构，河北、天津的科研机构较少。

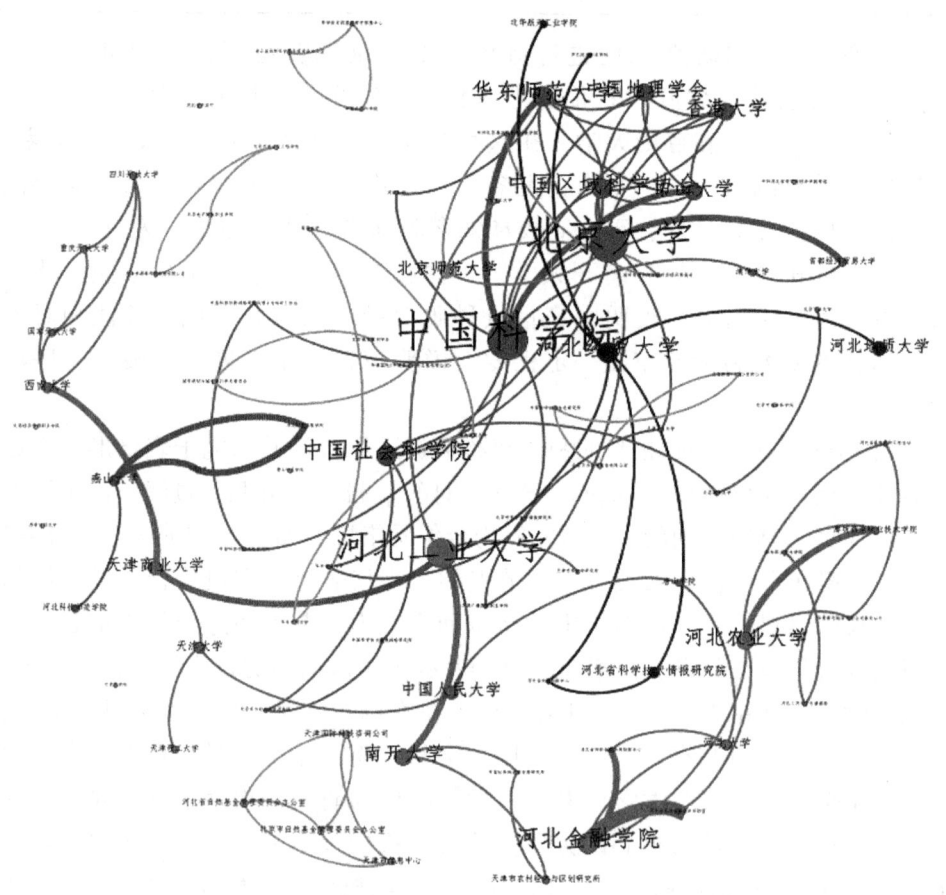

图1-3 京津冀协同创新主要研究机构合作网络聚类

4. 研究热点与演进趋势

关键词是一篇文章核心内容的浓缩提炼，如果某一关键词在其所在领域的文献中反复出现，则反映出该关键词所表征的研究主题是该领域的研究热点。关键词出现的频次越高，表明对其研究的热度越高。通过关键词词频统计，我们得到京津冀协同创新领域Top20高频关键词（去掉京津冀、京津冀协同创新等与主题完全一致的关键词），如表1-4所示。可以看到，京津冀内部的重点区域如河北、中关村、雄安新区、北京等成为京津冀协同创新领域的关注热点。同时，对于京津冀区域创新内部要素和结构的分析研究也是学者的重点研究内容，如创新生态系统、创新能力、创新驱动、创新资源、创新中心建设、创新人才等；此外，区域产业链、产业协同是京津冀协同创新研究的一大热点（见表1-4）。

表1-4　　　　　　　　　　Top20高频关键词及频次

排名	关键词	频次
Top 1	河北	34
Top 2	中关村	28
Top 3	雄安	27
Top 4	创新驱动	24
Top 5	产业协同	23
Top 6	人才培养	17
Top 7	创新创业	17
Top 8	城市群	17
Top 9	北京	16
Top 10	高校	16
Top 11	非首都功能疏解	14
Top 12	高质量发展	13
Top 13	科技创新中心	12
Top 14	创新生态系统	11
Top 15	产业链	11
Top 16	创新人才	11
Top 17	创新能力	11
Top 18	创新人才	11
Top 19	创新资源	10
Top 20	制度创新	10

为直观清晰地呈现出热点演化过程，将年度出现频次排名前100的关键词制作词云图，通过频次较高的关键词在视觉上的突出呈现，以快速了解重

点，在词云图中，字体越大，代表这个词的频次越高，出现的次数越多，如图1-4所示。

图1-4　京津冀协同创新文献前100个高频关键词年度词云图

通过词云图展示结合以年度为单位进行的高频关键词统计，可以得到关键词在不同时间窗口中的变化，研判该领域研究特点变化趋势及研究热点的演化路径。结果发现：（1）京津冀协同创新研究范围逐渐拓宽。这一点从词云图中高频关键词的密度便可窥见一斑。（2）京津冀协同创新研究深度不断增强。以产业方面的高频关键词为例，出现在高频关键词前列的产业相关关键词从"高新技术产业"到"产业技术路线图"，从"产学研协同"到"产业链""创新链""产业协同"的变化过程，说明京津冀协同创新领域相关产业研究逐步细化深化，产业与科技创新融合研究走向纵深。（3）京津冀协同创新研究的热点关键词总体变化不大，关于创新高地或承接平台、集中承载地如中关村、滨海新区、河北、雄安等始终是学者关注的重点；创新人才、创新政策等各类科技资源、创新要素以及由其组成的创新生态系统也是本领域持续研究的热点。

关键词共现可以揭示某一领域中研究内容内在的相关性和微观结构，发现热点主题。应用VOSviewe工具软件对京津冀协同创新研究文献进行关键词共现分析，绘制这些文献关键词的知识图谱。它以深浅颜色表示各个主题的重要性高低，以密度视图表示科学研究的重点与热点等。图1-5中每个节点的颜色和其特定的聚类族一致，可以快速发现每个聚类族。一个节点越大，表示其权重越大，颜色越接近于深色。相反，如果其权重越小，则颜色越接近于浅色。据此，可以快速获得图谱中重要内容的概貌（见图1-5）。

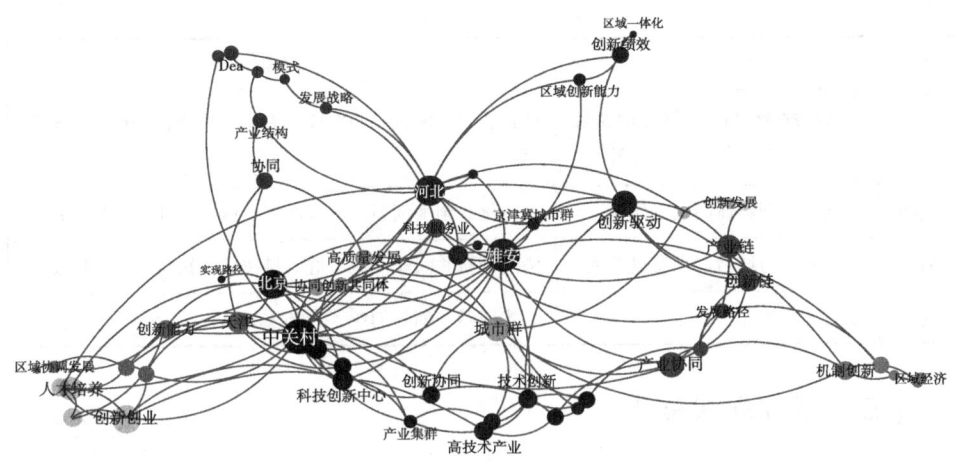

图1-5 京津冀协同创新文献关键词共现可视化网络图谱（关键词出现频次≥5）

我们选取了排名前8位的研究主题族，根据被聚类的高频词将京津冀协同创新研究主题标识归纳为：高科技产业集群与区域协同创新方面的研究；京津冀协同创新与区域一体化发展；产学研协同创新绩效；创新链、产业链融合与区域协同；区域战略新兴产业科技创新资源优化配置与创新能力提升；区域协同创新体制机制研究；科技创新与城市群高质量发展；创新人才培养（见表1-5）。这也与前文统计分析的核心作者主要研究领域相对应。总之，协同创新领域热点研究主题既涵盖创新资源、创新链条、创新生态、创新机制等对协同创新的细化研究，也包括在更加宏观的视角下，对于协同创新与产业、与城市群高质量发展等关系的研究。

表1-5　　　　　　　　京津冀协同创新文献高频关键词主题聚类

排名	主题标识	词项
Top 1	高科技产业集群与区域协同创新	中关村　产业集群　京津冀协同发展战略　创新协同　创新生态系统　创新要素　协同度　复合协同度模型　天津滨海新区　技术创新　科技创新中心　高技术产业
Top 2	京津冀协同创新与区域一体化发展	京津冀城市群　创新人才　创新绩效　创新驱动　区域一体化　区域创新能力　河北　金融创新　雄安　非首都功能疏解
Top 3	产学研协同创新绩效	Dea　产业结构　产学研　产学研协同创新　协同　发展战略　模式
Top 4	产业链、创新链融合与区域协同	产业升级　产业协同　产业链　创新资源　创新链　发展路径　科技服务业

续表

排名	主题标识	词项
Top 5	区域战略新兴产业科技创新资源优化配置与创新能力提升	创新能力　区域协调发展　天津　战略新兴产业　科技资源
Top 6	区域协同创新体制机制研究	一体化　制度创新　区域经济　协同治理　机制创新
Top 7	科技创新与城市群高质量发展	协同创新共同体　城市群　科技成果转化　高质量发展
Top 8	创新人才培养	人才培养　创新创业　大学生　高校

（三）研究现状总结

基于文献计量视角，阐述了载文数量、作者、研究机构、研究热点等领域研究的基本情况，并引入社会网络分析方法对部分重点研究对象的内部关系进行了量化分析和可视化展示，试图多层次、多维度，深入浅出地向读者呈现京津冀区域协同创新领域研究现状。主要研究结论如下：

2014年以后，随着京津冀区域合作正式成为国家层面的战略以及其后一系列政策的相继出台和实践的展开，京津冀协同创新也引起了学术界的广泛关注，尤其是引起了京津冀区域内和区域研究领域内学者的研究与讨论。

河北省内学者对京津冀协同创新研究的活跃度很高，并在河北省内以河北工业大学、河北金融学院、河北经贸大学、河北农业大学等为核心，重点与省内其他研究机构开展相关问题的联合研究，形成了较强合作关系的省域内研究合作团体。北京则以首经贸大学、北京社科院、中国社科院、中国科学院、北京大学、北京市科学技术情报研究所等机构为该领域的重点研究机构，并形成了以中国科学院、北京大学、中国社科院、中国区域科学协会等为核心，以华南师范大学、香港大学等京津冀区域外高水平学术机构为合作对象的研究网络。天津域内开展相关研究的单位主要是南开大学、天津商业大学、天津社科院等。京津冀之间开展联合研究的迹象并不明显，仅形成了河北工业大学—南开大学—天津农村经济与区域研究所、天津大学—中国人民大学—天津理工大学等少数跨行政区的合作网络。

京津冀协同创新领域的关注热点包括区域内协同创新相关重点区域，如中关村、河北、雄安新区、北京、滨海新区等；包括区域创新内部要素和结构的研究，如创新生态系统、创新能力、创新资源、创新中心建设、创新人才、创新机制等。此外，区域产业链、产业链创新链融合是京津冀协同创新研究的热点。

　　未来京津冀协同创新的研究将不断向纵深发展，区域新高地或承接平台、集中承载地以及创新人才、创新政策等各类科技资源、创新要素和由其组成的创新生态系统将是本领域的持续研究热点。另外，相比地方科研力量，国家重点科研力量对该研究领域的关注相对不足，这样的研究力量分布在一定程度上制约了该领域学术创新突破的发展潜力，未来应促进国内重点高校和知名科研院所加大对该领域的关注以及推动三地之间的科研机构加强合作研究。

第二章　京津冀地区经济科技发展现状

京津冀地区是中国的"首都圈",位于东北亚中国地区的环渤海心脏地带,土地面积为216021平方千米,约占中国国土面积的2.24%,相当于长三角地区的3/5、粤港澳大湾区面积的1.19倍。京津冀地区承载着全国8%的人口,吸引着25%的外商直接投资,提供了15%的研发经费,贡献着全国10%的国内生产总值,成为中国当前经济最具活力、开放程度最高、创新能力最强、吸纳人口最多的区域之一。

一、京津冀地区经济社会发展现状

京津冀地区是我国经济活动重要的集聚区域,随着协同发展上升为国家战略,三地协同创新步伐不断加快,区域经济高质量发展,创新发展能力不断提升。

(一) 京津冀地区人口概况

1. 京津冀地区常住人口

作为国民经济和社会发展的重要指标,常住人口是评估国民经济生产能力、居民福利水平等的重要基础数据,直接影响一国或一地区的人均生产总值、人均社会消费、人均财政投入等。2010—2021年京津冀地区人口持续增长,年均增速约为0.47%,约与全国总人口平均增速持平,占全国人口的比重呈波动下降态势。2021年,京津冀地区常住人口合计11009.6万人,约占全国总人口的7.79%。其中,北京市、天津市、河北省常住人口分别为2188.6万人、1373万人和7448万人,占京津冀区域常住人口的比重分别为19.88%、12.47%和67.65%(见图2-1、图2-2)。

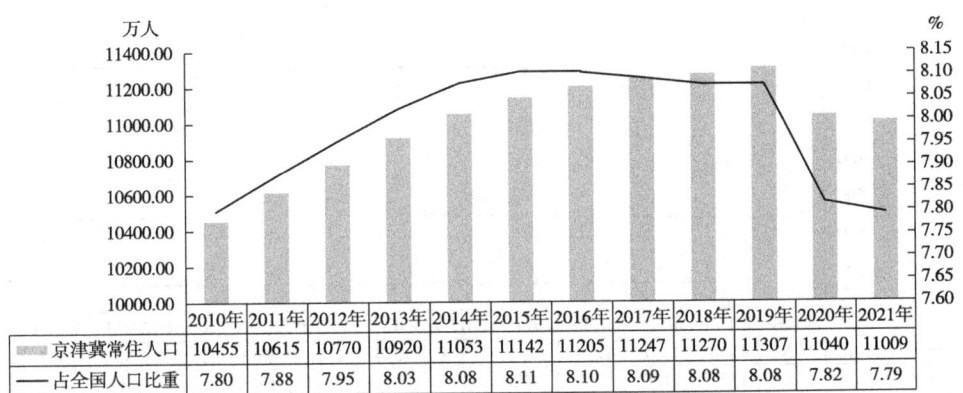

图 2 – 1　2010—2021 年京津冀地区常住人口占全国人口比重

（资料来源：根据各地统计年鉴和统计公报数据整理）

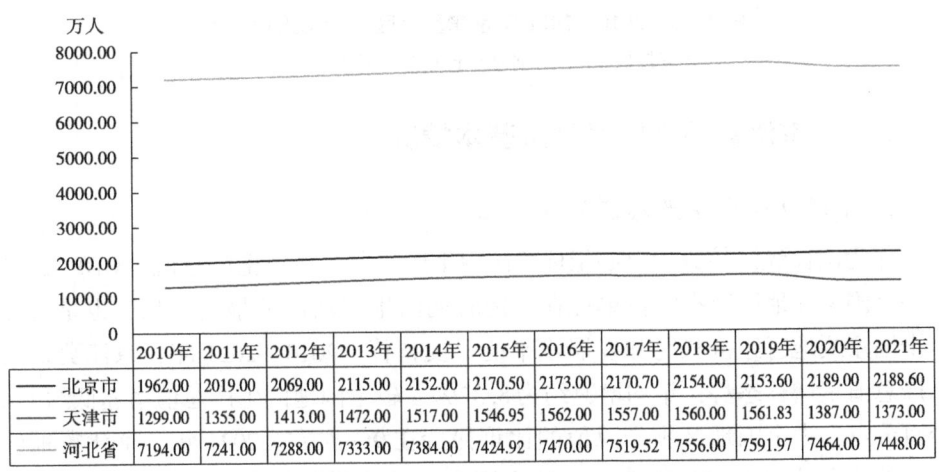

图 2 – 2　2010—2021 年京津冀地区常住人口

（资料来源：根据各地统计年鉴和统计公报数据整理）

2. 京津冀地区人口密度

人口密度是单位土地面积上的人口数量，是衡量一个国家或地区人口分布状况的重要指标。2010—2021 年京津冀地区常住人口分布不均衡加剧，北京市和天津市人口密度增长远高于河北省。2021 年，京津冀区域人口密度约为 510 人／平方千米，远高于全国人口密度 147 人／平方千米。其中，北京市、天津市、河北省人口密度分别约为 1334 人／平方千米、1152 人／平方千米和 397 人／平方千米（见图 2 – 3），较 2010 年分别增加了 11.55%、5.70% 和 3.53%。

19

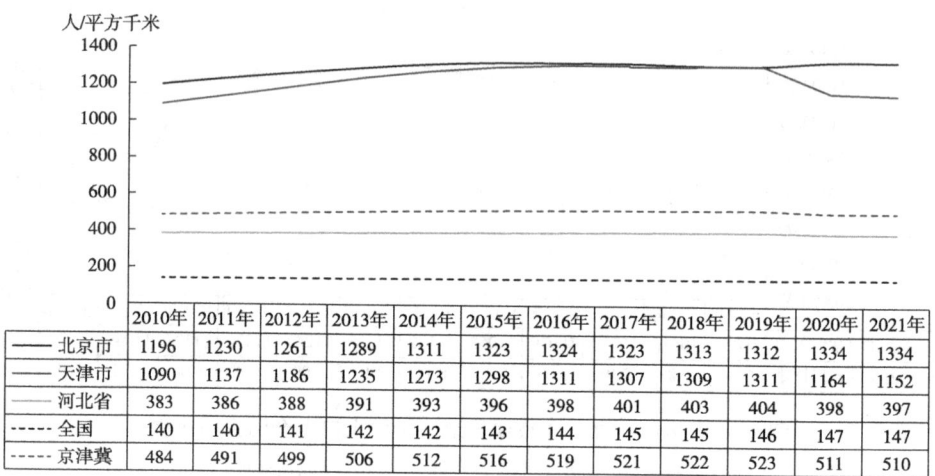

图 2 – 3　2010—2021 年京津冀地区及全国人口密度

（资料来源：根据各地统计年鉴数据整理计算）

（二）京津冀地区国民经济基本情况

1. 京津冀地区生产总值基本情况

作为国民经济核算的核心指标，国内生产总值、地区生产总值（GDP），是指一个国家或地区所有常住单位在一定时期内生产活动的最终成果，也是衡量一个国家或地区经济状况和发展水平的重要指标。2010—2021 年，京津冀地区生产总值呈增长态势，年均增速约为 8.37%，较全国地区生产总值增速低约 1.4 个百分点，占全国地区生产总值的比重保持在 9% 左右。2021 年，京津冀地区生产总值合计达 96355.95 亿元，约占国内生产总值的 8.43%。其中，北京市、天津市、河北省地区生产总值分别为 40269.6 亿元、15695.05 亿元和 40391.3 亿元，2010—2021 年年均增速分别约为 9.42%、7.86% 和 7.62%，占京津冀地区生产总值的比重分别约为 41.79%、16.29% 和 41.92%（见图 2 – 4）。

2. 京津冀地区人均地区生产总值情况

人均国内生产总值即"人均 GDP"，是人们了解和把握一个国家或地区宏观经济运行状况的有效工具，常作为发展经济学中衡量经济发展状况的指标。2010—2021 年，京津冀人均地区生产总值呈增长态势，年均增速约为 7.86%，较全国地区生产总值增速低约 1.39 个百分点。2021 年，京津冀人均地区生产总值约为 87520 元/人，高于全国平均水平 8.10%。其中，北京市、

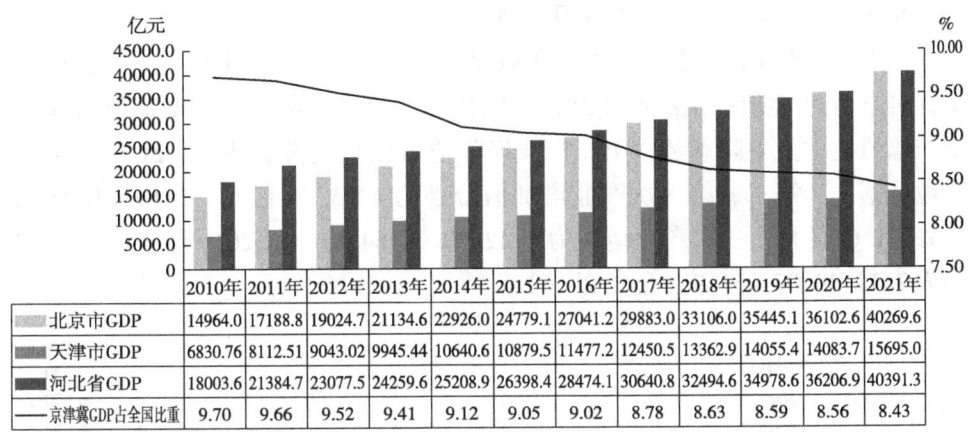

图 2 - 4 2010—2021 年京津冀地区生产总值及占全国比重

（资料来源：根据京津冀三地统计年鉴和统计公报数据计算）

天津市、河北省人均地区生产总值分别为 183997 元/人、114312 元/人和 54231 元/人（见图 2 - 5），分别相当于京津冀人均地区生产总值的 2.10 倍、1.31 倍和 0.62 倍，2010—2021 年人均地区生产总值年均增速分别约为 8.34%、7.31% 和 7.28%。

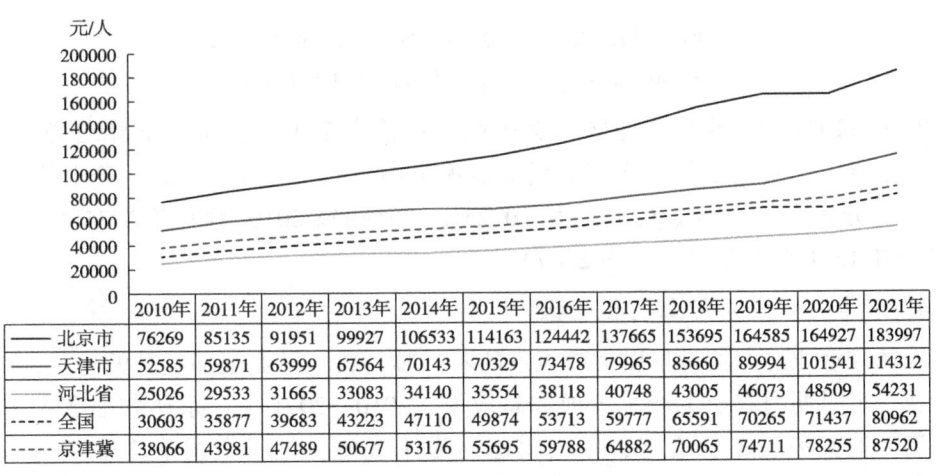

图 2 - 5 2010—2021 年京津冀地区及全国人均地区生产总值

（资料来源：根据京津冀三地统计年鉴和统计公报数据计算）

3. 京津冀地区三次产业结构现状

三次产业结构是国民经济中产业结构问题第一位的重要关系。2010—2021 年，京津冀地区三次产业结构不断优化，第一、第二产业增加值占地区生产总值比重呈下降态势，第三产业增加值占比呈上升态势。2021 年，京津冀地区第一、第二、第三次产业增加值分别为 4255.71 亿元、29487.07 亿元和 62501.67 亿元，三次产业结构为 4.42:30.60:64.87，而 2010 年三次产业结构为 7.12:39.07:55.19（见图 2-6）。

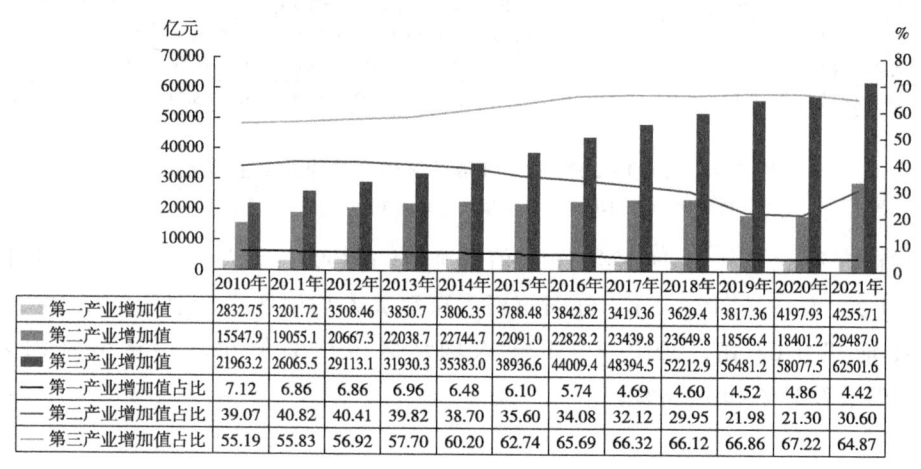

	2010年	2011年	2012年	2013年	2014年	2015年	2016年	2017年	2018年	2019年	2020年	2021年
第一产业增加值	2832.75	3201.72	3508.46	3850.7	3806.35	3788.48	3842.82	3419.36	3629.4	3817.36	4197.93	4255.71
第二产业增加值	15547.9	19055.1	20667.3	22038.7	22744.7	22091.0	22828.2	23439.8	23649.8	18566.4	18401.2	29487.0
第三产业增加值	21963.2	26065.5	29113.1	31930.3	35383.0	38936.6	44009.4	48394.5	52212.9	56481.2	58077.5	62501.6
第一产业增加值占比	7.12	6.86	6.86	6.96	6.48	6.10	5.74	4.69	4.60	4.52	4.86	4.42
第二产业增加值占比	39.07	40.82	40.41	39.82	38.70	35.60	34.08	32.12	29.95	21.98	21.30	30.60
第三产业增加值占比	55.19	55.83	56.92	57.70	60.20	62.74	65.69	66.32	66.12	66.86	67.22	64.87

图 2-6 2010—2021 年京津冀地区三次产业增加值及占比

（资料来源：根据京津冀三地统计年鉴和统计公报数据计算）

2010—2021 年，京津冀地区三次产业增加值占全国的比重呈下降态势。2021 年，第一、第二、第三次产业增加值占全国第一、第二、第三次产业增加值比重分别为 5.12%、6.54% 和 10.25%，分别较 2010 年下降 2.25 个、1.57 个和 1.81 个百分点（见图 2-7）。

4. 京津冀地区分行业发展现状

农林牧渔业总产值是指以货币表现的农、林、牧、渔业全部产品的总量，它反映一定时期内农业生产总规模和总成果。2010—2021 年，京津冀地区农林牧渔产值呈波动增长态势，年均增速约为 4.20%，低于全国平均增速约 3.09 个百分点。2021 年京津冀地区农林牧渔业产值达 7793.90 亿元，约占全国农林牧渔总产值的 5.30%，较 2010 年下降了约 2.01 个百分点；占京津冀地区 GDP 比重约为 8.09%，较 2010 年下降了约 4.36 个百分点，较全国农林牧渔业产值占 GDP 比重低约 4.76 个百分点（见图 2-8）。

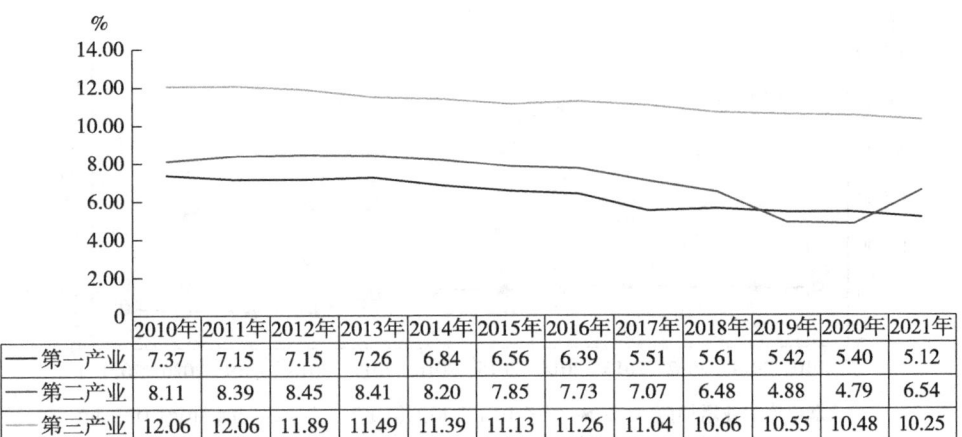

图 2 - 7　2010—2021 年京津冀地区三次产业增加值占全国比重

（资料来源：根据京津冀三地统计年鉴和统计公报数据计算）

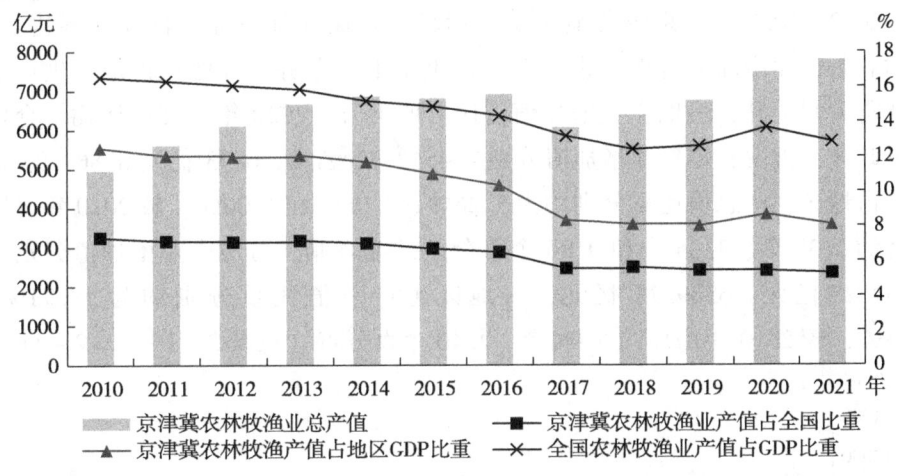

图 2 - 8　2010—2021 年京津冀地区农林牧渔产值及占比情况

（资料来源：根据京津冀三地统计年鉴和统计公报数据计算）

工业增加值是指工业企业在报告期内以货币形式表现的工业生产活动的最终成果，反映了生产单位或部门对国内生产总值的贡献。2010—2021 年，京津冀地区工业增加值呈波动增长态势，占地区生产总值的比重和占全国工业增加值比重也呈波动下降态势。2021 年，京津冀地区工业增加值为 25482.7 亿元，占全国工业增加值比重约为 6.84%，较 2010 年下降约 3.29 个百分点；占地区生产总值比重约为 26.45%，较 2010 年下降约 15.59 个百分点（见图 2 - 9）。

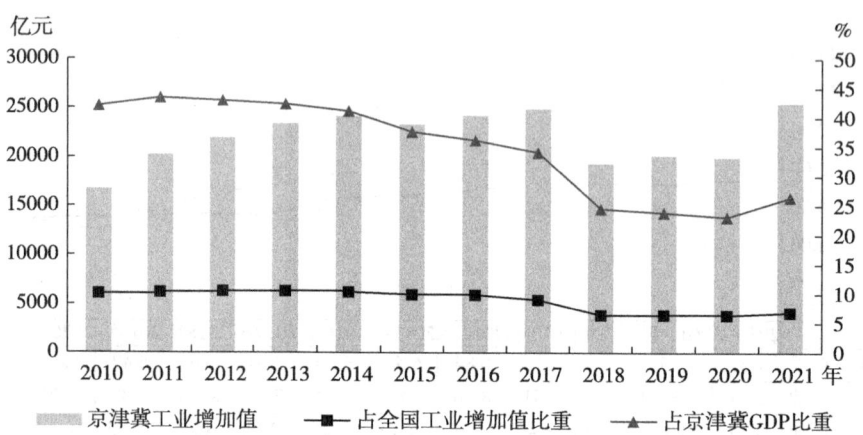

图 2-9 2010—2021 年京津冀工业增加值基本情况及占全国比重

（资料来源：根据京津冀三地统计年鉴和统计公报数据计算）

2010—2020 年，京津冀地区交通运输、仓储和邮政业，批发和零售业，住宿和餐饮业增加值占地区生产总值比重呈下降态势，金融业占地区生产总值比重大幅上升，房地产业增加值占比有所上升。2020 年，交通运输、仓储和邮政业，批发和零售业增加值分别为 4542.72 亿元、6893 亿元和 864.93 亿元，占地区生产总值比重分别约为 5.26%、7.98% 和 1.00%，较 2010 年分别下降约 2.39 个、3.35 个和 0.86 个百分点；金融业、房地产业增加值分别为 11844.25 亿元、6589.73 亿元，占地区生产总值比重分别约为 13.71%、7.63%，较 2010 年增加约 6.04 个、2.40 个百分点（见图 2-10、图 2-11）。

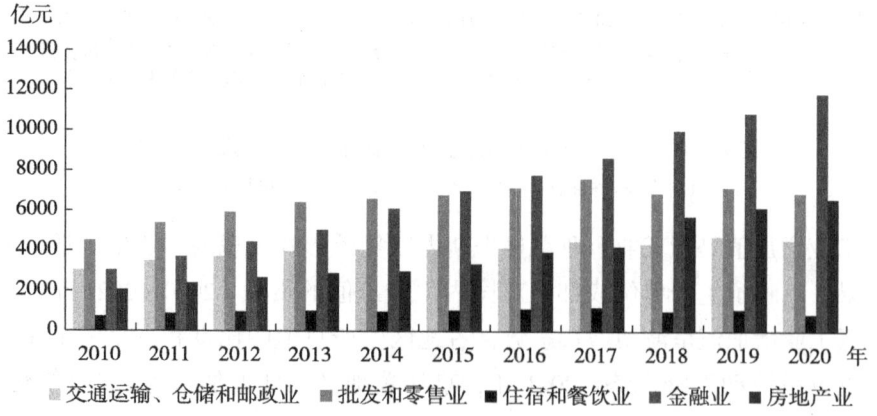

图 2-10 2010—2020 年京津冀地区第三产业主要行业增加值

（资料来源：根据京津冀三地统计年鉴数据整理）

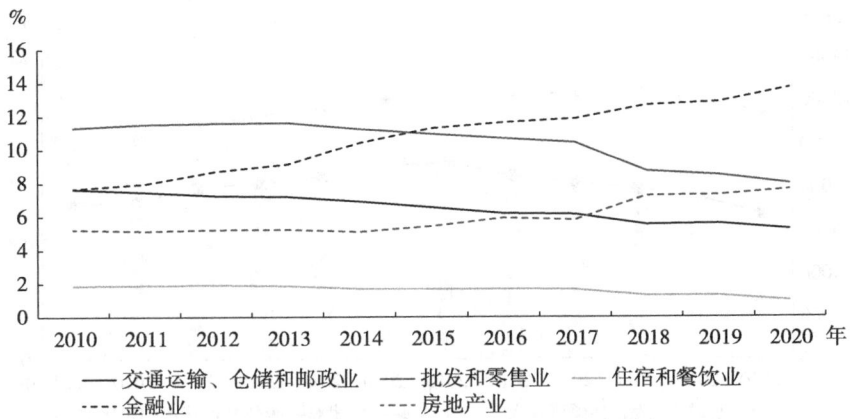

图 2-11 2010—2020 年京津冀地区第三产业主要行业增加值占 GDP 比重

(资料来源：根据京津冀三地统计年鉴数据计算整理)

(三) 京津冀地区财政收支基本情况

1. 京津冀地区财政收入

财政收入是衡量一国（或地区）政府财力的重要指标，政府在社会经济活动中提供公共物品和服务的范围和数量，在很大程度上取决于财政收入的充裕状况。财政收入占 GDP 的比重是衡量一个国家或地区经济运行质量的重要指标，又称财政依存度，在一定程度上反映了国民（或地方）收入在 GDP 分配中的比重。一般来说，财政收入占 GDP 的比重越高，国家（或地方）财力就越雄厚。2010—2021 年，京津冀地区一般公共预算收入呈增加态势，占 GDP 比重呈先上升后下降的态势，且低于全国一般公共预算收入占全国 GDP 比重。2021 年，京津冀地区一般公共预算收入为 12240.90 亿元，占 GDP 比重约为 12.70%，较全国一般公共预算收入占 GDP 比重低 5.01 个百分点（见图 2-12）。

2010—2021 年，北京市和天津市一般公共预算收入占 GDP 比重呈波动下降态势，河北省则呈上升态势。2021 年，北京市、天津市一般公共预算收入分别为 5932.30 亿元、2141.0 亿元，占 GDP 比重分别约为 14.73%、13.64%，较 2010 年分别下降了约 1.00 个和 2.01 个百分点；河北省一般公共预算收入为 4167.6 亿元，占 GDP 比重约为 10.32%，较 2010 年增加了 2.92 个百分点（见图 2-13）。

25

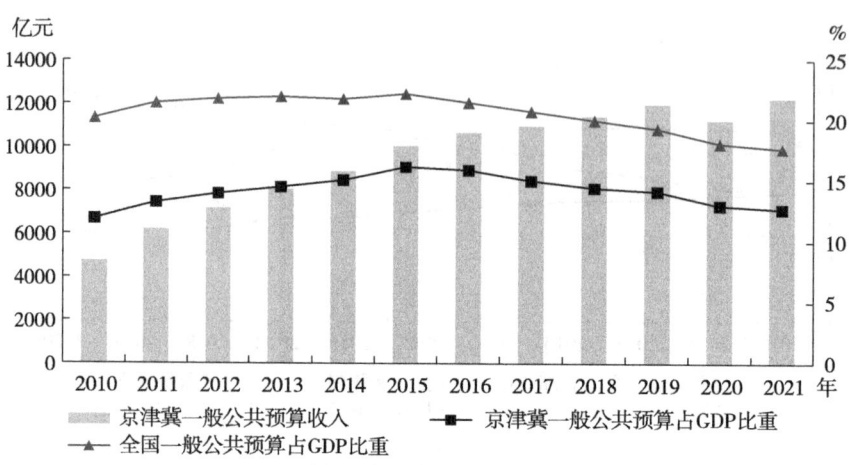

图 2 - 12 2010—2021 年京津冀地区一般公共预算收入及占 GDP 比重

（资料来源：根据统计年鉴数据计算）

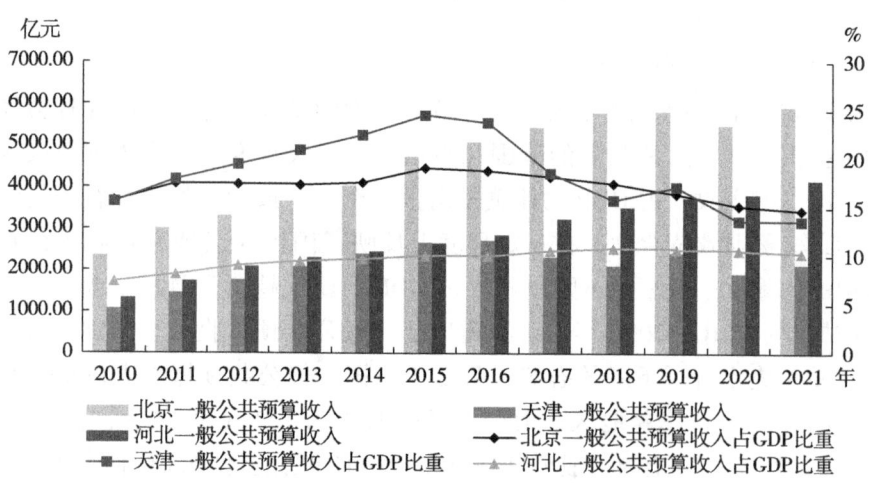

图 2 - 13 2010—2021 年京津冀三地一般公共预算收入占 GDP 比重

（资料来源：根据京津冀三地统计年鉴数据计算整理）

2. 京津冀地区财政支出

财政支出是政府分配活动的一个重要方面，财政对社会经济的影响作用主要是通过财政支出来实现的，因而财政支出的规模和结构，往往反映一国政府为实现其职能所进行的活动范围和政策选择的倾向性。财政支出占 GDP

比重又称为财政支出规模，反映了政府实际上参与社会经济生活的程度。2010—2021 年，京津冀地区一般公共预算支出呈增加态势，占 GDP 比重呈先增后降态势，且低于全国一般公共预算支出占全国 GDP 的比重。2021 年，京津冀地区一般公共预算支出为 19210.00 亿元，占 GDP 比重约为 19.94%，较全国一般公共预算支出占 GDP 比重低 1.60 个百分点（见图 2 – 14）。

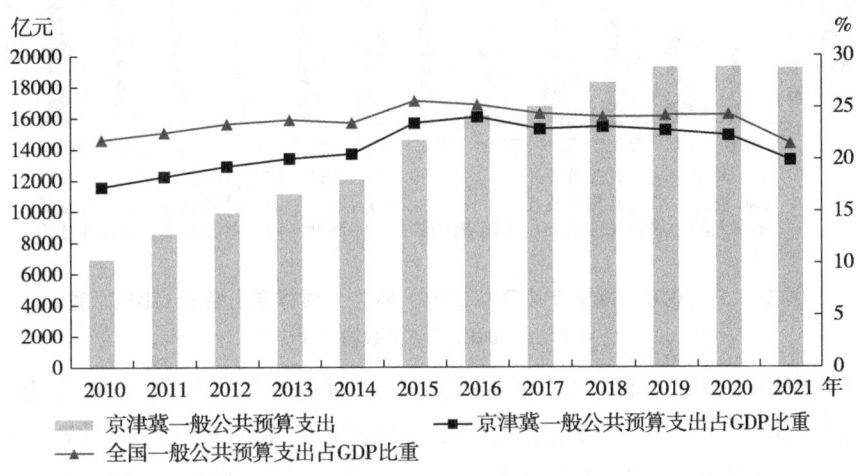

图 2 – 14　2010—2021 年京津冀地区一般公共预算支出及占 GDP 比重

（资料来源：根据统计年鉴数据计算）

2010—2021 年，北京市、天津市一般公共预算支出绝对值呈增加态势，但占 GDP 比重呈下降态势；河北省一般公共预算支出占 GDP 比重增加态势。2021 年，北京市、天津市、河北省一般公共预算支出分别为 7205.10 亿元、3150.40 亿元、8854.50 亿元，占 GDP 比重分别约为 17.89%、20.07%、21.92%。其中，北京市、天津市一般公共预算支出占 GDP 的比重较 2010 年分别下降约 0.27 个、0.08 个百分点，河北省较 2010 年增加约 6.26 个百分点（见图 2 – 15）。

3. 京津冀地区教育财政支出

在财政预算中，公共教育支出所占的比例决定了公共教育支出的量。人们一般用公共教育支出占 GDP 的比重来比较教育支出的相对规模，衡量政府对教育的投入程度。2010—2020 年，京津冀地区一般公共预算中教育支出持续增长，年均增速约为 10.28%，低于全国平均增速约 0.94 个百分点；占一般公共预算支出比重呈波动态势，且高于全国水平。2020 年，京津冀地区一般公共预算中教育支出约为 3177.46 亿元，占京津冀地区一般公共预算支出

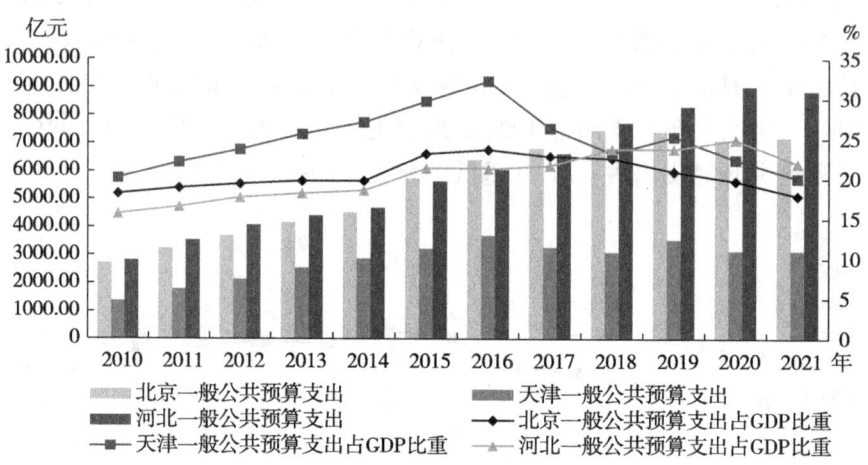

图 2 - 15　2010—2021 年京津冀三地一般公共预算支出及占 GDP 比重

（资料来源：根据统计年鉴数据整理计算）

的比重约为 16.47%，高于全国一般公共预算教育支出占比约 1.67 个百分点（见图 2 - 16）。其中，北京市、天津市、河北省一般公共预算中教育支出分别为 1138.29 亿元、442.91 亿元和 1596.26 亿元，分别约占一般公共预算支出的 16.00%、14.05% 和 17.69%（见图 2 - 17）。

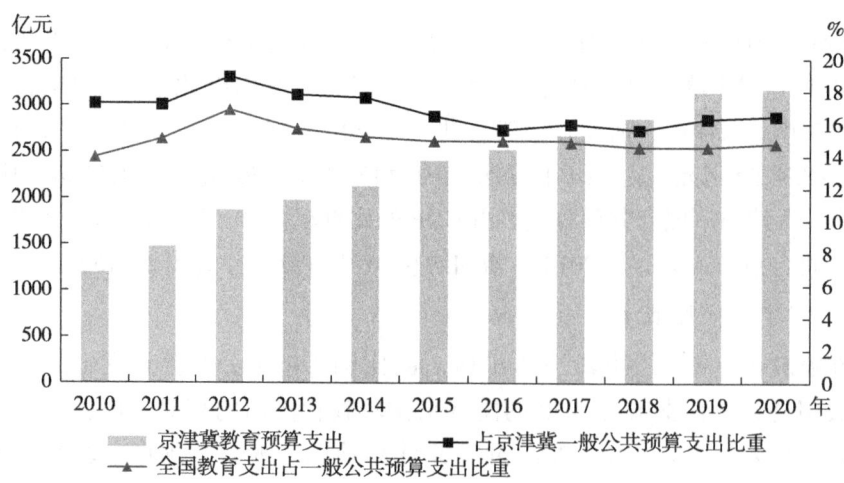

图 2 - 16　2013—2020 年京津冀地区教育财政支出情况及占全国比重

（资料来源：根据统计年鉴数据计算）

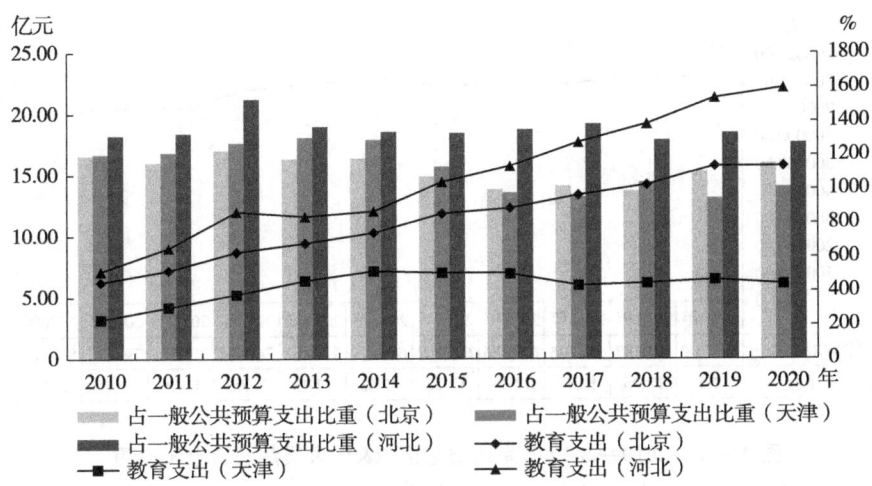

图 2 - 17　2010—2020 年京津冀三地教育财政支出情况及占一般公共预算支出比重

（资料来源：根据统计年鉴数据计算）

二、京津冀地区创新基本情况

党的十八大以来，以习近平同志为核心的党中央审时度势，先后提出了京津冀协同发展和长江经济带发展两大区域发展战略。京津冀协同发展迎来了重要的发展时期，三地积极落实新的发展理念，不断书写着新的发展篇章。

（一）研究与试验发展（R&D）基本情况

R&D 指标是科技活动的核心指标，是用来说明科技活动规模和发展速度的重要指标，可用于衡量一个国家、地区的科技实力和竞争力。R&D 投入包括 R&D 人员和经费投入两方面。R&D 人员是指 R&D 活动单位中从事基础研究、应用研究和试验发展活动的人员，用于反映国家或地区人力资源投入总量情况。2010—2020 年，京津冀地区 R&D 人员总量持续增长，年均增速约为 6.04%，低于全国 R&D 人员同期增速约 1.82 个百分点。2020 年，京津冀地区 R&D 人员达 805768 人，约占全国 R&D 人员数的 10.67%（见图 2 - 18）。

每万从业人口中 R&D 研究人员数量是衡量一个国家创新能力的重要指标，也是衡量科技人力资源层次与质量的重要指标。2010—2020 年，京津冀地区每万从业人口中 R&D 人员数持续稳步增加，年均增速约为 5.67%，低于

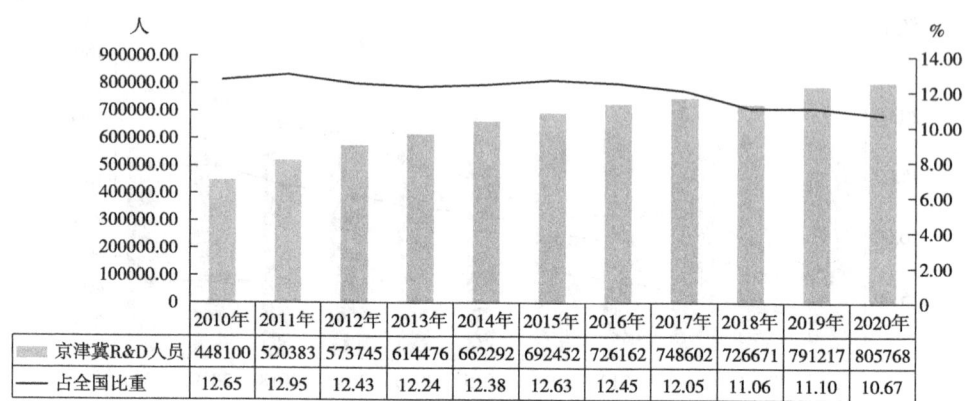

图 2 - 18　2010—2020 年京津冀地区 R&D 人员数及占全国比重

（资料来源：根据《中国科技统计年鉴》数据整理计算）

全国同期平均增速约 2.34 个百分点。2020 年，京津冀地区每万从业人口中 R&D 人员数约为 138.3 名，约是全国水平的 1.37 倍。其中，北京市、天津市、河北省每万从业人口中 R&D 人员数分别约为 375.82 名、152.06 名和 53.42 名，分别约是全国每万从业人口中 R&D 人员数的 3.74 倍、1.51 倍和 0.53 倍（见图 2 - 19）。

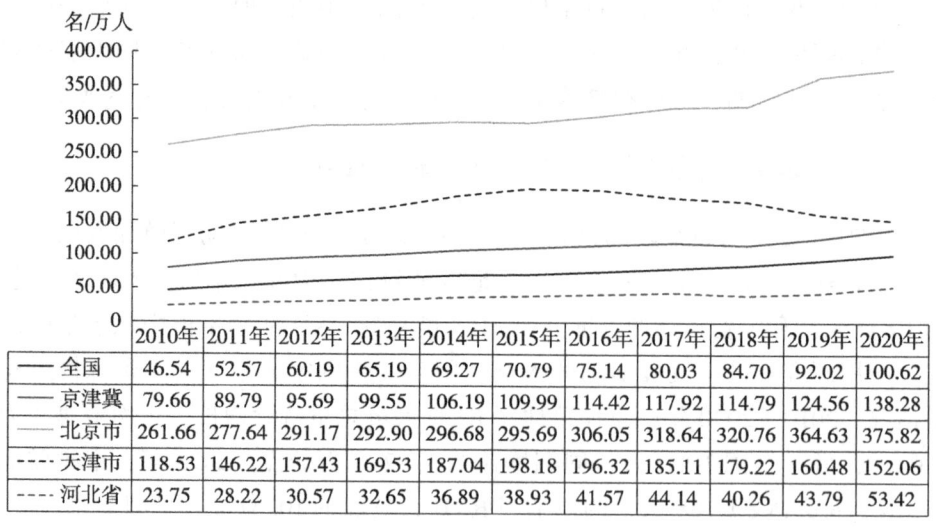

图 2 - 19　2010—2020 年京津冀地区及全国每万从业人口中 R&D 人员数

［资料来源：根据《中国科技统计年鉴》和《河北统计年鉴》（2021）数据计算］

R&D 全时当量是国际上通用的、用于比较科技人力投入的指标。2010—2020 年，京津冀地区 R&D 人员全时当量呈增加态势，年均增速约为 5.78%，较同期全国 R&D 人员全时当量年均增速低 1.66 个百分点。2020 年，京津冀地区 R&D 人员全时当量为 551976.9 人年，约占全国 R&D 人员全时当量的 10.54%，较 2010 年下降了约 1.78 个百分点（见图 2 - 20）。其中，北京市、天津市、河北省 R&D 人员全时当量分别为 336279.8 人年、90639.5 人年和 125057.6 人年，约占全国 R&D 人员全时当量的 6.43%、1.73% 和 2.39%。

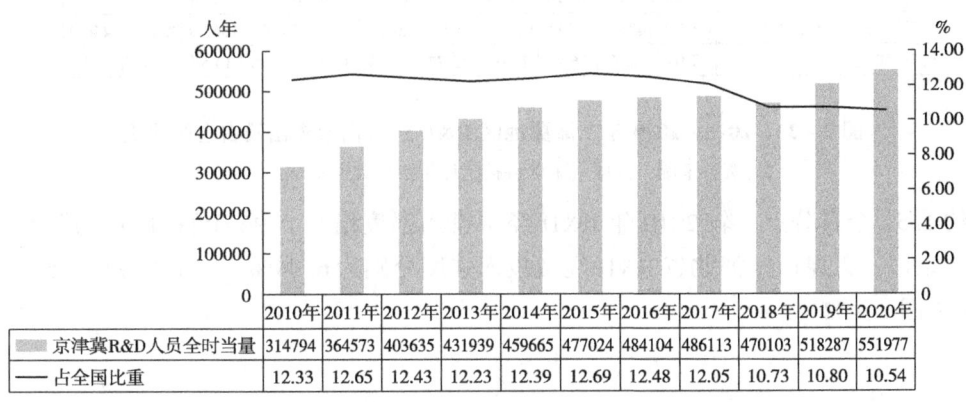

	2010年	2011年	2012年	2013年	2014年	2015年	2016年	2017年	2018年	2019年	2020年
京津冀R&D人员全时当量	314794	364573	403635	431939	459665	477024	484104	486113	470103	518287	551977
占全国比重	12.33	12.65	12.43	12.23	12.39	12.69	12.48	12.05	10.73	10.80	10.54

图 2 - 20　2010—2020 年京津冀地区 R&D 人员全时当量及占全国比重

（资料来源：根据《中国科技统计年鉴》数据整理计算）

R&D 经费内部支出是指为进行 R&D 活动而实际用于本机构内的全部支出，是衡量科技活动经费投入总量的重要指标。2010—2020 年，京津冀地区 R&D 经费内部支出呈持续增长态势，年均增长约 11.06%，较全国同期增速低 2.13 个百分点。2020 年，京津冀地区 R&D 经费内部支出为 3445.96 亿元，约占全国 R&D 经费内部支出的 14.13%，占比较 2010 年下降了约 2.96 个百分点（见图 2 - 21）。其中，北京市、天津市、河北省 R&D 经费内部支出分别为 2326.58 亿元、485.01 亿元和 634.37 亿元，分别约占全国 R&D 经费内部支出的 9.54%、1.99% 和 2.60%。

R&D 经费投入强度即 R&D 经费支出与 GDP 之比，是国际上用于衡量一国或一个地区在科技创新方面努力程度的重要指标。2010—2020 年，京津冀地区 R&D 经费投入强度呈波动增长态势，且绝对值高于全国平均水平。2020 年，京津冀地区 R&D 经费投入强度为 3.99%，高于全国 R&D 经费投入强度

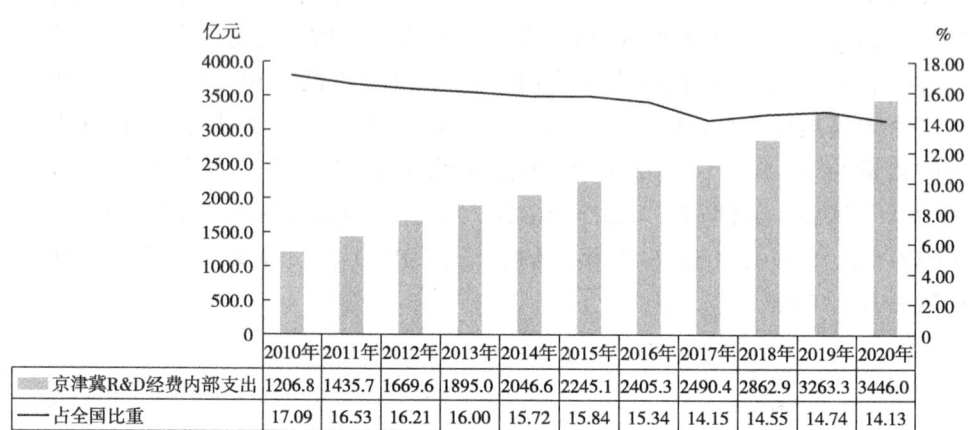

	2010年	2011年	2012年	2013年	2014年	2015年	2016年	2017年	2018年	2019年	2020年
京津冀R&D经费内部支出	1206.8	1435.7	1669.6	1895.0	2046.6	2245.1	2405.3	2490.4	2862.9	3263.3	3446.0
占全国比重	17.09	16.53	16.21	16.00	15.72	15.84	15.34	14.15	14.55	14.74	14.13

图 2 – 21　2010—2020 年京津冀地区 R&D 经费内部支出及占全国比重

（资料来源：根据《中国科技统计年鉴》数据整理计算）

约 1.57 个百分点；较 2010 年 R&D 经费投入强度增长 0.96 个百分点。其中，北京市、天津市、河北省 R&D 经费投入强度分别为 6.44%、3.44% 和 1.75%（见图 2 – 22）。

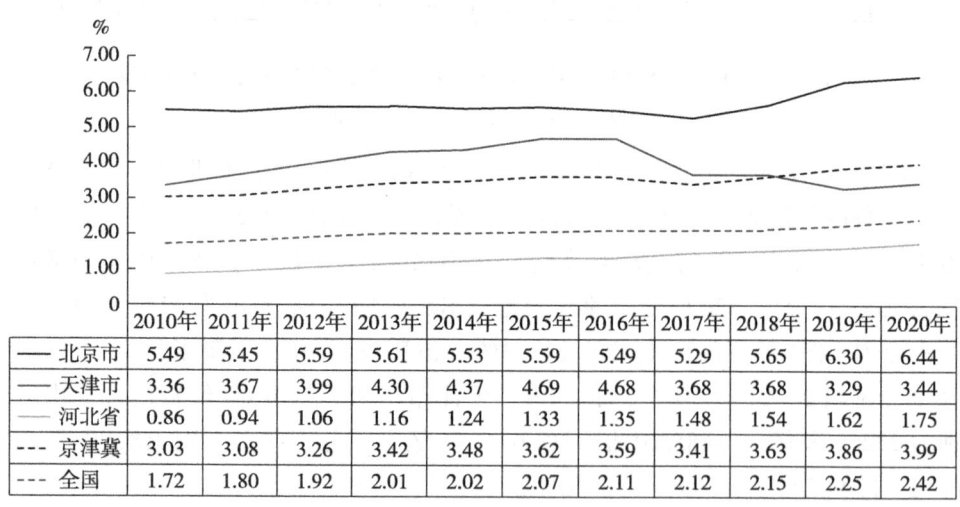

	2010年	2011年	2012年	2013年	2014年	2015年	2016年	2017年	2018年	2019年	2020年
北京市	5.49	5.45	5.59	5.61	5.53	5.59	5.49	5.29	5.65	6.30	6.44
天津市	3.36	3.67	3.99	4.30	4.37	4.69	4.68	3.68	3.68	3.29	3.44
河北省	0.86	0.94	1.06	1.16	1.24	1.33	1.35	1.48	1.54	1.62	1.75
京津冀	3.03	3.08	3.26	3.42	3.48	3.62	3.59	3.41	3.63	3.86	3.99
全国	1.72	1.80	1.92	2.01	2.02	2.07	2.11	2.12	2.15	2.25	2.42

图 2 – 22　2010—2020 年京津冀地区及全国 R&D 经费投入强度

（资料来源：根据《中国科技统计年鉴》数据计算）

（二）规模以上工业企业科技活动情况

2011—2020年，京津冀地区规模以上工业企业（以下简称规上工业企业）R&D人员数呈先增加后下降态势，年均增长约2.17%，较同期全国规上工业企业R&D人员增速低5.04个百分点。2020年，京津冀地区规上工业企业R&D人员达256194人，占全国规上工业企业R&D人员比重约为5.37%，占比较2011年下降了约2.92个百分点；占京津冀地区R&D人员总数的32.38%，较2011年下降了8.78个百分点（见图2-23）。其中，北京市、天津市、河北省规上工业企业R&D人员数分别为64256人、65505人和126433人，分别约占各地区R&D人员总数的13.58%、48.04%和64.47%。

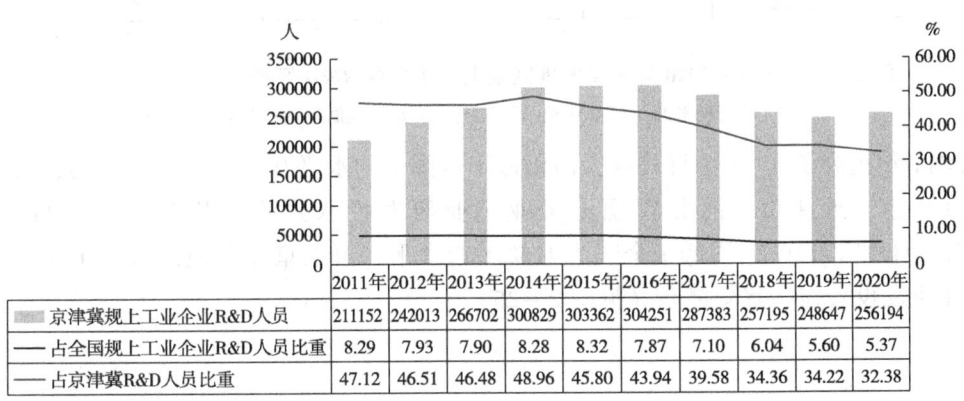

图2-23　2011—2020年京津冀地区规上工业企业R&D人员及占比

（资料来源：根据《中国科技统计年鉴》数据整理计算）

2011—2020年，京津冀地区规上工业企业R&D经费内部支出呈波动增长态势，占全国规上工业企业R&D经费内部支出比重和占京津冀地区R&D经费内部支出比重均呈下降态势。2020年，京津冀地区规上工业企业R&D经费内部支出达1011.64亿元，约占全国规上工业企业R&D经费内部支出的6.62%，较2011年下降约2.29个百分点；约占京津冀地区R&D经费内部支出的29.36%，较2011年下降约7.85个百分点（见图2-24）。

规上工业企业研发投入强度，即规上工业企业R&D经费内部支出与规上工业企业主营业务收入之比，是反映一个企业创新能力的重要指标。2011—2020年，京津冀地区规上工业企业研发投入强度持续提高，但仍低于同期全国平均水平。2020年，京津冀地区规上工业企业研发投入强度为1.18%，较

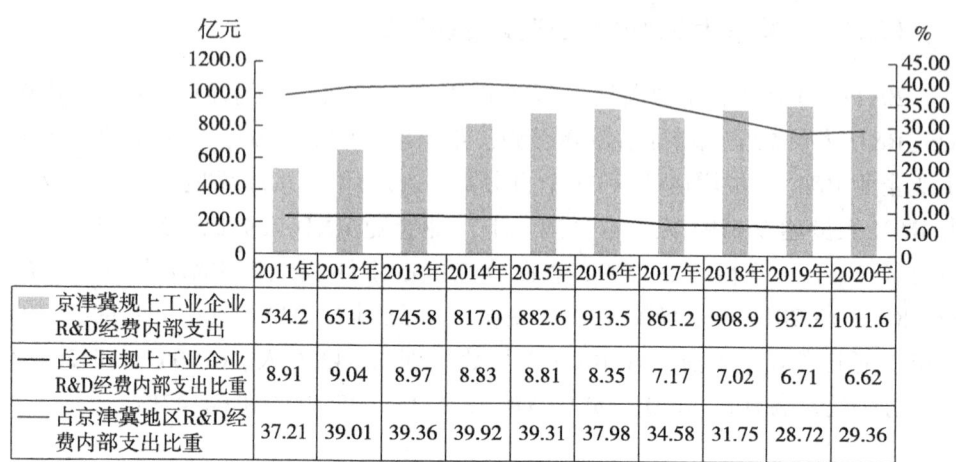

	2011年	2012年	2013年	2014年	2015年	2016年	2017年	2018年	2019年	2020年
京津冀规上工业企业R&D经费内部支出	534.2	651.3	745.8	817.0	882.6	913.5	861.2	908.9	937.2	1011.6
占全国规上工业企业R&D经费内部支出比重	8.91	9.04	8.97	8.83	8.81	8.35	7.17	7.02	6.71	6.62
占京津冀地区R&D经费内部支出比重	37.21	39.01	39.36	39.92	39.31	37.98	34.58	31.75	28.72	29.36

图 2 - 24　2011—2020 年京津冀地区规上工业企业 R&D 经费内部支出及占比

（资料来源：根据《中国科技统计年鉴》数据整理计算）

2011 年提高了 0.48 个百分点，但仍低于全国平均水平 0.23 个百分点。其中，北京市、天津市、河北省规上工业企业研发投入强度分别约为 1.25%、1.20% 和 1.12%，均低于全国 1.41% 平均水平，可见京津冀地区规上工业企业研发投入强度有待提高（见图 2 - 25）。

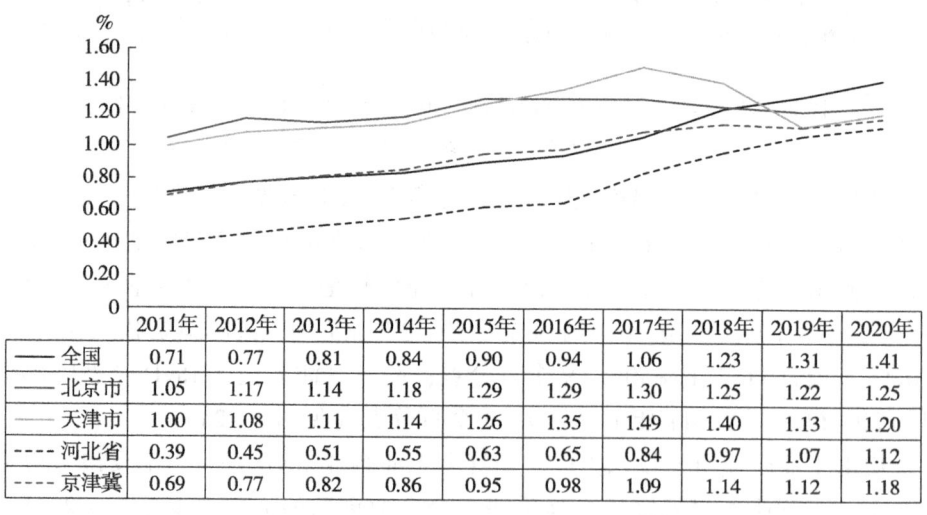

	2011年	2012年	2013年	2014年	2015年	2016年	2017年	2018年	2019年	2020年
全国	0.71	0.77	0.81	0.84	0.90	0.94	1.06	1.23	1.31	1.41
北京市	1.05	1.17	1.14	1.18	1.29	1.29	1.30	1.25	1.22	1.25
天津市	1.00	1.08	1.11	1.14	1.26	1.35	1.49	1.40	1.13	1.20
河北省	0.39	0.45	0.51	0.55	0.63	0.65	0.84	0.97	1.07	1.12
京津冀	0.69	0.77	0.82	0.86	0.95	0.98	1.09	1.14	1.12	1.18

图 2 - 25　2011—2020 年京津冀地区及全国规上工业企业研发投入强度

（资料来源：根据统计年鉴数据计算）

专利是企业科技创新的重要成果形式，也是衡量企业创新水平的关键要素。2011—2020 年，京津冀地区规上工业企业专利申请数呈增长态势，年均增速约为 9.41%，低于同期全国平均增速约 4.47 个百分点。2020 年，京津冀地区规上工业企业专利申请数达 68995 件，约占全国规上工业企业专利申请数的 5.55%，较 2011 年下降了 2.41 个百分点（见图 2 – 26）。其中，北京市、天津市、河北省规上工业企业专利申请数分别为 25147 件、19033 件和 24815 件，分别约占全国规上工业企业专利申请数的 2.02%、1.53% 和 1.99%。

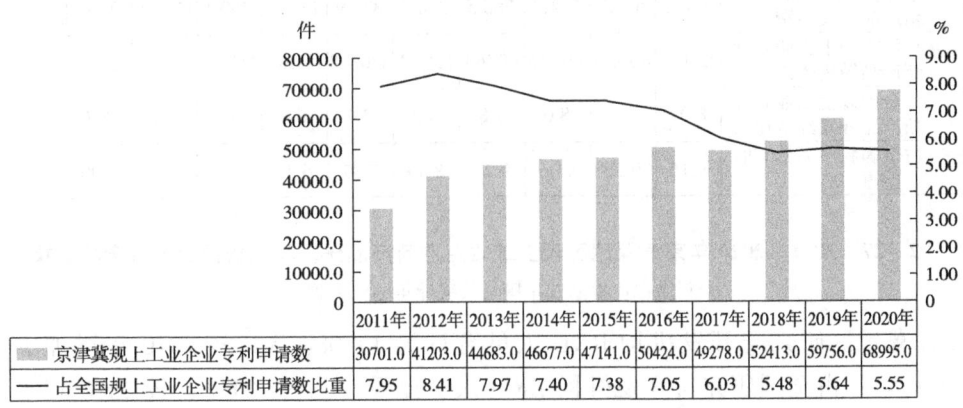

	2011年	2012年	2013年	2014年	2015年	2016年	2017年	2018年	2019年	2020年
京津冀规上工业企业专利申请数	30701.0	41203.0	44683.0	46677.0	47141.0	50424.0	49278.0	52413.0	59756.0	68995.0
占全国规上工业企业专利申请数比重	7.95	8.41	7.97	7.40	7.38	7.05	6.03	5.48	5.64	5.55

图 2 – 26　2011—2020 年京津冀地区规上工业企业专利申请数及占全国比重

（资料来源：根据《中国科技统计年鉴》数据计算）

2011—2020 年，京津冀地区规上工业企业新产品开发经费支出持续增长，年均增长约 9.62%，占全国规上工业企业新产品开发经费支出呈下降态势；规上工业企业新产品销售收入呈动态增长趋势，年均增速约为 6.64%，占全国规上工业企业新产品销售收入比重呈下降态势。2020 年，京津冀地区规上工业企业新产品开发经费支出达 1253.18 亿元，约占全国规上工业企业新产品开发经费支出的 6.73%，较 2011 年下降约 1.28 个百分点；京津冀地区规上工业企业新产品销售收入达 16427.91 亿元，约占全国规上工业企业新产品销售收入的 6.90%，较 2011 年下降约 2.26 个百分点（见图 2 – 27）。

（三）研究与开发机构情况

研究与开发机构即科学研究与技术开发机构，主要指从事科学研究与技术开发活动的科技机构，一般通称为研究院（所）、研究中心等。2010—2019 年，京津冀地区研究与开发机构 R&D 人员呈增加态势，占全国研究与开发机构 R&D 人员比重略有下降，占京津冀地区 R&D 人员比重大幅下降。2019 年，

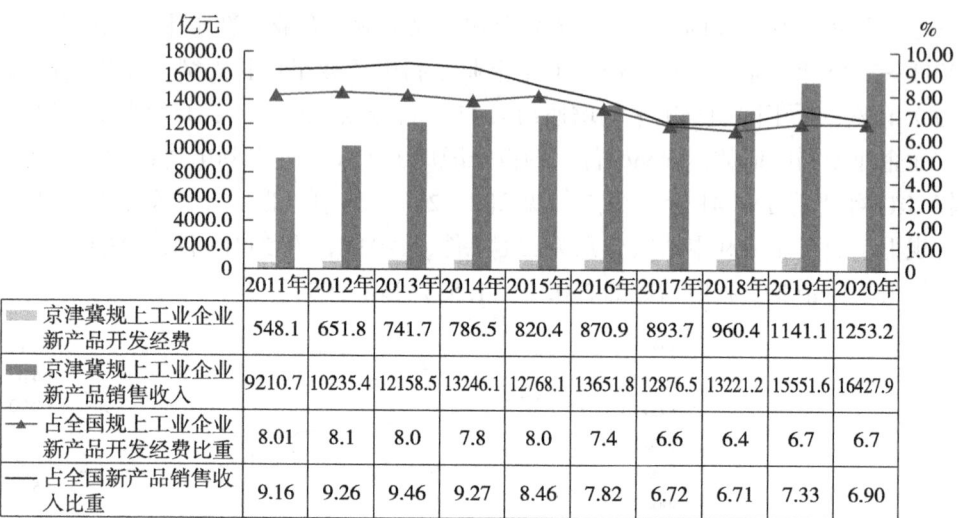

	2011年	2012年	2013年	2014年	2015年	2016年	2017年	2018年	2019年	2020年
京津冀规上工业企业新产品开发经费	548.1	651.8	741.7	786.5	820.4	870.9	893.7	960.4	1141.1	1253.2
京津冀规上工业企业新产品销售收入	9210.7	10235.4	12158.5	13246.1	12768.1	13651.8	12876.5	13221.2	15551.6	16427.9
占全国规上工业企业新产品开发经费比重	8.01	8.1	8.0	7.8	8.0	7.4	6.6	6.4	6.7	6.7
占全国新产品销售收入比重	9.16	9.26	9.46	9.27	8.46	7.82	6.72	6.71	7.33	6.90

图 2-27 2011—2020 年京津冀地区规上工业企业新产品研发和销售情况及占全国比重

（资料来源：根据《中国科技统计年鉴》数据计算）

京津冀地区研究与开发机构 R&D 人员合计为 147084 人，较 2010 年增加了 39.15%；占全国研究与开发机构 R&D 人员比重约为 30.31%，较 2010 年下降约 0.65 个百分点；占京津冀地区 R&D 人员总数的比重约 18.59%，较 2010 年下降约 5 个百分点（见图 2-28）。

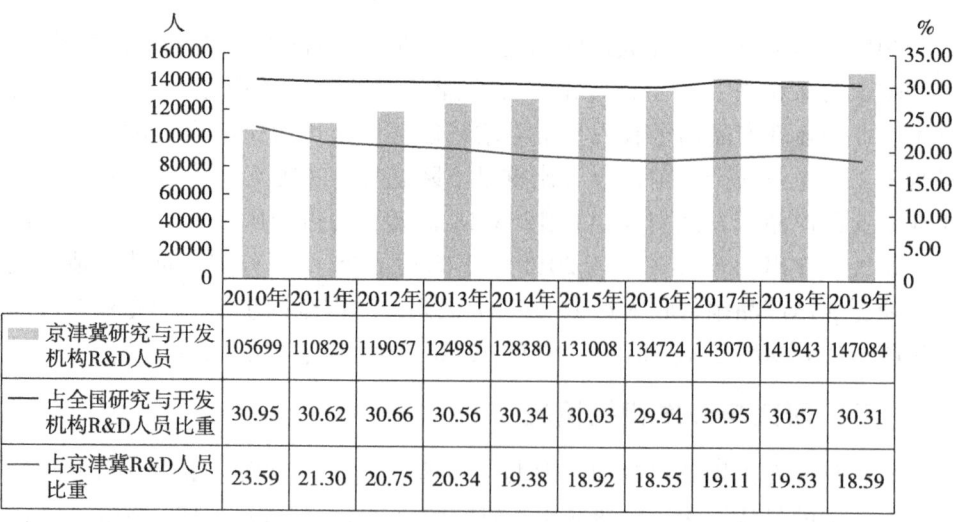

	2010年	2011年	2012年	2013年	2014年	2015年	2016年	2017年	2018年	2019年
京津冀研究与开发机构R&D人员	105699	110829	119057	124985	128380	131008	134724	143070	141943	147084
占全国研究与开发机构R&D人员比重	30.95	30.62	30.66	30.56	30.34	30.03	29.94	30.95	30.57	30.31
占京津冀R&D人员比重	23.59	21.30	20.75	20.34	19.38	18.92	18.55	19.11	19.53	18.59

图 2-28 2010—2019 年京津冀地区研究与开发机构 R&D 人员及占比

（资料来源：根据《中国科技统计年鉴》数据整理计算）

2010—2019 年，京津冀地区研究与开发机构 R&D 经费内部支出持续增加，占全国研究与开发机构 R&D 经费内部支出比重和占京津冀地区 R&D 经费内部支出比重均有所下降。2019 年，京津冀地区研究与开发机构 R&D 经费内部支出约为 1095.71 亿元，较 2010 年增长了 1.45 倍；约占全国研究与开发机构 R&D 经费内部支出的 35.57%，较 2010 年下降约 2.15 个百分点；约占京津冀地区 R&D 经费内部支出的 33.58%，较 2010 年下降约 3.50 个百分点（见图 2 – 29）。

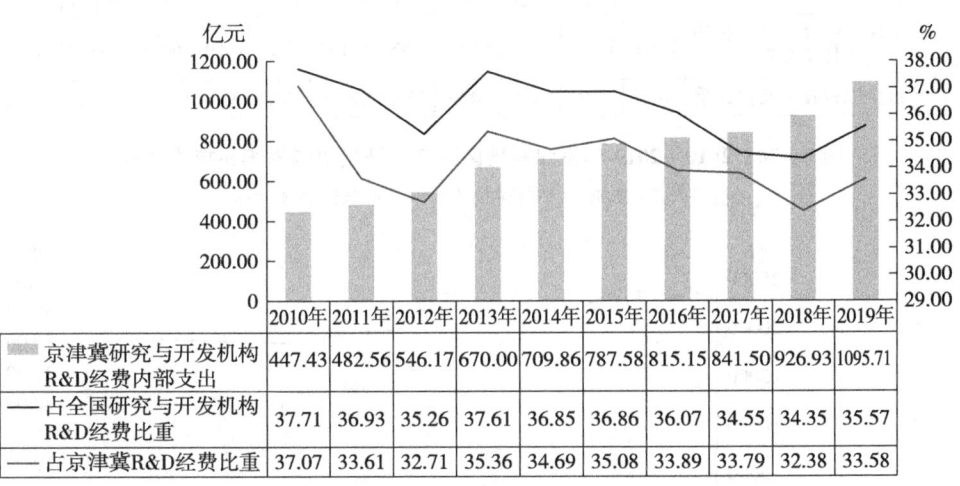

	2010年	2011年	2012年	2013年	2014年	2015年	2016年	2017年	2018年	2019年
京津冀研究与开发机构 R&D经费内部支出	447.43	482.56	546.17	670.00	709.86	787.58	815.15	841.50	926.93	1095.71
占全国研究与开发机构 R&D经费比重	37.71	36.93	35.26	37.61	36.85	36.86	36.07	34.55	34.35	35.57
占京津冀R&D经费比重	37.07	33.61	32.71	35.36	34.69	35.08	33.89	33.79	32.38	33.58

图 2 – 29　2010—2019 年京津冀地区研究与开发机构 R&D 经费内部支出及占比

（资料来源：根据《中国科技统计年鉴》数据整理计算）

2010—2019 年，京津冀研究与开发机构发表科技论文波动增加，占全国科技论文总数的比重呈波动上升态势。2019 年，京津冀地区研究与开发机构发表科技论文 69509 篇，较 2010 年增加了 42.09%；约占全国发表科技论文总数的 37.37%，较 2010 年提高了 2.64 个百分点（见图 2 – 30）。

2010—2019 年，京津冀地区研究与开发机构专利申请数不断增加，但占全国研究与开发机构专利申请数的比重有所下降。2019 年，京津冀地区研究与开发机构专利申请数为 20439 件，较 2010 年增加了 1.86 倍；约占全国研究与开发机构专利申请数的 30.37%，较 2010 年下降了 6.78 个百分点（见图 2 – 31）。

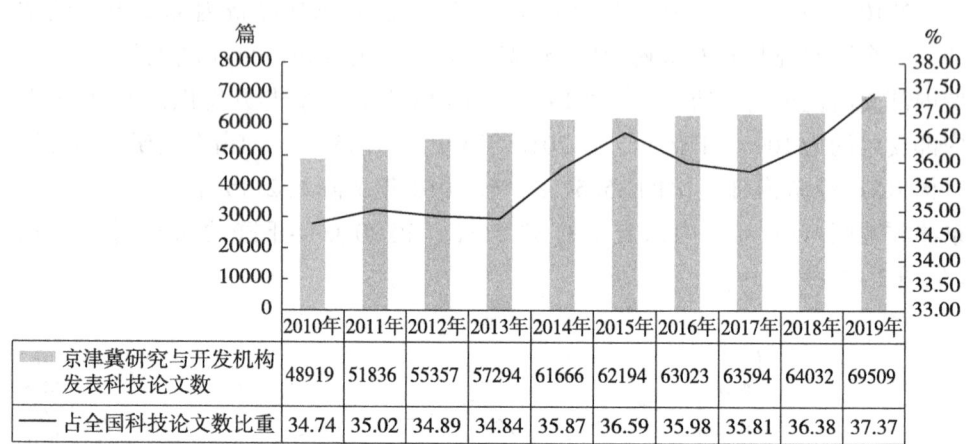

图 2－30　2010—2019 年京津冀地区研究与开发机构发表科技论文数

（资料来源：根据《中国科技统计年鉴》数据整理计算）

	2010年	2011年	2012年	2013年	2014年	2015年	2016年	2017年	2018年	2019年
京津冀研究与开发机构发表科技论文数	48919	51836	55357	57294	61666	62194	63023	63594	64032	69509
占全国科技论文数比重	34.74	35.02	34.89	34.84	35.87	36.59	35.98	35.81	36.38	37.37

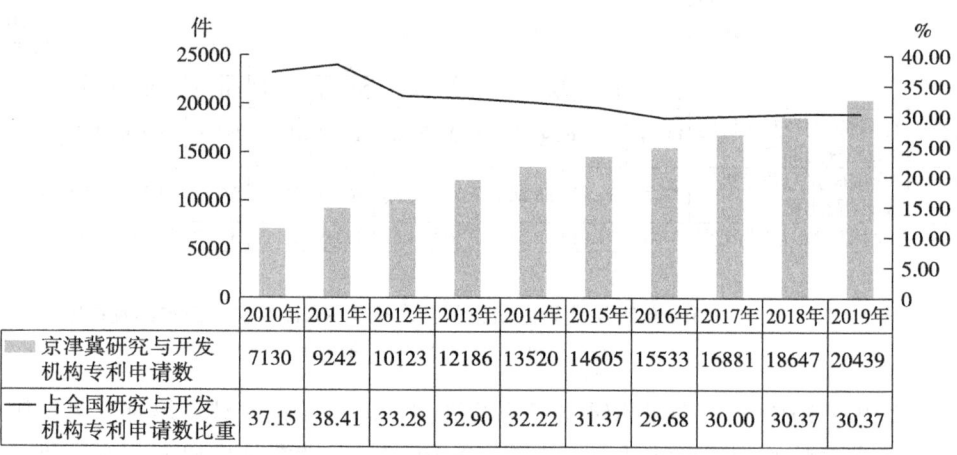

	2010年	2011年	2012年	2013年	2014年	2015年	2016年	2017年	2018年	2019年
京津冀研究与开发机构专利申请数	7130	9242	10123	12186	13520	14605	15533	16881	18647	20439
占全国研究与开发机构专利申请数比重	37.15	38.41	33.28	32.90	32.22	31.37	29.68	30.00	30.37	30.37

图 2－31　2010—2019 年京津冀地区研究与开发机构专利申请数及占全国比重

（资料来源：根据《中国科技统计年鉴》数据整理计算）

（四）京津冀地区高等学校基本情况

2010—2020 年，京津冀地区高等学校 R&D 人员数呈增长态势，占全国高等学校 R&D 人员比重呈下降态势，占京津冀地区 R&D 人员比重呈波动上升态势。2020 年，京津冀地区高等学校 R&D 人员达 196550 人，约占全国高等学校 R&D 人员数的 15.43%，较 2010 年下降约 0.90 个百分点；约占京津冀地区 R&D 人员数的 24.39%，较 2010 年增加约 2.76 个百分点（见图 2－32）。

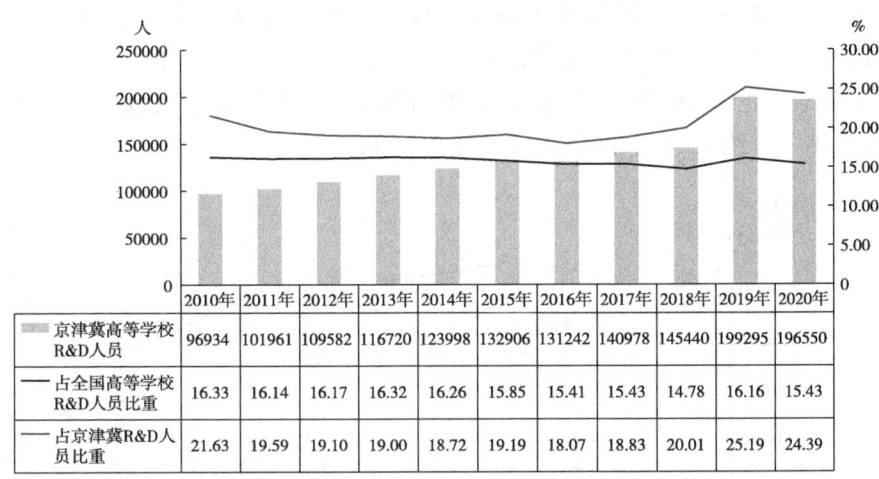

图 2－32 2010—2020 年京津冀地区高等学校 R&D 人员及占比

（资料来源：根据《中国科技统计年鉴》数据整理计算）

2010—2020 年，京津冀地区高等学校 R&D 经费内部支出呈增长态势，占全国高等学校 R&D 经费内部支出比重呈下降态势，占京津冀地区 R&D 经费内部支出比重平稳下降。2020 年，京津冀地区高等学校 R&D 经费内部支出达 349.28 亿元，约占全国高等学校 R&D 经费内部支出的 18.55%，较 2010 年下降约 5.35 个百分点；约占京津冀地区 R&D 经费内部支出的 10.14%，较 2010 年下降约 1.70 个百分点（见图 2－33）。

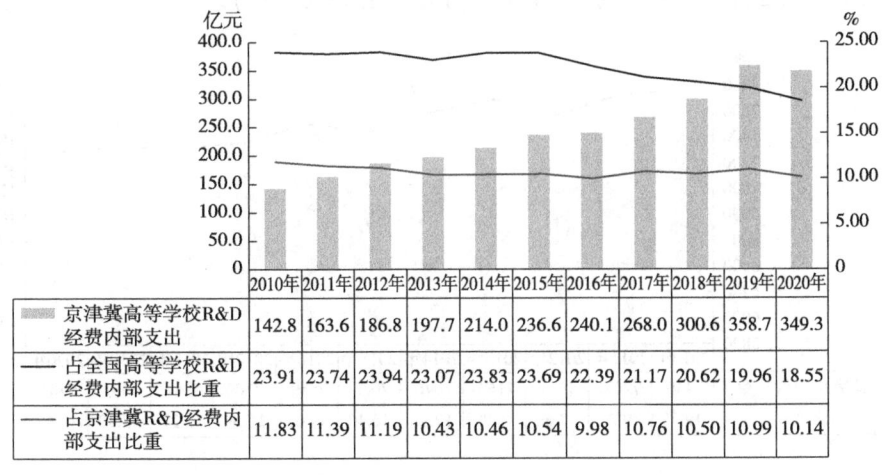

图 2－33 2010—2020 年京津冀地区高等学校 R&D 经费内部支出及占比

（资料来源：根据《中国科技统计年鉴》数据整理计算）

2010—2020 年，京津冀地区高等学校发表科技论文数呈平稳增加态势，占全国高等学校发表科技论文数比重呈下降趋势。2020 年，京津冀地区高等学校发表科技论文 195951 篇，约占全国高等学校发表科技论文数的 13.12%，较 2010 年下降约 1.76 个百分点（见图 2 - 34）。

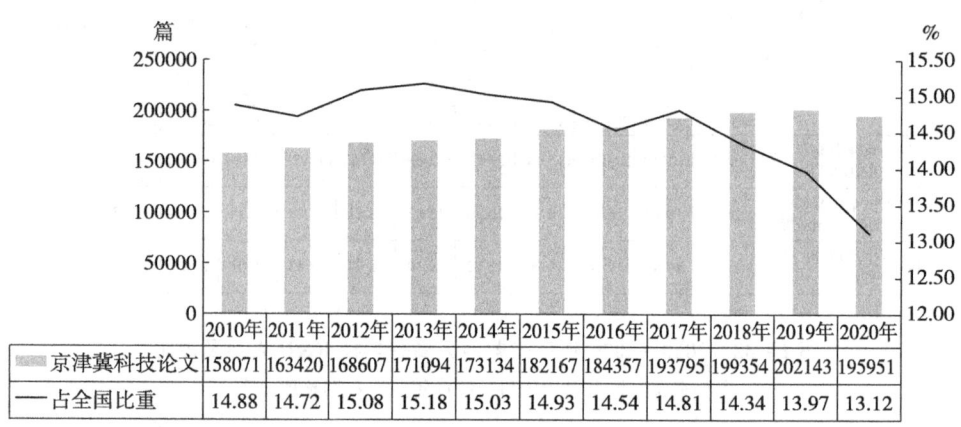

	2010年	2011年	2012年	2013年	2014年	2015年	2016年	2017年	2018年	2019年	2020年
京津冀科技论文	158071	163420	168607	171094	173134	182167	184357	193795	199354	202143	195951
占全国比重	14.88	14.72	15.08	15.18	15.03	14.93	14.54	14.81	14.34	13.97	13.12

图 2 - 34　2010—2020 年京津冀地区高等学校发表科技论文数及占全国比重

（资料来源：根据《中国科技统计年鉴》数据整理计算）

2010—2020 年，京津冀地区高等学校出版科技著作及占全国高等学校出版科技著作比重均呈波动态势。2020 年，京津冀地区高等学校出版科技著作 6481 种，较 2010 年减少了 13.00%；占全国高等学校出版科技著作比重约为 14.92%，较 2010 年下降约 4.64 个百分点（见图 2 - 35）。

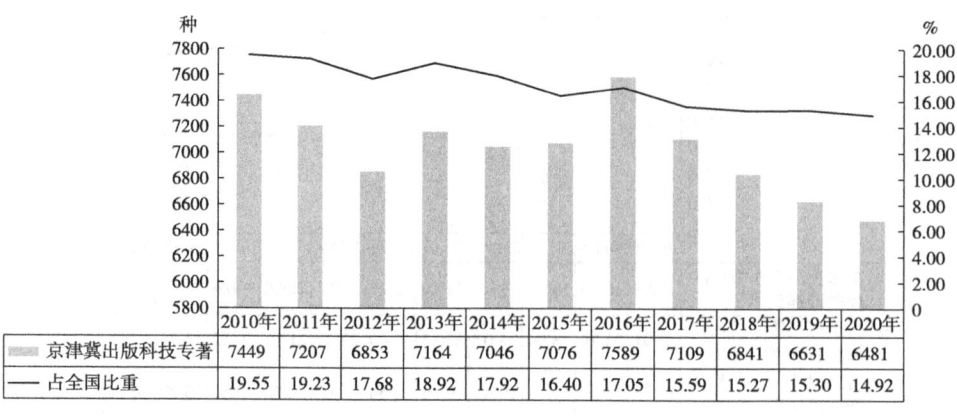

	2010年	2011年	2012年	2013年	2014年	2015年	2016年	2017年	2018年	2019年	2020年
京津冀出版科技专著	7449	7207	6853	7164	7046	7076	7589	7109	6841	6631	6481
占全国比重	19.55	19.23	17.68	18.92	17.92	16.40	17.05	15.59	15.27	15.30	14.92

图 2 - 35　2010—2020 年京津冀地区高等学校出版科技著作及占全国比重

（资料来源：根据《中国科技统计年鉴》数据整理计算）

2010—2020 年，京津冀地区高等学校专利申请数呈波动增长态势，年均增速约为 11.30%，较全国高等学校专利申请数平均增速低 5.38 个百分点。2020 年，京津冀地区高等学校专利申请数为 33828 件，约占全国高等学校专利申请数的 9.94%，较 2010 年下降约 6.00 个百分点（见图 2 – 36）。

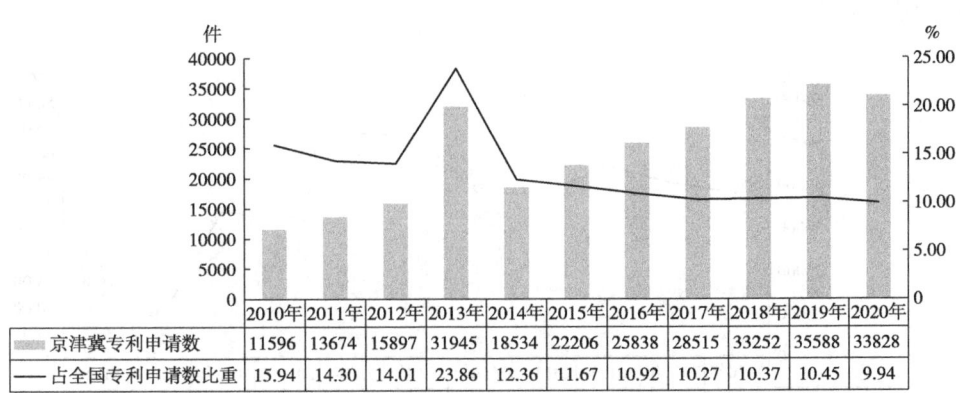

	2010年	2011年	2012年	2013年	2014年	2015年	2016年	2017年	2018年	2019年	2020年
京津冀专利申请数	11596	13674	15897	31945	18534	22206	25838	28515	33252	35588	33828
占全国专利申请数比重	15.94	14.30	14.01	23.86	12.36	11.67	10.92	10.27	10.37	10.45	9.94

图 2 – 36　2010—2020 年京津冀地区高等学校专利申请数及占全国比重

（资料来源：根据《中国科技统计年鉴》数据整理计算）

2010—2020 年，京津冀地区高等学校专利所有权转让及许可数大幅波动，占全国高等学校专利所有权转让及许可数比重呈下降趋势。2020 年，京津冀地区高等学校专利所有权转让及许可数为 1750 件，约占全国高等学校专利申请数的 11.45%，较 2010 年下降约 0.93 个百分点（见图 2 – 37）。

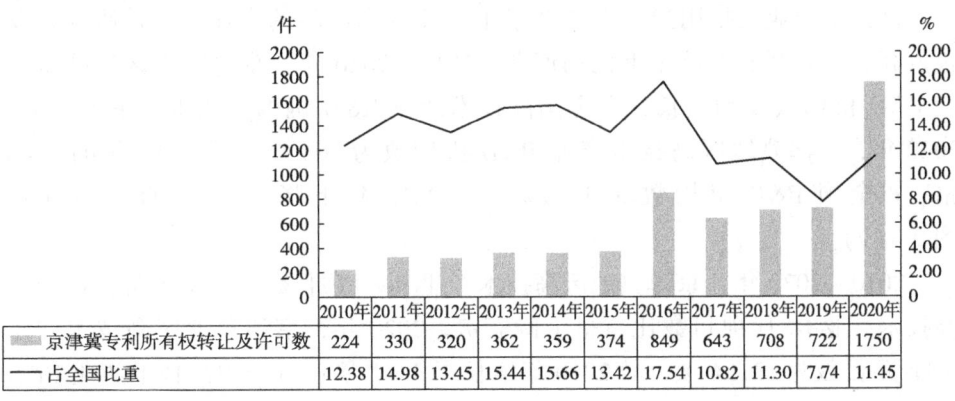

	2010年	2011年	2012年	2013年	2014年	2015年	2016年	2017年	2018年	2019年	2020年
京津冀专利所有权转让及许可数	224	330	320	362	359	374	849	643	708	722	1750
占全国比重	12.38	14.98	13.45	15.44	15.66	13.42	17.54	10.82	11.30	7.74	11.45

图 2 – 37　2010—2020 年京津冀地区高等学校专利所有权转让及许可数及占全国比重

（资料来源：根据《中国科技统计年鉴》数据整理计算）

2010—2020 年，京津冀地区高等学校专利所有权转让及许可收入及占全国专利所有权转让及许可收入呈波动态势。2020 年，京津冀地区专利所有权转让及许可收入为 40633.4 万元，较 2010 年增长了 2.57 倍；约占全国高等学校专利所有权转让及许可收入的 16.36%，较 2010 年下降约 15.32 个百分点（见图 2－38）。

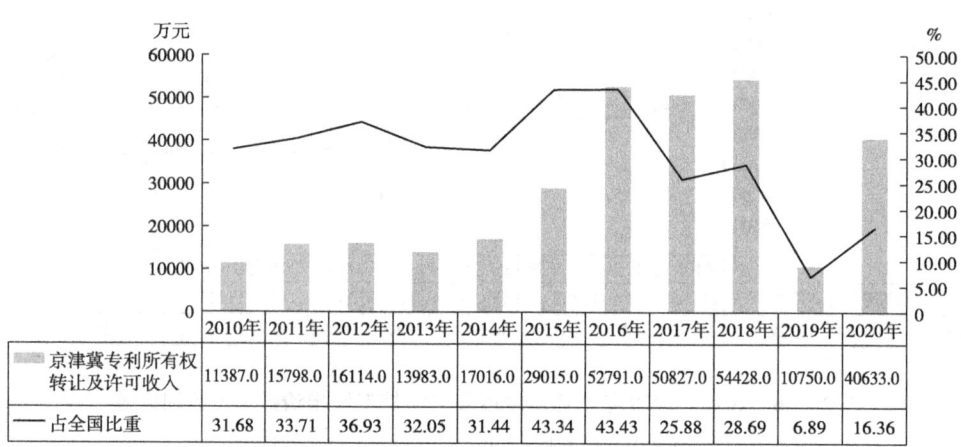

	2010年	2011年	2012年	2013年	2014年	2015年	2016年	2017年	2018年	2019年	2020年
京津冀专利所有权转让及许可收入	11387.0	15798.0	16114.0	13983.0	17016.0	29015.0	52791.0	50827.0	54428.0	10750.0	40633.0
占全国比重	31.68	33.71	36.93	32.05	31.44	43.34	43.43	25.88	28.69	6.89	16.36

图 2－38 2010—2020 年京津冀地区高等学校专利所有权转让及许可收入及占全国比重
（资料来源：根据《中国科技统计年鉴》数据整理计算）

（五）京津冀地区高技术产业发展情况

高技术产业是指用当代尖端技术生产高技术产品的产业群，是研究开发投入高、研究开发人员比重大的产业。2010—2020 年，京津冀地区高技术产业 R&D 机构数波动增长，占全国高技术产业 R&D 机构数比重呈下降态势。2020 年，京津冀地区高技术产业 R&D 机构数为 704 个，是 2010 年的 3.43 倍；占全国 R&D 机构数的 3.49%，较 2010 年下降 2.95 个百分点（见图 2－39）。

2010—2020 年，京津冀地区高技术产业 R&D 项目数呈波动态势，占全国高技术产业 R&D 项目数比重呈下降态势。2020 年，京津冀地区高技术产业 R&D 项目数为 13154 项，较 2010 年增长了 3.12 倍；占全国高技术产业 R&D 项目数比重约为 7.13%，较 2010 年下降了 1.38 个百分点（见图 2－40）。

2010—2020 年，京津冀地区高技术产业 R&D 项目经费波动增加，占全国高技术产业 R&D 经费比重呈波动态势。2020 年，京津冀地区高技术产业

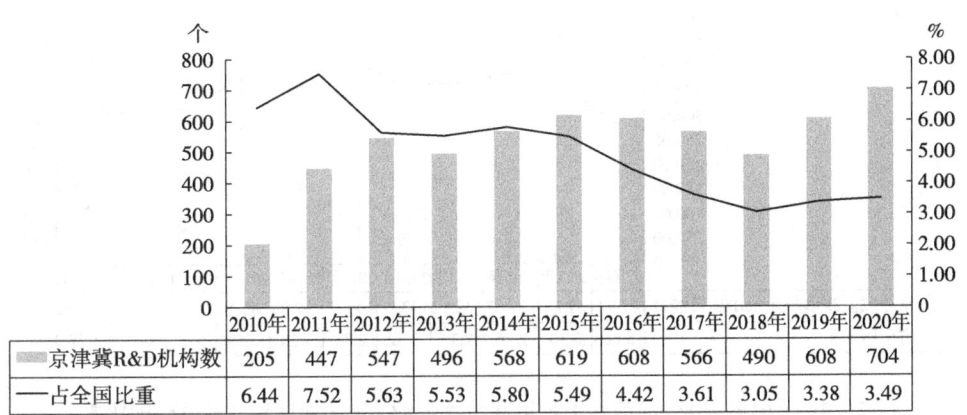

图 2 − 39　2010—2020 年京津冀地区高技术产业 R&D 机构数及占全国比重

（资料来源：根据统计年鉴数据整理计算）

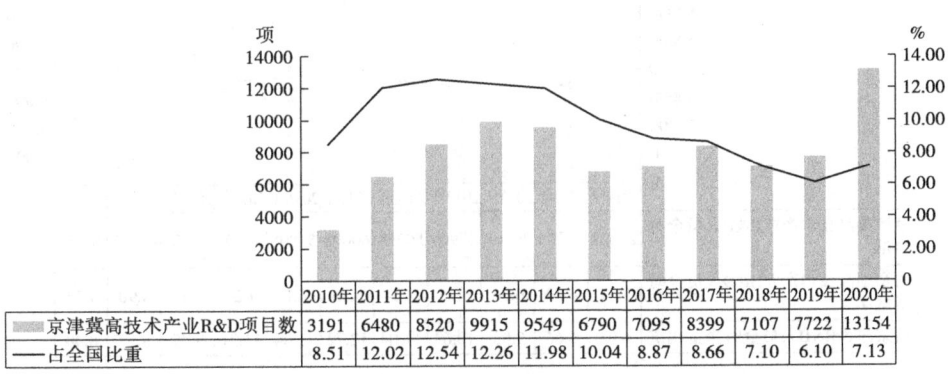

图 2 − 40　2010—2020 年京津冀地区高技术产业 R&D 项目数及占全国比重

（资料来源：根据统计年鉴数据整理计算）

R&D 项目经费为 392.48 亿元，较 2010 年增长了 7.18 倍；约占全国高技术产业 R&D 项目经费的 6.38%，较 2010 年增长了 0.70 个百分点（见图 2 −41）。

2010—2020 年，京津冀地区高技术产业 R&D 人员全时当量呈先增加后减少趋势，占全国高技术产业 R&D 人员全时当量和占京津冀地区 R&D 人员全时当量比重也呈先上升后下降态势。2020 年，京津冀地区 R&D 人员全时当量为 46830.6 人年，较 2010 年增长了 1.15 倍；约占全国高技术产业 R&D 人员全时当量的 4.73%，较 2010 年下降了 0.74 个百分点；约占京津冀地区 R&D 人员全时当量的 8.48%，较 2010 年下降约 1.55 个百分点（见图 2 −42）。

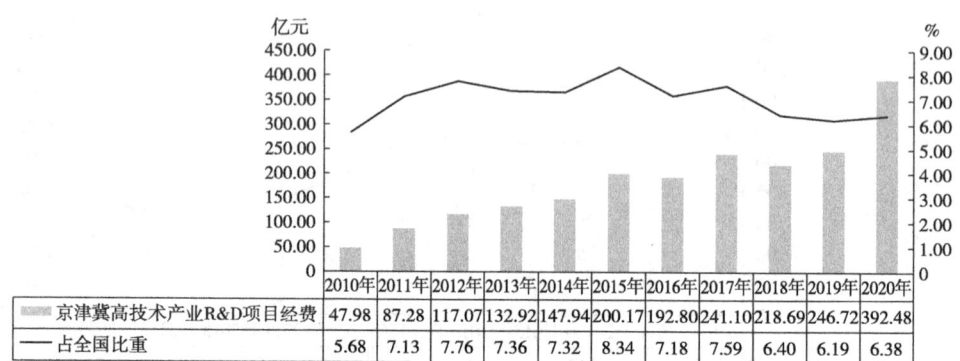

图 2 – 41   2010—2020 年京津冀地区高技术产业 R&D 项目经费及占全国比重

（资料来源：根据统计年鉴数据整理计算）

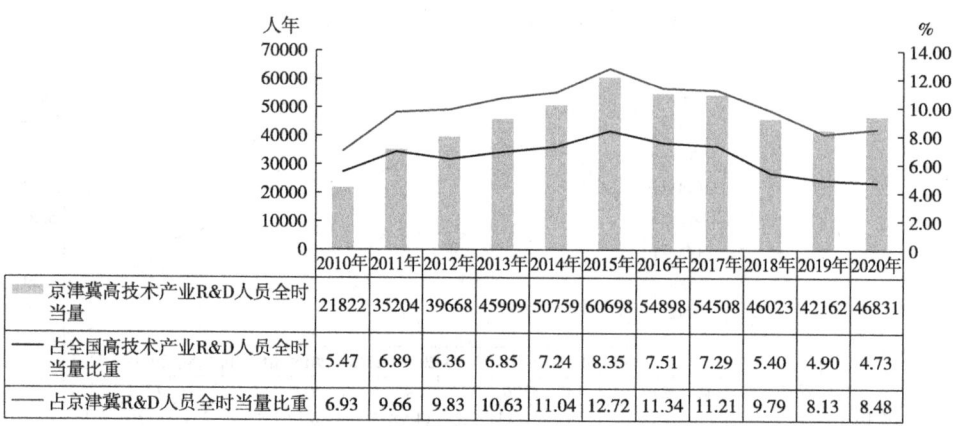

图 2 – 42   2010—2020 年京津冀地区高技术产业 R&D 人员全时当量及占比

（资料来源：根据统计年鉴数据整理计算）

2010—2020 年，京津冀地区高技术产业 R&D 经费内部支出波动增长，占全国高技术产业 R&D 经费内部支出和京津冀地区 R&D 经费内部支出比重均呈先增加后下降态势。2020 年，京津冀地区高技术产业 R&D 经费内部支出达282.66 亿元，较 2010 年增长了 3.16 倍，约占全国高技术产业 R&D 经费内部支出的 6.08%，较 2010 年下降了 0.94 个百分点；约占京津冀地区 R&D 经费内部支出的 8.20%，较 2010 年增长了 2.57 个百分点（见图 2 – 43）。

2010—2020 年，京津冀地区高技术产业研发投入强度呈增长趋势，并高于规上工业企业研发投入强度，且在 2011—2018 年高于全国高技术产业研发投入强度。2020 年，京津冀地区高技术产业研发投入强度约为 2.52%，较

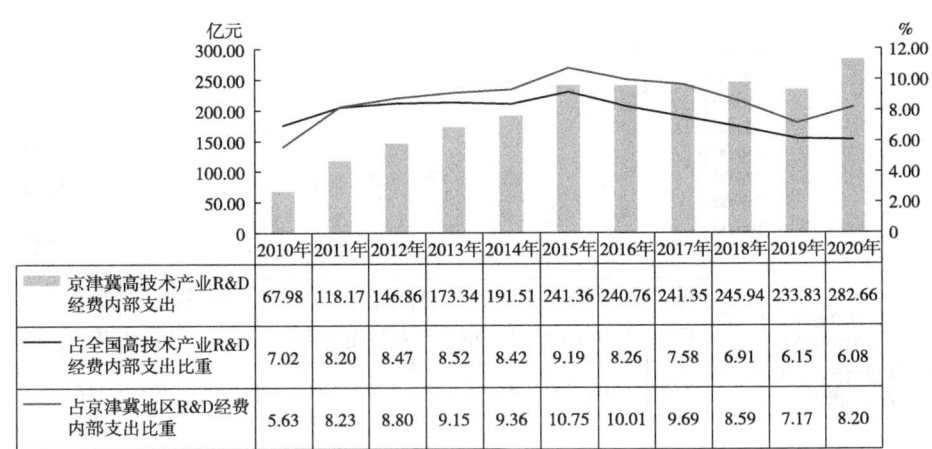

图 2 – 43 2010—2020 年京津冀地区高技术产业 R&D 经费内部支出及占比

（资料来源：根据统计年鉴数据整理计算）

2010 年增长了约 1.48 个百分点，较同期全国高技术产业研发投入强度低约 0.14 个百分点（见图 2 – 44）。

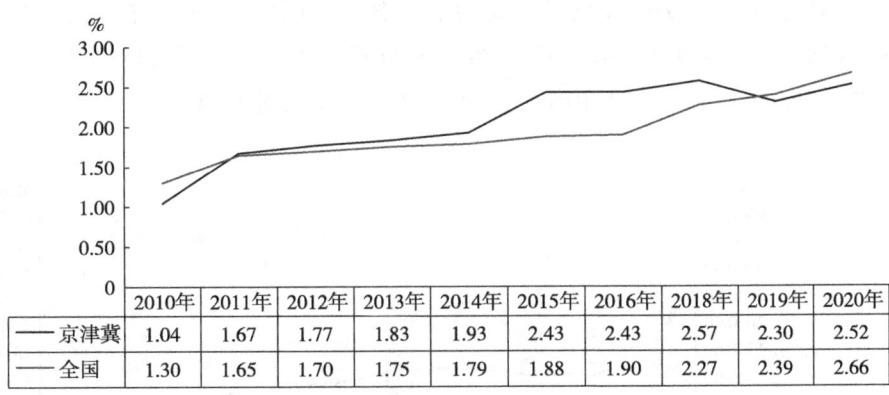

	2010年	2011年	2012年	2013年	2014年	2015年	2016年	2018年	2019年	2020年
京津冀	1.04	1.67	1.77	1.83	1.93	2.43	2.43	2.57	2.30	2.52
全国	1.30	1.65	1.70	1.75	1.79	1.88	1.90	2.27	2.39	2.66

图 2 – 44 2010—2020 年京津冀地区及全国高技术产业研发投入强度

（资料来源：根据统计年鉴数据计算）

2010—2020 年，京津冀地区高技术产业新产品开发经费支出呈增长态势，占全国高技术产业新产品开发经费支出比重呈下降趋势。2020 年，京津冀地区高技术产业新产品开发经费支出为 392.48 亿元，较 2010 年增长了约 3.49 倍；约占全国高技术产业新产品开发经费支出的 6.38%，较 2010 年下降了约 2.30 个百分点（见图 2 – 45）。

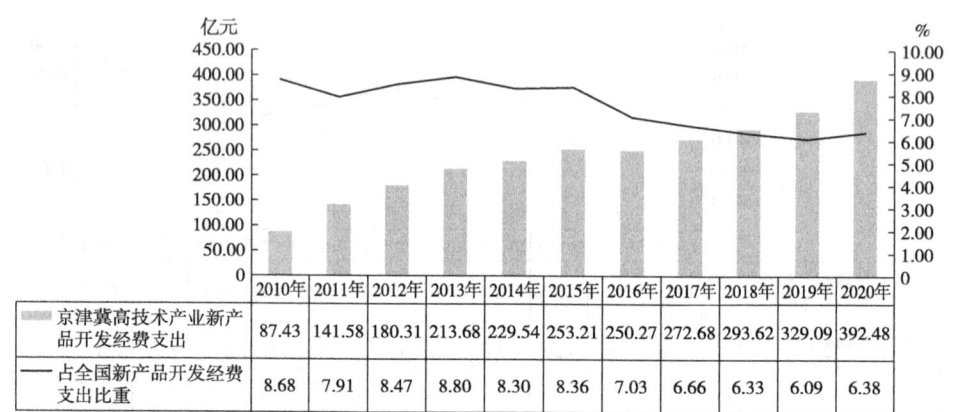

图 2 – 45　2010—2020 年京津冀地区高技术产业新产品开发经费支出及占全国比重

（资料来源：根据统计年鉴数据整理计算）

2010—2020 年，京津冀地区高技术产业新产品销售收入动态增长，占全国高技术产业新产品销售收入比重呈下降态势，占京津冀高技术产业主营业务收入比重呈先上升后下降态势。2020 年，京津冀地区高技术产业新产品销售收入为 4147.51 亿元，较 2010 年增长了 0.82 倍；约占全国高技术产业新产品销售收入的 6.05%，较 2010 年下降了约 7.88 个百分点；约占京津冀高技术产业主营业务收入 36.96%，较 2010 年增长 1.94 个百分点（见图 2 – 46）。

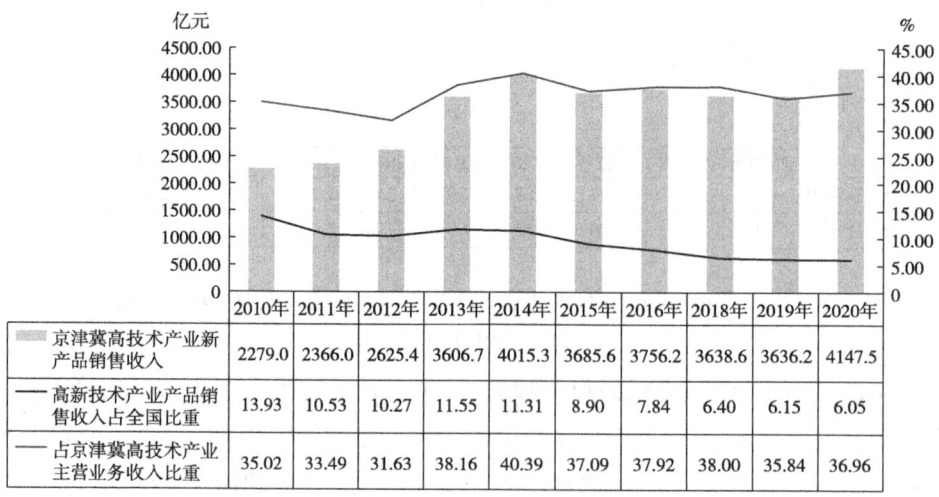

图 2 – 46　2010—2020 年京津冀地区高技术产业新产品销售收入及占比

（资料来源：根据统计年鉴数据整理计算）

2010—2020 年，京津冀地区高技术产业专利申请数波动增长，占全国高技术产业专利申请数比重呈先增后降趋势；京津冀有效发明专利数持续增长，占全国有效发明专利数比重动态上升。2020 年，京津冀地区高技术产业专利申请数为 18842 件，较 2010 年增长了 2.74 倍，占全国高技术产业专利申请数的比重约为 5.41%，较 2010 年下降了 3.04 个百分点。2020 年，京津冀地区高技术产业有效发明专利数为 42438 件，较 2010 年增长了 11.89 倍，约占全国高技术产业有效发明专利数的 7.43%，较 2010 年增加了 0.87 个百分点（见图 2 – 47）。

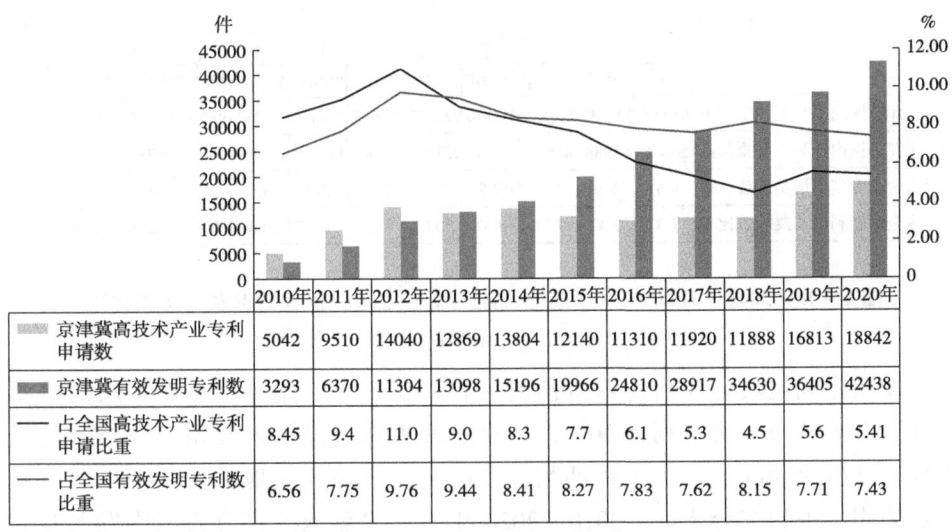

	2010年	2011年	2012年	2013年	2014年	2015年	2016年	2017年	2018年	2019年	2020年
京津冀高技术产业专利申请数	5042	9510	14040	12869	13804	12140	11310	11920	11888	16813	18842
京津冀有效发明专利数	3293	6370	11304	13098	15196	19966	24810	28917	34630	36405	42438
占全国高技术产业专利申请比重	8.45	9.4	11.0	9.0	8.3	7.7	6.1	5.3	4.5	5.6	5.41
占全国有效发明专利数比重	6.56	7.75	9.76	9.44	8.41	8.27	7.83	7.62	8.15	7.71	7.43

图 2 – 47　2010—2020 年京津冀地区高技术产业有效发明专利数及占全国比重

（资料来源：根据统计年鉴数据整理计算）

（六）京津冀地区科技活动成果情况

专利是科技活动的重要成果之一，反映了拥有自主知识产权的科技和设计成果情况。专利申请量是指专利机构受理技术发明申请专利的数量，反映技术发展活动是否活跃，以及发明人是否有谋求专利保护的积极性；专利授权量是指区域内获准授权的专利总量，反映了区域技术创新已经达到的水平。2010—2020 年，京津冀地区国内专利申请受理数和授权数都稳步增长，年均增速分别约为 17.79% 和 19.73%，占国内专利申请受理数和授权数的比重波动增加。2020 年，京津冀地区国内专利申请受理数和授权数分别为491287件和 330454 件，分别较 2010 年增长了约 4.14 倍和 6.05 倍；占国内专利申请受理数和授权数的比重分别约为 9.79% 和 9.39%，分别较 2010 年增长了约 1.18 个和 2.02 个百分点（见图 2 - 48）。

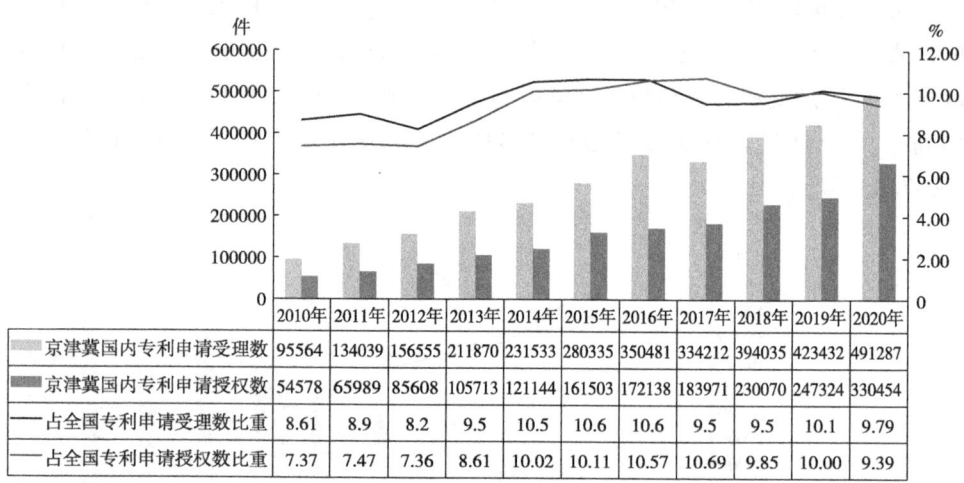

	2010年	2011年	2012年	2013年	2014年	2015年	2016年	2017年	2018年	2019年	2020年
京津冀国内专利申请受理数	95564	134039	156555	211870	231533	280335	350481	334212	394035	423432	491287
京津冀国内专利申请授权数	54578	65989	85608	105713	121144	161503	172138	183971	230070	247324	330454
占全国专利申请受理数比重	8.61	8.9	8.2	9.5	10.5	10.6	10.6	9.5	9.5	10.1	9.79
占全国专利申请授权数比重	7.37	7.47	7.36	8.61	10.02	10.11	10.57	10.69	9.85	10.00	9.39

图 2 - 48　2010—2020 年京津冀地区国内专利申请和授权情况及占全国比重
（资料来源：根据统计年鉴数据整理计算）

　　发明专利是具有较高技术价值的一种知识产权，是体现创新发展的重要指标。万人国内发明专利拥有量，是指每万人拥有经国内知识产权行政部门授权且在有效期内的发明专利件数，是衡量一个国家或地区科研产出质量和市场应用水平的综合指标。2010—2020 年，京津冀地区每万人国内发明专利有效数稳步增长，年均增速约为 23.03%，每万人国内发明专利有效数高于全国平均水平。2020 年，京津冀地区每万人国内发明专利有效数为 36.95 件/万人，约是全国平均水平的 2.29 倍。其中，北京市、天津市、河北省每万人国内发明专利有效数分别为 153.30 件/万人、27.51 件/万人和 4.57 件/万人（见图 2 - 49）。

　　技术合同成交情况是反映一个区域技术贸易、科技成果转化活跃度、科技成果吸纳能力、科技中介机构服务能力的重要数据，并在一定程度上反映区域科技创新能力和科技成果供给能力。2010—2020 年，京津冀地区技术输出合同项数呈增加态势，占全国技术输出合同项数的比重呈下降态势。2020 年，京津冀地区技术输出合同项数为 101604 项，较 2010 年增加了 0.57 倍，占全国技术输出合同项数的比重约为 18.50%，较 2010 年下降了约 9.77 个百分点（见图 2 - 50）。

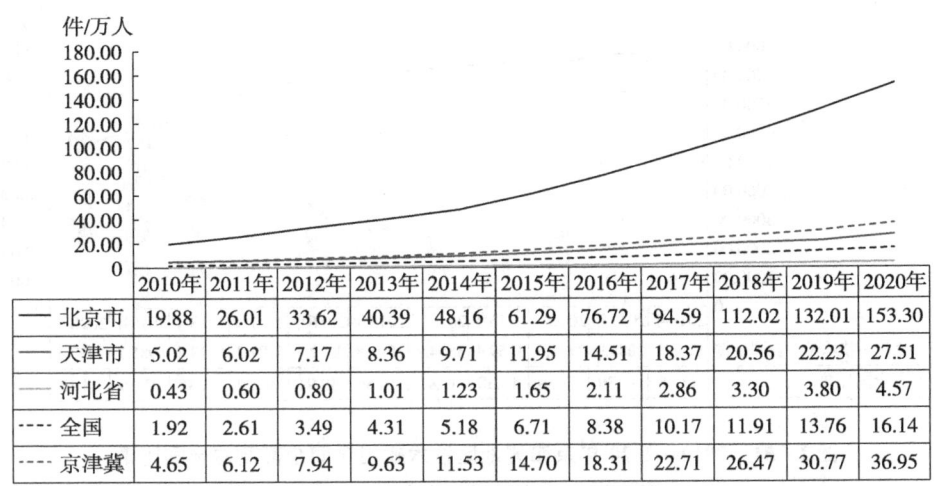

件/万人	2010年	2011年	2012年	2013年	2014年	2015年	2016年	2017年	2018年	2019年	2020年
北京市	19.88	26.01	33.62	40.39	48.16	61.29	76.72	94.59	112.02	132.01	153.30
天津市	5.02	6.02	7.17	8.36	9.71	11.95	14.51	18.37	20.56	22.23	27.51
河北省	0.43	0.60	0.80	1.01	1.23	1.65	2.11	2.86	3.30	3.80	4.57
全国	1.92	2.61	3.49	4.31	5.18	6.71	8.38	10.17	11.91	13.76	16.14
京津冀	4.65	6.12	7.94	9.63	11.53	14.70	18.31	22.71	26.47	30.77	36.95

图 2 – 49　2010—2020 年京津冀地区及全国每万人国内发明专利有效数

（资料来源：根据统计年鉴数据整理计算）

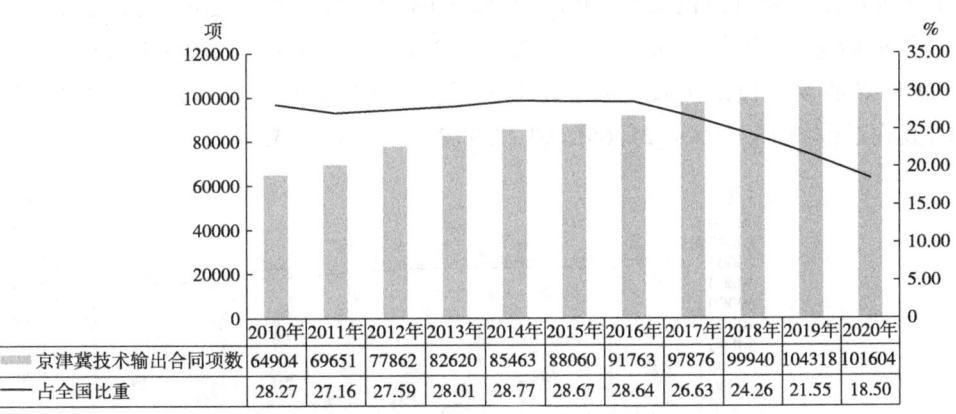

项	2010年	2011年	2012年	2013年	2014年	2015年	2016年	2017年	2018年	2019年	2020年
京津冀技术输出合同项数	64904	69651	77862	82620	85463	88060	91763	97876	99940	104318	101604
占全国比重	28.27	27.16	27.59	28.01	28.77	28.67	28.64	26.63	24.26	21.55	18.50

图 2 – 50　2010—2020 年京津冀地区技术输出合同项数及占全国比重

（资料来源：根据统计年鉴数据整理计算）

2010—2020 年，京津冀地区技术输出合同金额稳步增长，但占全国技术输出合同金额比重呈下降态势。2020 年，京津冀地区技术输出合同金额达 7960.69亿元，较 2010 年增长了 3.63 倍，约占全国技术输出合同金额的 28.18%，较 2010 年下降了 15.8 个百分点（见图 2 – 51）。

国外主要检索机构收录的科技论文数是评价国家、地区、单位和科研人员专业领域学术能力和水平的重要依据之一，反映整个机构的科研，尤其是基础研究的水平。2010—2019 年，京津冀地区发表科技论文被 SCI、EI 收录

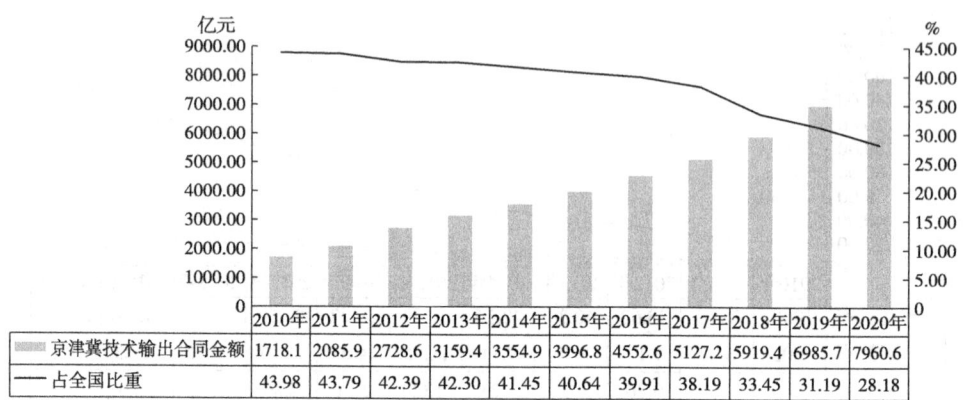

	2010年	2011年	2012年	2013年	2014年	2015年	2016年	2017年	2018年	2019年	2020年
京津冀技术输出合同金额	1718.1	2085.9	2728.6	3159.4	3554.9	3996.8	4552.6	5127.2	5919.4	6985.7	7960.6
占全国比重	43.98	43.79	42.39	42.30	41.45	40.64	39.91	38.19	33.45	31.19	28.18

图 2 – 51   2010—2020 年京津冀地区技术输出合同金额及占全国比重

（资料来源：根据统计年鉴数据整理计算）

的数量稳步增长，占全国科技论文被 SCI、EI 收录总数的比重呈下降趋势；京津冀地区发表科技论文被 CPCI – S 收录的论文数呈波动态势，占全国科技论文被收录总数的比重呈波动态势。2019 年，京津冀地区被 SCI、EI、CPCI – S 收录科技论文数分别为 85405 篇、58717 篇和 14222 篇，分别约占全国被收录数的 18.97%、21.65% 和 27.77%（见图 2 – 52）。

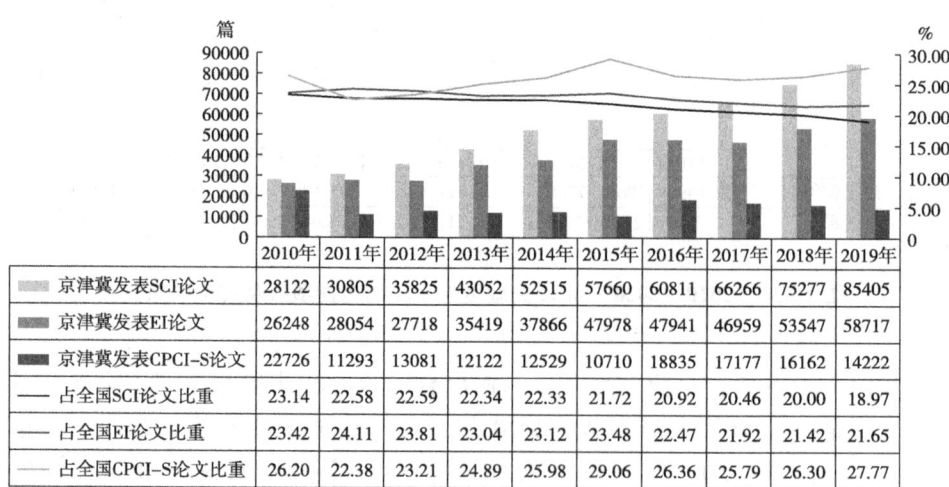

	2010年	2011年	2012年	2013年	2014年	2015年	2016年	2017年	2018年	2019年
京津冀发表SCI论文	28122	30805	35825	43052	52515	57660	60811	66266	75277	85405
京津冀发表EI论文	26248	28054	27718	35419	37866	47978	47941	46959	53547	58717
京津冀发表CPCI–S论文	22726	11293	13081	12122	12529	10710	18835	17177	16162	14222
占全国SCI论文比重	23.14	22.58	22.59	22.34	22.33	21.72	20.92	20.46	20.00	18.97
占全国EI论文比重	23.42	24.11	23.81	23.04	23.12	23.48	22.47	21.92	21.42	21.65
占全国CPCI–S论文比重	26.20	22.38	23.21	24.89	25.98	29.06	26.36	25.79	26.30	27.77

图 2 – 52   2010—2019 年京津冀地区国外检索工具收录科技论文情况及占全国比重

（资料来源：根据统计年鉴数据整理计算）

第三章 基于专利合作的
京津冀协同创新网络分析

区域创新体系是由区域中不同类型城市基于多主体、跨地域、跨组织的复杂合作，形成联系紧密、分工合作的区域创新系统。随着创新活动由"地方空间"向"流空间"转型，区域创新传播也从等级扩散向网络化演变，引起相关研究的"网络化"转向。

区域协同创新网络有广义和狭义之分。广义上说，区域协同创新网络是不同地域创新主体合作创新链接形成的创新网络。地域上，是跨越地理边界的邻近或非邻近区域，它们各地域之间功能相互支持，资源相互补充，效益相互促进。角色上，它包括企业、科研机构、高校、政府、中介机构等。狭义上说，区域协同创新网络指多地域企业、科研机构和高校间以创新为目的的互动合作、资源共享、优势互补，反映了创新资源集成化和行为主体协同化特征。①

尽管京津冀城市群是北方最大的城市群，北京拥有全国最为丰富的科技、教育、人才等创新资源，在基础研究、科技服务、高科技产业方面发挥着核心引领作用，并且北京面向"十四五"提出通过推动创新链、产业链、供应链融合，形成以首都为核心的世界级城市群主干构架的愿景目标，然而与长三角城市群、粤港澳大湾区相比，京津冀之间存在发展差距大、创新联系仍不紧密等问题。

本章基于创新的技术合作维度构建京津冀专利合作网络，采用发明专利合作数据，重点揭示京津冀自实施协同发展战略以来区域协同创新的内部微观特征及其演化，为完善区域科技合作网络，推动京津冀协同创新共同体构建提供参考。

---

① 解学梅，曾赛星. 创新集群跨区域协同创新网络研究评述 [J]. 研究与发展管理，2009，21 (1)：9-17.

一、研究设计与数据收集

在区域协同创新网络研究中，关系型数据的收集与获取是网络构建和定量分析的关键环节。运用文献计量学方法和合作专利等数据构建城市间知识传播及创新协同网络是区域创新网络研究中常被学者采用的方法。

专利文献是世界上最大的技术信息源，世界知识产权组织（WIPO）报告显示，全球90%~95%的R&D产出包含在专利中，其余则体现在科学文献（论文和出版物）中。专利文献具有公开性、及时性、内容翔实、易于产业间或不同空间比较等优点，成为研究知识生产和创新活动的重要数据源。联合申请专利不用于广义上的共担分享、共享收益的合作创新，其实质是基于社会网络迁入的知识流动和资源整合的交互创新过程。可以认为，地区间合作专利数据能够代表地区间技术创新合作的水平，足以用来构建协同创新网络并在此基础上进行分析，这种运用联合申请专利数据开展协同创新研究得到学者的广泛认可。[①] 其中，发明专利代表原创技术，更能反映技术创新成果。另外，区域协同创新网络分析中地理空间结构也是重点内容之一，采用城市群数据进行分析有利于更加清晰地呈现区域内部结构。因此，我们通过万象云专利检索平台，着重提取京津冀区域13个城市2014—2020年联合申请的已授权有效发明专利合作机构、城市、时间等信息，用于分析京津冀区域协同创新网络。

数据筛选及处理主要步骤如下：

提取2014年1月1日至2020年12月31日京津冀城市群13个地级市有两个或者两个以上主体合作申请的已授权有效发明专利信息，且删除专利申请人均为个人或者个人与机构的专利，由此得到7385条专利，形成由1329个创新主体构成的创新网络。该协同创新网络由创新主体、合作关系以及网络结构三个部分构成。其中，创新主体包括企业、高校、科研机构等，合作关系是指通过合作而形成的主体之间的关联，网络结构是对创新主体在网络中的相对位置及合作状况的反映。在网络结构中，节点代表专利创新主体，

---

① Ter Wal A. L. J. The Dynamics of the Inventor Network in German Biotechnology：Geographic Proximity Versus Triadic Closure [J]. Journal of Economic Geography，2014，14（3）：589–620. 李丹丹. 中国城市尺度科学知识网络与技术知识网络结构的时空复杂性 [J]. 2015，34（3）：525–540. 王秋玉. 中国装备制造业产学研合作创新网络初探 [J]. 地理学报，2016，71（2）.

边表示主体之间的合作关系，节点和边的分布体现网络的结构特征。因此，本章将在概览京津冀区域专利合作整体情况的基础上，重点从专利合作主体、合作关系以及由其形成的网络空间结构三个部分详细展开对区域协同创新的剖析。

二、京津冀专利合作的整体情况

区域协同创新强度逐步提升，北京发挥核心带动作用。2014—2019 年，京津冀三地已授权有效发明专利总计 382090 件，其中联合申请专利 65598 件，京津冀三地联合申请 7385 件。从年度变化趋势上看呈现小幅波动趋势（数据库录入的 2020 年专利还不完整，有些专利还没有授权，所以 2020 年数量偏低）。三地联合申请专利占全部联合申请专利的比率从 2014 年的 11.74% 增至 2020 年的 14.58%，增长约 3 个百分点。北京与津冀两地联合申报专利占其全部联合申请专利的比率从 2014 年的 11.97% 增至 2020 年的 14.71%，增长 2.7 个百分点，而同期河北与京津的联合申报专利占其全部联合申请专利的比率、天津与京冀联合申报专利占其全部联合申请专利的占比均有所下降。上述数据表明，近年来，京津冀三地协同创新关系逐渐加强，北京在此过程中起到主导作用（见图 3－1）。

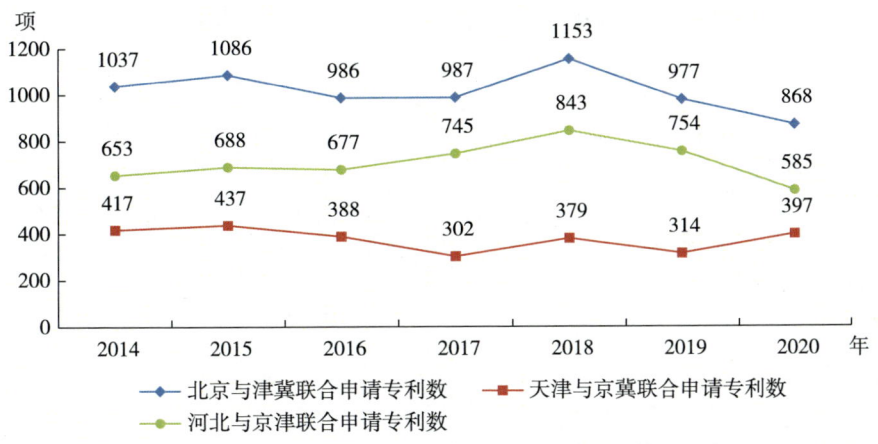

图 3－1　北京与津冀、天津与京冀、河北与京津联合申请专利数量化趋势

河北专利总数、与域外联合申请专利数以及与京津合作专利总数均呈增长趋势，说明河北自身创新能力及与京冀协同创新能力均显著加强。同时，

联合申请专利中与京津合作申请的专利比率则呈现明显下降，从 2014 年的 78.86% 降至 2020 年的 62.97%，下降 15.89 个百分点，这在一定程度上表明，随着创新能力的增强，河北创新合作对北京的高度依赖有所减弱，合作伙伴的选择性日益多样化（见图 3−2）。

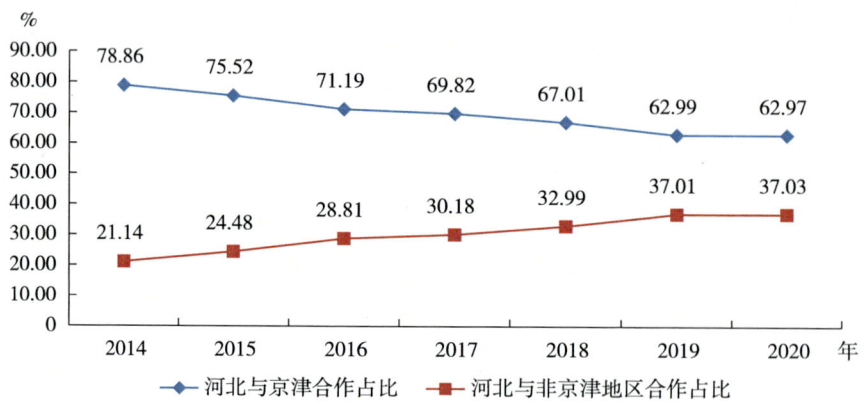

图 3−2　河北省合作专利比重变化趋势

天津与京冀合作专利数量占其全部对外合作专利数量比例在 2016—2019 年出现一轮波谷，区域内专利合作占比从七成跌至四成左右，而其间其专利总量增长趋势与北京和河北相一致，说明天津此时的协同创新中与区域外部合作比例有所增长，这一状况到 2019 年以后出现缓和迹象，2020 年区域内合作占比重新回到 60% 以上，与河北占比基本持平（见图 3−3）。

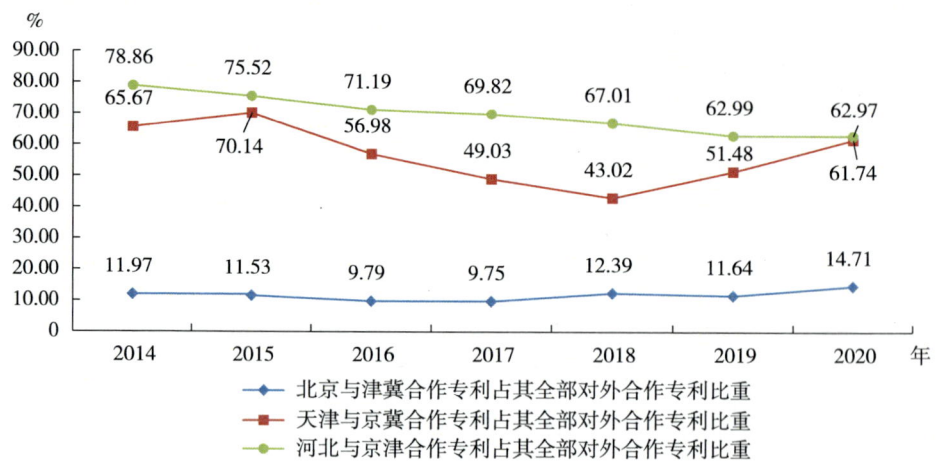

图 3−3　京津冀三地合作专利占其自身对外合作专利比重变化趋势

三、专利合作网络的创新主体及其演化

专利合作网络中包含多种类型的创新主体，对各类创新主体数量及占比的多维度分析可以发现谁是区域合作网络的主要依赖对象，各类主体在区域中的分布是否均衡，它也在一定程度上反映出区域创新资源的特色。

（一）专利合作网络中的创新主体

从创新主体类型来看，企业是京津冀区域参与合作创新的绝对主体。2014—2020 年，京津冀区域中参与区域专利合作的创新主体共计 1329 家，主要包括企业、高校和科研机构等类型。三者占比分别达到约 79.98%、5.27% 和 13.77%，企业以八成的数量担当着区域专利合作主体的角色，科研机构列居次席，高校数量排在第三（见表 3 – 1、图 3 – 4）。

表 3 – 1　　　　　　　　京津冀专利合作主体分布　　　　　　　单位：家

机构/地区	北京	天津	河北	总计
高校	26	12	32	70
科研机构	112	28	43	183
企业	369	224	470	1063
其他	4	1	8	13
总计	511	265	553	1329

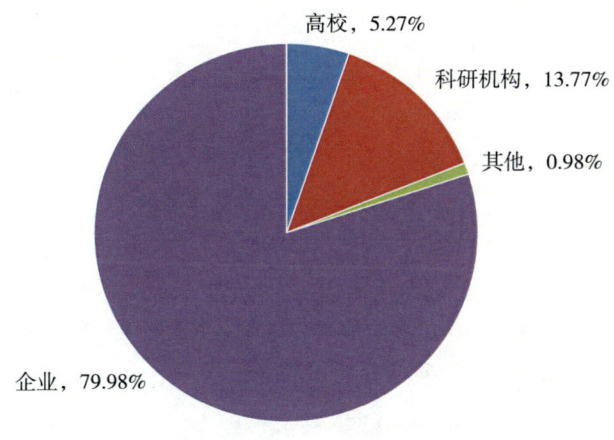

图 3 – 4　2014—2020 年京津冀三地专利合作创新主体类型占比

从创新主体所属地域来看，河北参与合作的创新主体规模最为庞大。河北以 553 家名列榜首；北京 511 家，排在第二位。相比之下，天津参与合作的创新主体数量较少，仅有 265 家，不及河北的一半。考虑区域面积大小，在空间结构上呈现北京节点分布密集，天津节点分布比较松散，河北节点分布集中于几个地区的形态。

其中，北京市内企业、高校和科研机构占比分别达到 34.78%、37.14% 和 61.20%，河北省内上述三类创新主体占比分别达到 44.05%、45.71% 和 23.50%，天津市为 21.17%、17.14% 和 15.30%，无论从绝对数量还是相对数量都可以看出，京津冀区域内专利合作的科研机构创新主体主要集中于北京，企业和高校类型的创新主体则是河北贡献最多，而从总量上讲，过去几年中河北省已经成为京津冀区域专利合作创新主体的最主要来源地。

（二）专利合作网络中创新主体的演化

区域专利合作创新主体整体数量呈稳步增长趋势。伴随区域专利合作关系日趋紧密，融入其中的创新主体数量不断增长，从 2014 年的 278 家上升到 2020 年的 484 家，年度参与专利合作的创新主体数量增长了 74.1%，而且增速比较平稳，其中 2017 年增幅较其他年份略大（见图 3－5）。

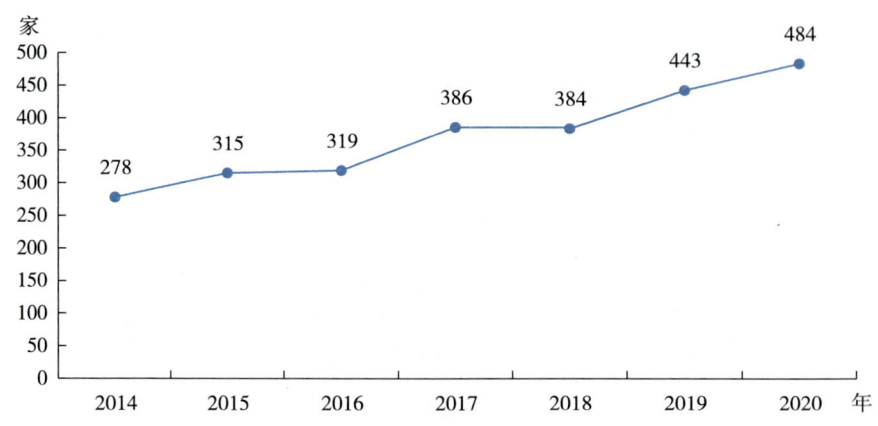

图 3－5　2014—2020 年京津冀专利合作创新主体总量变化趋势

合作网络中的创新主体类型构成保持稳定。2014—2020 年，京津冀地区专利合作网络中，企业占比基本保持在 80% 左右，只有 2014 年和 2017 年有小幅波动，分别为 84.5% 和 73.8%。科研机构和高校占比始终在低位徘徊，二者占比数值基本持平，科研机构略高于高校，二者差距保持在 6% 左右。上述数据表明，区域内不同类型创新主体的比例结构正处于相对稳定的时期，预计短期内不会有明显改变（见图3-6）。

图3-6 2014—2020年京津冀专利合作中各类型创新主体占比变化趋势

2019年后河北参与区域专利合作的创新主体数量明显超越北京，且增长势头强劲。2014年，区域内参与专利合作的创新主体中，北京与河北的参与数量及区域占比大体相当，占区域合作创新主体总量的40%左右，而天津参与主体数量约为北京和河北的60%，占区域合作创新主体总量的20%。2015—2018年，三地参与合作的主体数量均保持上升态势，北京与河北的曲线交错上升，增速大体一致，总量差距保持在10以内，而天津增长相对缓慢，走势更加平稳。到2019年，河北参与区域合作的创新主体数量与北京逐渐拉大差距，2020年其参与合作的创新主体数量已超出北京40余家，差距有越拉越大之势。此时，河北参与区域合作创新主体数量在京津冀地区占比已经达到45%左右，同期北京占比有所下降，约为36%，天津不到20%。2020年天津参与合作的创新主体数量虽然较2014年增长了51.6%，但总量仅为河北的43.5%，北京的54.0%，与二者差距逐渐拉大（见图3-7、图3-8）。

河北参与区域专利合作的创新主体数量快速增长且于2019年占比加速超越北京，既说明河北省内创新主体对区域协同创新的参与越来越积极，也表明河北的创新能力在快速提升，北京在疏解非首都功能过程中，一大批驻京企业迁入河北功不可没。天津在京津冀区域创新合作主体上发展的速度低于北京和河北，在区域创新合作网络内发挥的作用有限。

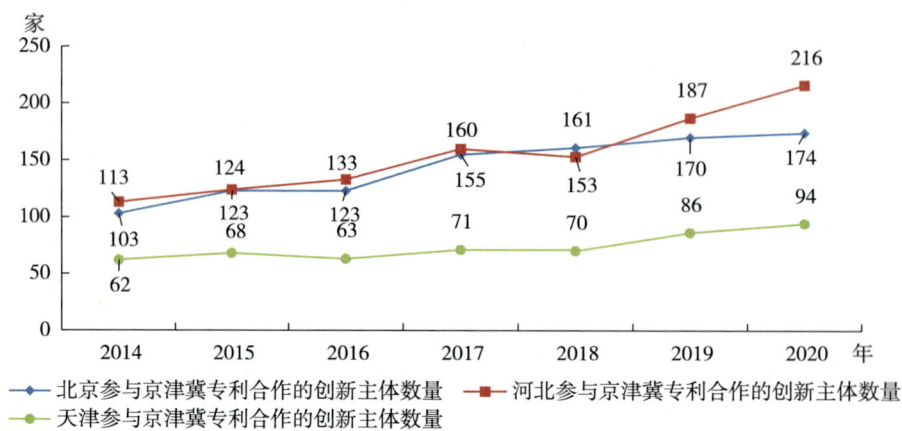

图 3 - 7   2014—2020 年京津冀三地专利合作创新主体数量趋势

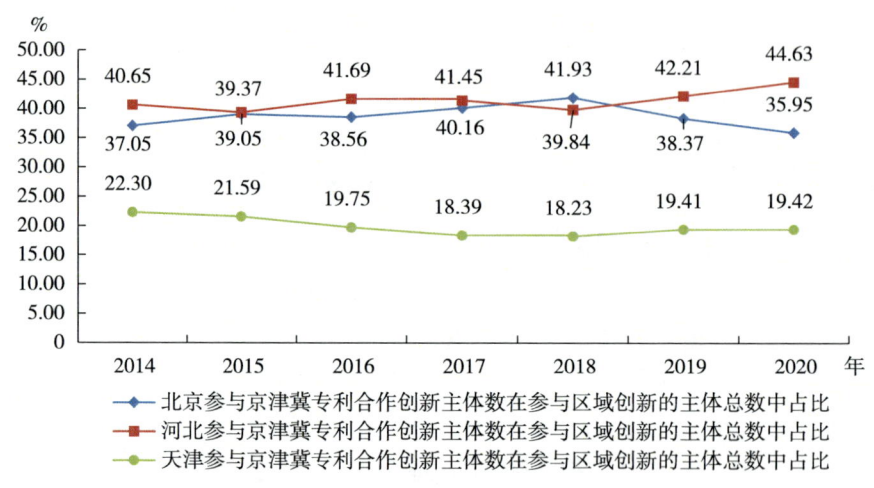

图 3 - 8   2014—2020 年京津冀三地专利合作创新主体占比趋势

四、专利合作网络的关系及其演化

在合作创新网络中不同参与主体的地位和作用并不相同，这是创新网络中关系的具体体现之一。通过对第一申请人相关数据的统计分析，可以发现京津冀区域专利合作网络中的主导者。除此之外，通过分析专利合作网络中不同类型创新主体的关系，则可以更加清晰地了解区域创新中产学研合作的情况。

（一）第一申请人所属类型及地域特征

创新参与人与第一申请人的类型构成大体一致。企业、高校和科研机构占比分别约为85.86%、7.00%和7.01%。企业的这一比例略高于前文全部创新主体的统计结果，表明其在创新合作网络中的实际主导地位更加突出；而第一申请人中，科研机构占比低于全部创新主体中的占比，而与高校水平不相上下，说明二者在合作创新中的实际主导力持平，但科研机构参与主体更广泛（见表3-2）。

表3-2　　　　京津冀区域内合作专利第一申请人分布　　　单位：次，%

第一申请人分布	北京	天津	河北	总计	占比
企业	4050	1045	1246	6341	85.86
高校	310	66	141	517	7.00
科研机构	388	30	100	518	7.01
其他	5	1	3	9	0.12
总计	4753	1142	1490	7385	100

创新参与人与第一申请人的地域分布不对等性突出。来自北京的第一申请人中，若按申请次数计算，企业、高校和科研机构占比分别达到63.87%、59.96%和74.90%，河北这三类创新主体占比分别达到19.65%、27.27%和19.31%，天津则分别为16.48%、12.77%和5.79%。对比合作专利第一申请人地区类型占比与前文讨论过的专利合作全部创新主体地区和类型占比，可以明显看出差异。北京市内企业和高校在全部创新主体中的占比低于其第一申请人占比29个和23个百分点，科研机构占比也相差约14个百分点；河北和天津的情况与北京相反，河北省内企业、高校和科研机构第一申请人占比分别低于这三大类主体在全部创新主体中占比约30个、20个和4个百分点，天津三大类主体第一申请人占比也全面低于全部创新主体中的占比，其中科研机构的占比数据差距最大，两者相差10个百分点。由此推断，虽然河北省创新主体数量已经超过北京市位列区域第一，但是从第一申请人的数量来看，河北省还远不及北京市，这也反映出三地在京津冀创新合作中的地位和角色不同，北京市创新主体实力强，在区域创新网络中更多地发挥着领头人的作用，河北和天津经常扮演参与者的角色，在合作中的地位相对被动。尤其是河北省参与合作创新的主力军类型——企业方面，其参与区域合作创新活动的数量众多，但在创新合作中从属地位明显。

第一申请人地域分布格局的演化路径呈漏斗形，表明三地差距正逐渐缩小。具体而言，京津冀三地占比趋势曲线可以用"一升一降一波动"来概括。"一升"指河北省第一申请人占比持续增长，从 2014 年的 6.44% 增至 2020 年的 34.29%，其中，涨幅最大的年份是 2016 年和 2019 年，分别较前一年提高 13 个和 18 个百分点；"一降"则指北京市，伴随河北省的提升，北京市第一申请人比例在同步下降，从 89.39% 降至 42.92%，几年间占比降了一半有余；相比北京市与河北省，天津市参与专利合作的第一申请人数量则表现出上下波动的特征，整体上呈增长趋势。前文通过数据分析，发现河北省创新主体数量在 2019 年后开始明显超过北京市，但 2014—2020 年第一申请人总量占比还远不及北京市，北京市在创新网络中仍占主导地位。不过，这里第一申请人地域占比变化的发展趋势又进一步提醒我们，北京市在 2014—2020 年合作专利第一申请人占比下降较快，同时，河北省增长迅速，它的第一申请人占比可能很快超过北京市。京津冀区域内合作专利第一申请人地区占比变化趋势意味着天津、河北的科研合作主体逐渐成长，河北省正在积极主导参与在基于专利合作的区域协同创新（见图 3 –9）。

图 3 –9　2014—2020 年京津冀区域内合作专利第一申请人地区占比变化趋势

（二）区域间的产学研协同创新关系

京津冀专利合作网络中，产学研合作共产生七种关系类型。其中，企业—企业的合作是主要合作模式，占全部合作的 76.6%，其次是企业—高校、企业—科研机构合作，占比分别为 10.5% 和 8.2%。除这三种合作关系外，其他模式占比较低（见表 3 –3）。

表 3 – 3　　　　　　　　2014—2020 年京津冀区域内合作关系占比

合作关系	合作频次	合作占比（%）
企业—企业	5655	76.57
企业—高校	778	10.53
企业—科研机构	608	8.23
科研机构—科研机构	150	2.03
高校—科研机构	94	1.27
高校—高校	39	0.53
企业—高校—科研机构	39	0.53
其他	22	0.3

从合作模式的变化趋势来看，2014 年以来，企业与企业之间的合作始终是京津冀专利合作创新中的主要模式，且占比在 2014—2018 年变化不大，在 80% 左右，但 2018 年以后出现小幅下降，未来走势有待进一步观察；伴随企业与企业合作占比的下降，企业与高校合作模式占比呈现显著增长的趋势；企业与科研机构的合作占比 2014—2016 年在 10% 以上，高于企业与高校合作占比，但从 2017 年以后开始走低，2020 年占比已低于企业与高校合作模式 14 个百分点，另外，科研机构与科研机构的合作创新占比在 2018 年开始有所增长，2019 年甚至超过了企业与科研机构合作占比。企业与企业创新合作占比的下降以及企业与高校创新合作占比呈现显著增长趋势，表明区域向产学研更加深度协同的方向发展，协同创新模式正在升级（见图 3 – 10）。

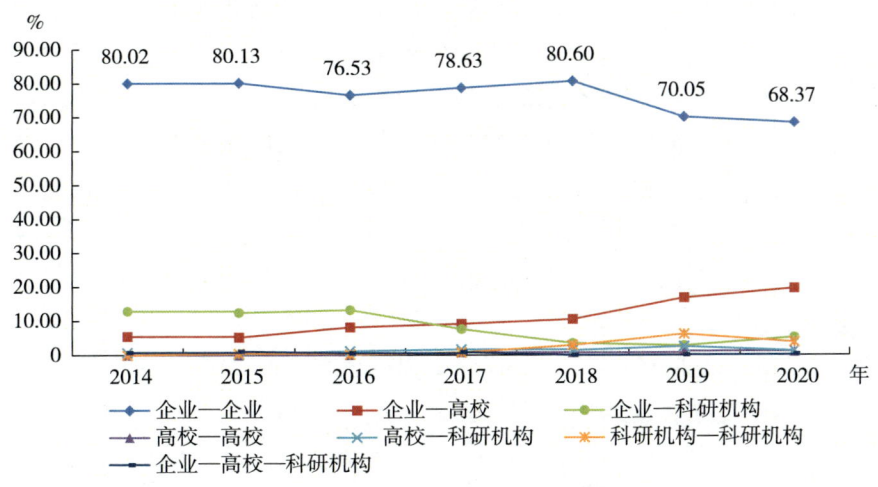

图 3 – 10　2014—2020 年京津冀专利创新网络主体合作关系类型占比变化趋势

　　大型能源型国有企业以及实力雄厚的高校和科研机构在创新网络中处于核心位置。以 2020 年数据为例，从企业层面看，位于网络中心的企业分别是国家电网有限公司、国网河北省电力有限公司、中国石油天然气集团有限公司、中国海洋石油集团有限公司、国网天津市电力公司、中国石油集团渤海钻探工程有限公司、国网河北省电力有限公司、电力科学研究院、中海石油有限公司天津分公司、国网河北能源技术服务有限公司和国网河北省电力有限公司沧州供电分公司等。可以看出，实力强、规模大、研发活动密集的大型能源型国有企业及其分公司，如国家电网、中石油、中海油是京津冀区域协同创新网络中的引领者。高校和科研机构层面上处于网络重要节点地位的是天津大学、华北电力大学（保定）、清华大学、北京邮电大学、北京科技大学、燕山大学、石家庄铁道大学、北京交通大学、中国科学院过程工程研究所、中科廊坊过程工程研究院、天津（滨海）人工智能军民融合创新中心、中国人民解放军军事科学院国防科技创新研究院、中国检验检疫科学研究院和中国科学院地理科学与资源研究所等。它们是京津冀区域中领先的、科研能力较强的组织，具有较高的知识生产和创造能力，且大多重点研究领域与能源资源相关，成为区域内企业创新的优先链接主体。

　　企业之间的创新合作以总部—地方分支机构模式为主是京津冀专利合作创新网络的重要特征。图 3－11 呈现了京津冀专利合作创新主体网络（设置加权度大于 8），紫色节点为企业型创新主体、绿色节点为高校型创新主体、橙色节点为科研机构类创新主体，节点标签字体越大，表明其中心度越高，也就是在网络中越具有影响力。可以看出京津冀专利合作创新网络中，紫色节点及其连线占据绝大部分，说明区域创新合作网络以企业间合作为主，而且从主体名称标签来看主要是企业与其分支企业之间的合作。其中，以国家电网为核心主体，形成了区域内网络结构最为密集的子网络。另外，中石油与其分支机构，中海油与其分支机构等也形成了较紧密的协同创新关系。区域专利创新合作网络主要依赖总公司—分支机构的合作创新模式比较特殊，它会使知识和信息获取相对狭窄，既不利于知识和信息流动，也不利于扩大区域创新合作网络规模。

　　企业和高校之间的创新合作倾向于强强联手，例如在国家电网为核心主体的区域最密集来自网络中，同时出现了企业与高校的合作，天津大学、清华大学、华北电力大学、南开大学等知名大学也加入企业的创新中。说明区域中实力强大的不同类型创新主体参与合作创新的可能性要高于实力低的创

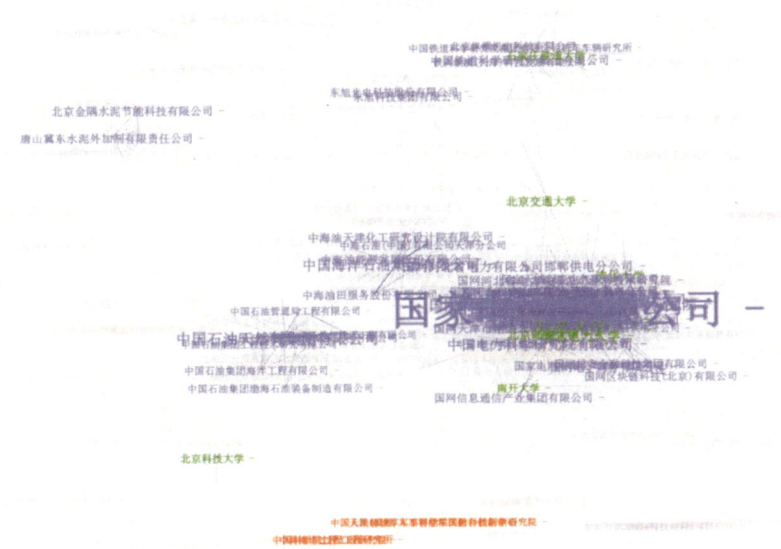

图 3 – 11　2020 年京津冀区域内各类型主体专利合作创新网络关系

新主体。最后，创新网络中其他类型的合作关系相对较少，今后应得到不断的丰富和扩张。

五、专利合作网络的空间结构及其演化

（一）网络空间结构总体特征

京津冀区域已形成以北京市为中心，天津市、石家庄市为次中心，保定市、廊坊市、沧州市为三级枢纽的专利合作网络结构。

基于京津冀三地 13 市联合申请已授权有效发明专利数据，绘制京津冀区域专利合作网络空间布局。图 3 – 12 中节点大小表示该城市参与联合申请专利频次，点越大，表示参与联合申请专利频次越高；连线粗细表示两个城市间联合申请专利频次，线越粗，代表两点间合作频次越高。我们可以看出，北京市是区域专利合作网络中节点的最大节点，表明其处于网络中心地位，其次是天津市和石家庄市的节点也明显大于其他城市，它们居于网络次中心位置。

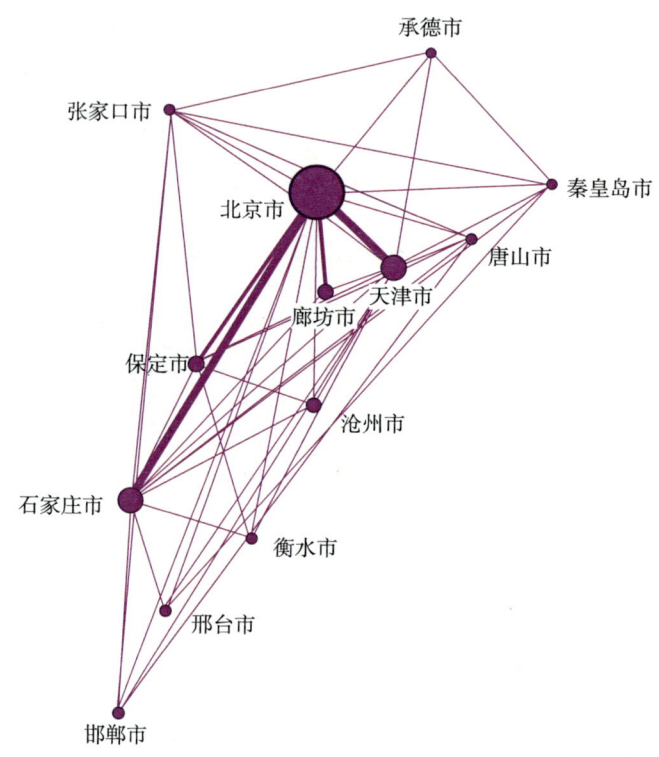

图 3-12　京津冀城市群专利合作网络空间布局

基于京津冀城市群内专利合作频次数据建立共现矩阵，对网络结构进行细化分析（见表 3-4）。

表 3-4　　　　　　京津冀城市群专利合作共现矩阵　　　　　单位：次

地区	北京	天津	石家庄	廊坊	保定	沧州	唐山	邯郸	张家口	邢台	秦皇岛	衡水	承德
北京	0	2485	2187	876	888	422	224	191	153	114	100	93	68
天津	2485	0	29	18	39	47	32	3	3	4	22	9	3
石家庄	2187	29	0	3	156	269	3	63	2	91	6	60	0
廊坊	876	18	3	0	0	2	0	0	0	0	0	0	0
保定	888	39	156	0	0	1	1	0	4	0	0	2	0
沧州	422	47	269	2	1	0	0	0	0	0	0	0	0
唐山	224	32	3	0	1	0	0	2	1	0	0	0	0
邯郸	191	3	63	0	0	0	2	0	3	0	0	0	0
张家口	153	3	2	0	4	0	1	3	0	0	2	0	1

续表

地区	北京	天津	石家庄	廊坊	保定	沧州	唐山	邯郸	张家口	邢台	秦皇岛	衡水	承德
邢台	114	4	91	0	0	0	0	0	0	0	5	0	0
秦皇岛	100	22	6	0	0	0	0	0	2	5	0	0	1
衡水	93	9	60	0	2	0	0	0	0	0	0	0	0
承德	68	3	0	0	0	0	0	0	1	0	1	0	0

根据每个城市参与合作专利频次及与其有合作关系的城市数量，可以将区域内城市进行多层级分类。参与合作专利方面，北京与区域内其他城市合作频次7000余次，比这一指标排在第二位的石家庄多约5000次，可见，北京占据京津冀区域专利合作网络的绝对核心位置。天津、石家庄与区域内其他城市合作频次分别为2694次和2869次，排在第二梯队，其后是保定1091次，廊坊899次，沧州741次，处于第三梯队，其余城市均在300次以下，为网络中的边缘节点，在网络中地位较弱。合作城市数量方面，只有北京、天津两地与区域内其他12个市都建立了专利合作关系，石家庄则与除承德之外的11个市存在专利合作关系。

在京津冀区域专利合作网络中，合作关系在2000次以上的城市对只有北京—天津、北京—石家庄这两组，分别是2485次和2187次，占网络中全部合作关系的53.8%。天津在京津冀区域内除了与北京合作高达2000次外，与河北省内城市合作明显偏低，天津在区域内合作专利数量排在第二位和第三位的城市是沧州和保定，合作频次仅为47次和39次，从比例上看，天津在京津冀区域内的专利合作关系中与北京发生的合作占92.21%，与河北开展的合作仅占7.76%。河北省内城市在京津冀区域内专利合作关系中77.26%来自与北京的合作，3.03%是与天津的合作，19.71%为省内城市间的合作。这说明，区域专利合作关系中，河北、天津主要依赖于与北京的合作，而天津和河北合作关系亟待进一步加强，河北省内城市间的合作关系也需要提升。河北省内11个地级市的合作在区域全部合作网络中仅占比7.80%，其中，石家庄与省内其他市开展的合作占省内合作的96.31%，石家庄—沧州、石家庄—保定的合作又占65.08%，表明河北省内的专利合作以石家庄为核心，以个别城市为重点，其余城市之间的合作关系非常弱。另外，对于网络次中心位置的石家庄和天津来说，沧州都是其除北京之外第一位的专利合作伙伴，在一定程度上说明沧州在京津冀三地合作中的作用值得关注，未来发展存在较大潜力。

（二）网络空间结构演变特征

京津冀区域网络空间结构的演变特征呈现为从与核心城市"点对式"联

系向主体更多元的多层次网络化演化。

总体来看，2014—2020年京津冀专利合作网络整体结构比较稳定，北京的绝对核心地位以及天津、石家庄的次中心地位显著，但从2014年和2020年专利合作关系网络线明显加密可以看出，区域内城市间合作关系变得更加错综复杂，联系更加紧密。2014年，区域内近八成的专利合作关系是与北京、天津、石家庄之间产生的，其中与北京的合作关系约占一半，其他只有个别城市间存在零散且微弱的合作关系，可以说此时其他城市与核心城市点对点连接特征明显。2020年，北京的中心度有小幅下降，天津、河北中心度略有上升，区域专利合作联系仍高度集中于北京、天津和河北三地。与天津、河北开展专利合作的区域城市数量在增长，沧州、邯郸、唐山、邢台的区域专利合作参与度有明显提升，区域专利合作呈现一定的多层次、网络化发展态势（见图3-13）。

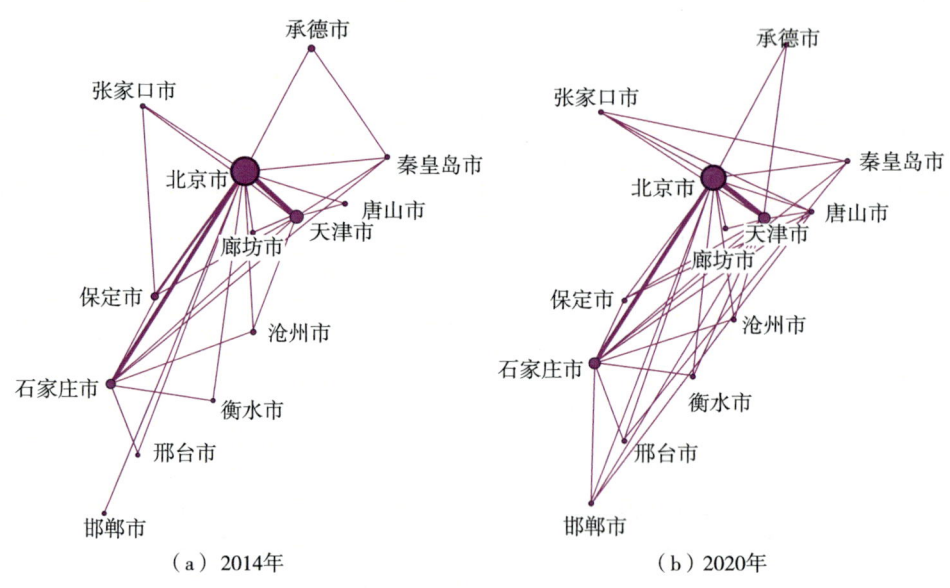

（a）2014年 　　　　　 （b）2020年

图3-13　2014年、2020年京津冀城市群专利合作网络空间布局

专利合作网络密度增加，网络凝聚性提升。如京津冀专利合作网络关系特征所示，2014—2020年，京津冀专利合作网络关系总数从52增加到66，参与专利合作的城市相对明显增加。另外，网络密度由0.33增至0.42，平均路径长度从1.67降至1.58；平均聚类系数呈现波动上升趋势，上述变化均表明京津冀城市间的专利合作更加频繁，网络凝聚性得到提升（见表3-5）。

表 3 – 5　　　　　　2014—2020 年京津冀专利合作网络的整体特征

年份	关系总数	网络密度	平均路径长度	平均聚类系数
2014	52	0.33	1.67	0.73
2015	44	0.28	1.72	0.78
2016	58	0.37	1.63	0.79
2017	54	0.35	1.65	0.84
2018	50	0.32	1.68	0.80
2019	58	0.37	1.63	0.70
2020	66	0.42	1.58	0.79

　　具体从图 3 – 14（a）中可以清晰直观地看出区域内城市间专利合作关系增加的情况，部分河北省内城市如邢台、石家庄、唐山和沧州等与北京合作显著加强；天津市与河北省的专利合作网络也在全面扩张，河北省 11 个地级市中 9 个与天津市专利合作频次有不同程度的增长；河北省内石家庄—邢台、石家庄—邯郸专利合作关系增进，其他城市间合作强度变化不大。从图 3 – 14（b）中则可以看出网络衰退的情况，如专利合作频次减少的"城市对"主要包括北京—保定、北京—廊坊、北京—张家口、北京—天津，以及石家庄—保定、石

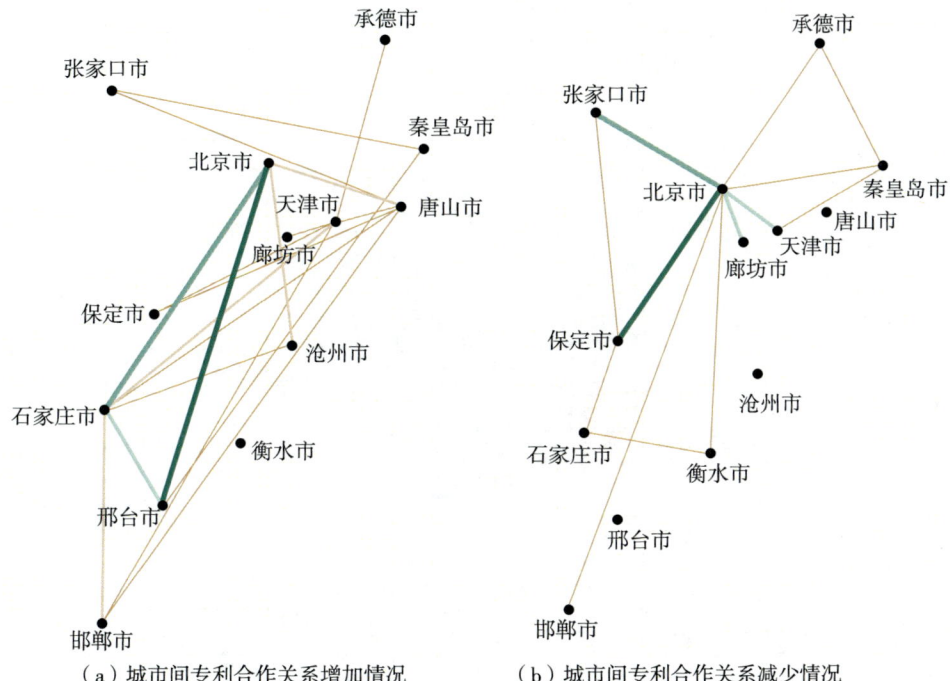

（a）城市间专利合作关系增加情况　　　　（b）城市间专利合作关系减少情况

图 3 – 14　2014—2020 年京津冀城市群专利合作网络变化空间布局

家庄—衡水。整体而言，2014—2020 年，京津冀城市群专利合作网络正在从多个方向密集生长，尤其是区域东部、南部的合作网络成长性明显。

（三）内外网络比较

北京属于区域内部网络、外部网络均密集发达的区域创新领袖。选取京津冀城市群在全国范围内合作强度排名前五的合作关系绘制弦图 3 – 15，可以看出基本上区域内所有城市的绝大部分合作关系都汇入北京，展示了北京在区域合作创新网络中的绝对主导地位。京津冀城市群全国创新网络空间布局呈现了京津冀城市群 13 市 2014—2020 年全国范围内专利合作网络关系，可以看出图 3 – 15 中代表强合作关系的红色和橘色线条皆来自与北京开展的合作，其中最高强度的一条红色网络线连接的是北京—上海，合作频次达到 6674 次，颜色略浅一点的红色线连接的是排在合作频次第二位的城市对，即北京—南京，合作频次为 4644 次，第三档色系深橘色线连接的是北京—合肥、北京—成都、北京—济南，第四档橘色线连接的是北京—天津、北京—杭州、北京—石家庄、北京—深圳、北京—武汉、北京—西安。一方面，在上述高频合作关系中，北京—天津、北京—石家庄两个区域内的城市对榜上有名（分列第 6 位和第 8 位），说明北京的创新系统具有较强的本地知识网络，占据根植性和地理邻近的网络优势；

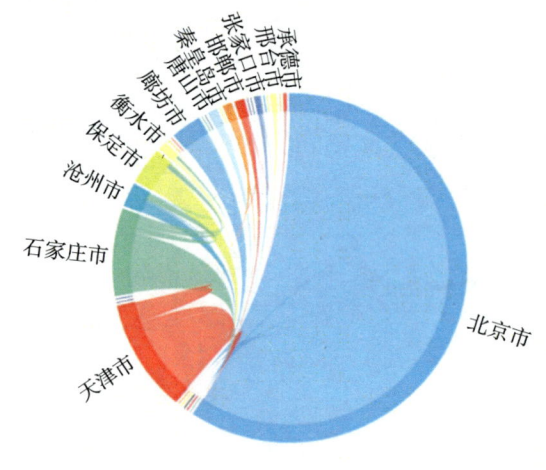

● 北京市 ● 上海市 ● 南京市 ● 合肥市 ● 成都市 ● 济南市 ● 天津市
● 广州市 ● 深圳市 ● 石家庄市 ● 沧州市 ● 保定市 ● 邢台市 ● 西安市
● 杭州市 ● 廊坊市 ● 武汉市 ● 大连市 ● 唐山市 ● 长沙市 ● 秦皇岛市
● 邯郸市 ● 珠海市 ● 沈阳市 ● 张家口市 ● 许昌市 ● 哈尔滨市 ● 衡水市
● 扬州市 ● 承德市

图 3 – 15　京津冀城市群合作强度排名前五的合作关系

另外，北京与长三角城市群、珠三角城市群、成渝城市群、长江中游城市群、中原城市群、关中平原城市群等全国几大城市群的头部城市合作创新频次均在千次以上，与全国300余个城市有创新合作关系，可见北京凭借其强大的知识生产能力成为全国众多城市合作创新的外部知识源头。

天津与石家庄作为京津冀区域内部的另外两个核心城市，它们绝大多数的协同创新是与北京展开的。天津、石家庄与北京的合作约占其各自对外合作的八成和七成。天津其余的协作创新主要是与区域外的长三角城市和珠三角城市展开的，其中以广州（623）、上海（235）、南京（195）、深圳（140）等地为代表。与天津截然不同，石家庄除与北京的协同外，其余协同创新对象主要集中于河北省内，沧州（277）、保定（197）、邢台（108）排在前列，说明石家庄区域内部创新网络相对发达。河北省其他城市的协同创新均以北京为首要对象展开，石家庄占据合作频次前列位置，只有一座城市例外——秦皇岛市，它与深圳的协同创新最多（137）、与北京的协同（101）位列第二，其后是天津（22）、上海（13）、石家庄（10）。从全国数据来看，秦皇岛区域内部创新合作与区域外部创新合作频次大体相当，相比区域内其他城市对北京依赖度较小。总体而言，河北省内城市创新合作网络具有明显的区域内部化网络特征，主要是受北京知识溢出辐射，基于地理邻近机制建立起的创新合作关系（见图3-16）。

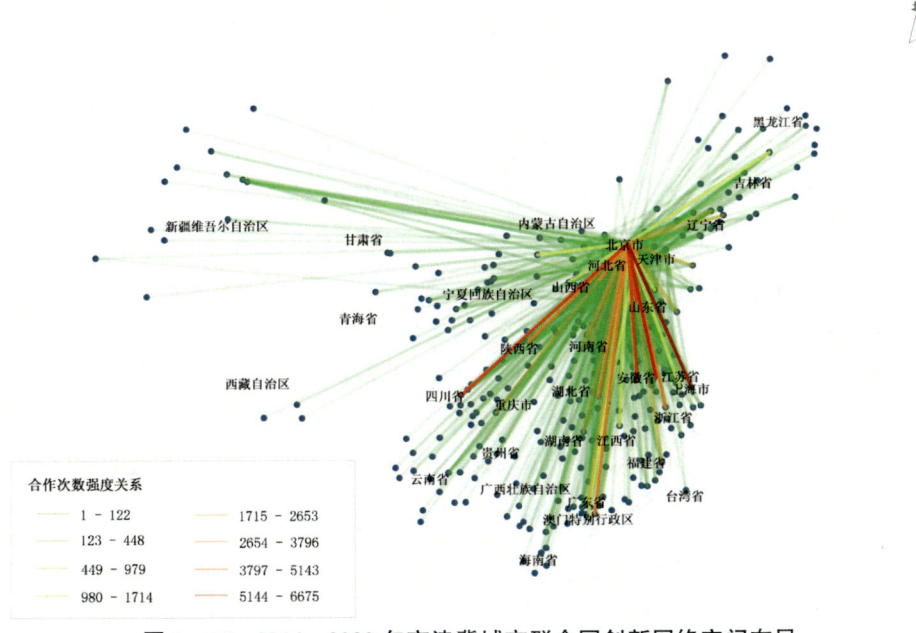

图3-16 2014—2020年京津冀城市群全国创新网络空间布局

六、小结

本章依托 2014—2020 年京津冀三地合作申请的发明专利数据，构建了区域专利合作网络，网络的主要因素包括节点（创新主体）、边（主体间关系）和空间结构特征，因而重点从上述三个方面入手，全面剖析了京津冀专利合作网络及其演化特征。主要结论如下：

从区域专利合作网络整体数据可以看出，区域协同创新强度逐步提升，北京在其中发挥核心带动作用。企业以八成的数量占比担当着区域协同创新绝对主体的角色，其次是高校和科研机构，科研机构参与协同创新的主体较之高校更多，但二者在区域协同创新中的实际主导力大体持平。创新主体中，科研机构主要集中于北京，而企业和高校则由河北贡献最多，从总量上讲，过去几年河北省已经成为京津冀区域专利合作创新主体的最主要来源地。三地在京津冀创新合作中的地位和角色不同，北京创新主体实力强，在区域创新网络中更多地发挥着领头人的作用，河北和天津经常扮演参与者的角色，在合作中的地位相对被动。不过从发展趋势来看，津冀的协同创新主体在逐渐成长，河北正在积极主导参与在基于专利合作的区域协同创新。

从 2014—2020 年整体情况来看，企业与企业之间的合作是京津冀协同创新的主要模式，占全部合作的 76.57%，其次是企业—高校、企业—科研机构合作，占比分别为 10.53% 和 8.23%，其他合作方式占比较低。从时间维度看，2018 年以来，企业与企业创新合作的占比下降，企业与高校创新合作占比呈显著增长趋势，表明区域向产学研更加深度协同的方向发展，协同创新模式正在升级。然而，企业总部—地方分支机构模式是京津冀专利合作创新网络的重要特征。以国家电网为核心主体，形成了区域内网络结构最为密集的子网络。另外，中石油与其分支机构，中海油与其分支机构等也形成了较紧密的协同创新关系。区域专利创新合作网络主要依赖总公司—分支机构的合作创新模式比较特殊，它会使知识和信息获取相对狭窄，既不利于知识和信息流动，也不利于扩大区域创新合作网络规模。未来应进一步丰富企业—高校、企业—科研机构等其他类型的协同创新模式。

从网络整体空间构成来看，京津冀区域形成以北京为中心，天津、石家庄为次中心，保定、廊坊、沧州为三级枢纽的协同创新网络结构。从网络演变趋势来看，正经历从与核心城市"点对式"联系向主体更多元的多层次网络化演化，网络密度增加，网络凝聚性提升。从京津冀城市群协同创新的内、外部网络比较来看，北京属于区域内部网络、外部网络均密集发达的区域创新领袖。天津对区域内部创新依赖程度比较高，其绝大多数的协同创新是与北京展开的，但外部合作也比较广泛。河北省内城市协同创新网络具有明显的区域内部化网络特征，主要是受北京知识溢出辐射，基于地理邻近机制建立起的创新合作关系。

第四章　京津冀协同创新建设成效

自 2015 年《京津冀协同发展规划纲要》颁布以来，京津冀三地在交通、产业、生态环保、科技创新以及公共服务等方面协同发展，成效显著。

一、交通协同

京津冀协同发展，交通一体化是骨骼系统和先行领域。京津冀交通一体化作为京津冀协同发展的先导尖兵，为区域的整体性发展和协同目标的实现奠定了基础。九年来，京津冀交通领域率先突破，京津冀核心区"1 小时交通圈"、相邻城市间"1.5 小时交通圈"基本形成，"轨道上的京津冀初步建成"。京津冀地区各自在铁路、公路、内河航运方面的交通里程总体不断增加，区域交通互联互通程度也逐步得到了增强，为公众提供了较为便利的公共交通基础服务。与此同时，也加强了京津冀区域彼此间的交通联系。

（一）京津冀一体的立体交通网络加速建立

一是交通领域一体化的政策协议不断完善。协议文件方面，自 2014 年提出京津冀交通一体化战略以来，三地在交通领域推进京津冀协同发展签署、颁布的有关主要协议（见表 4–1）。这些协议文件的出台、完善和实施为京津冀交通一体化推进提供了有力的依据和支持。

表 4–1　　　　2014—2021 年京津冀三地交通领域政策协议

时间	协议
2014–07	京津冀三省市政府《京津冀交通一体化备忘录》
2014–12	京津冀三地政府、中铁总公司《共同成立京津冀城际铁路投资公司合作协议》
2015–01	京津冀三省市船检部门《京津冀船检机构协作发展合作备忘录》
2015–05	交通运输部《〈京津冀协同发展规划纲要〉交通一体化实施方案》

续表

时间	协议
2015–05	河北国资委、首都机场集团公司《河北机场管理集团有限公司委托首都机场集团公司管理协议书》
2015–08	河北省交通运输厅《推进京津冀交通一体化率先突破的实施方案》
2016–11	国家发展改革委《京津冀地区城际铁路网规划修编方案》
2017–03	京津冀三地口岸主管部门《京津冀口岸深化合作框架协议》
2017–11	国家发展改革委、民航局《推进京津冀民航协同发展实施意见》
2018 年	交通运输部《京津冀交通一体化暨雄安新区综合交通运输体系建设三年行动计划（2018—2020）》
2021–04	京津冀三省市区域交通一体化统筹协调小组第 6 次联席会议领导小组全体会议在京召开。会上，北京、天津、河北三省市交通部门分别签订了京冀姚家园路东延和神威北大街、石小路和安石路 2 份跨界道路接线协议，以及津冀密涿京沪高速联络线接线协议
2021–10	京冀两地交通部门在三河市签订通宝路接线协议，标志着通州区与廊坊北三县 4 条跨界骨干道路（大厂厂通路、三河神威北大街、香河安石路、香河通宝路）进入实质性实施阶段

二是"轨道上"的京津冀初步形成。轨道交通主要包括铁路、公路、地铁、公交等。数据显示，截至 2022 年末，京津冀三省市铁路营业里程达10933 千米，其中高铁 2575 千米，实现铁路对 20 万人口以上城市全覆盖，高铁覆盖京津冀所有地级市。京津冀区域的远期规划基本形成以"四纵四横一环"为骨架的城际铁路网络。京津冀高速公路里程从 2014 年的 7982 千米增至 2022 年的 10880 千米，增幅达到 36.3%，京昆高速、京台高速、京礼高速、京开高速拓宽、京秦高速、首都地区环线通州大兴段、大兴机场高速、大兴机场北线高速等陆续建成通车，北京市域内国家高速公路网实现"断头路"全部清零。2019 年 8 月 15 日，京津冀区域间首个省界收费站——唐廊高速冀津界丰南主线收费站开始拆除改造，它的拆除标志着河北省高速公路省界收费站拆除升级工程正式启动，京津冀间高速公路通行更加便捷、资源流动进一步加快。2021 年 10 月，京冀两地交通部门在三河市签订通宝路接线协议，标志着通州区与廊坊北三县 4 条跨界骨干道路（大厂厂通路、三河神威北大街、香河安石路、香河通宝路）进入实质性实施阶段。在公交、地铁建设方面，公交也逐渐成为三地居民主要通勤方式。北京开通了平谷—遵化、平谷—兴隆等 6 条省际班线的公交化运营试点。实现了 38 条公交线路跨市域运营，线路总里程 2700 余千米，日均客运量超过 27 万人次，服务范围辐射

环京十多个县市。2021年，作为河北省委省政府"我为群众办实事"实践活动10件民生实事之一，河北省完成交通一卡通互联互通工作。河北省本地公交一卡通能够在京津等已实现公交卡互联互通的城市顺畅使用。2021年6月26日，北京轨道交通M22号线（平谷线）河北段正式开工建设，位于三河市燕郊镇的潮白大街站、神威大街站成为项目首开点，其余各标段依据工程建设要求陆续开工建设，全力保障与北京段同步建成通车，燕郊百姓坐地铁去北京的愿望变成现实。京津冀交通一体化逐步显现出聚焦民生、互联互通的重要信号。这些交通基础设施的建设与完善大大提高了京津冀区域的城市通达程度和生产生活的便捷程度，对提高京津冀区域发展水平、推动区域协同发展和地区世界级城市群建设具有重大意义和影响。

三是京津冀机场群布局加速完善。航空枢纽方面，"双核、两翼、多节点"的京津冀机场群已经布局完成，北京大兴国际机场等9个京津冀规划机场全部投入使用，京冀共建共管的大兴国际机场临空经济区建设也全面启动。2019年9月25日，北京大兴机场正式通航，启动了区域交通协同发展新引擎。同时，辛集机场选址也已经确定并准备动工，沧州中捷机场也已具备了空运通航条件，进一步增强了京津冀交通互联互通程度。2021年，大兴机场年旅客吞吐量突破2500万人次，全年保障航班约21万架次，圆满完成各项工作目标。2021年12月20日，在京冀双方的共同努力下，北京大兴国际机场综合保税区（一期）完成各项建设任务，正式通过封关验收，成为全国首个跨省级行政区域建设的综保区。总的来说，随着北京新机场建设工程的完成，京津冀地区已经形成了以北京首都机场、北京大兴新机场、天津滨海国际机场、石家庄正定机场四大机场为核心的京津冀区域网络化机场群。同时，北京新机场陆侧交通系统也日渐完善，未来京津冀地区将逐步形成一个以北京新机场为核心的世界级航空枢纽中心。北京作为京津冀区域的核心城市，利用其国内外航空和区域运输核心枢纽的区位优势，在加强自身交通建设和拓展城市功能的同时也增强了与周边城市之间的互联互通，推动了区域城市群的建设步伐。

四是津冀港口协同分工和合作不断深化。2021年12月，天津港年集装箱吞吐量首次突破2000万标准箱。2022年1月，通过津冀合作，黄骅港完成集装箱吞吐量7.72万标箱，同比增长45%，持续在河北省"三港四区""领跑"。天津港以集装箱干线运输为重点，调整优化大宗散货运输结构，积极发展滚装和邮轮等运输功能，加快建设国际枢纽港。河北省港口巩固能源、原材料等大宗散货运输功能，拓展临港产业、现代物流等功能。天津和河北有分工、有协作，错位发展、有效互动的格局基本形成，沿海港口物流货物运输能力不断提高、业务范围也得到不断扩展，以天津港、秦皇岛港、唐山港（京唐港和曹妃甸港）、黄骅港所组成的区域沿海港口群，已成为中国最重要的能源输出及货物运送集散基地，同时对京津冀区域的产品输出、输入和经济持续发展正发挥着越来越突出的作用。①

（二）京津冀交通一体化的深度仍显不足

京津冀区域交通一体化的发展虽然取得了不少显著成就，但是从"加快构建快速、便捷、高效、安全、大容量、低成本的互联互通综合交通网络"和打造具有世界级影响力城市群的发展目标来看，京津冀城市群仍旧和世界级知名城市群存在很大差距。京津冀区域交通一体化还有不少亟待解决的问题，如长期型管理机构缺乏、统筹保障不足、城际交通衔接度差、轨道交通发展水平有限、枢纽间协调性低、部分交通资源闲置浪费、城市布局不合理、基建资金投资压力大等。

一是区域交通协调统筹保障不足。京津冀交通一体化的建设和管理"缺乏一个统一的跨界治理的合作组织为京津冀交通一体化制定发展的长远目标和长效机制"。虽然已经成立了一个京津冀交通一体化领导小组，但是该领导小组并非一个常态化、专门性的行政权威性机构，因而在相关政策措施实施过程中难以高效发挥统一协调的作用。同时，京津冀交通一体化建设在统筹规划方面还有待加强，尤其是在有关基础设施的规划、运营、资金投入和监督等诸多方面缺乏相关明确的法律法规及配套政策支持。

二是地域交通建设水平参差不齐。建立基于多层次、多速度、多换乘和多覆盖的多模式公共交通的"公交都市"是中国大城市应对社会公平、交通拥堵、大气污染等问题的重要政策。京津冀区域目前长距离的客运、高铁等建设程度和密度较高，但城际、市郊之间尤其是京津与河北省地级市之间的短途客运设施建设严重滞后。京津冀区域轨道交通建设水平差异较大，节点城市之间缺乏良好的城际互通。同时，京津等大城市与邻近城市之间也缺乏市郊铁路设施。相较北京，津冀地区城市轨道交通发展更为缓慢，严重影响了与周边海港空港交通系统的对接。

---

① 董振．基于整体性治理的京津冀交通一体化研究［D］．秦皇岛：燕山大学，2020．

三是枢纽协调性差、资源严重浪费。京津冀地区集中了由天津港、秦皇岛港、唐山港（京唐港区和曹妃甸港区）、黄骅港所组成的大型港口集群，并且还有由北京首都机场、北京大兴新机场、天津滨海国际机场、石家庄正定机场、邯郸冀南新区机场、秦皇岛北戴河机场、唐山三女河机场、张家口宁远机场所组成的京津冀区域机场群。这些枢纽之间协调性差，缺乏必要的信息沟通与交流，都处于"各扫门前雪"的状态。空港之间大型国际机场集中了大量的客货流而其他地区机场处于闲置状态；水运海港枢纽之间信息沟通差，出现了竞争大于合作、交通资源严重浪费等问题。

二、产业发展协同

京津冀地区立足打造"一核、双城、三轴、四区、多节点""一盘棋"空间布局，提质增效成绩亮眼，空间布局更加科学，产业间协同效应日益显著，"一盘棋"格局已初步形成。

（一）京津冀产业"一盘棋"格局初步形成

从宏观层面来看，随着京津冀三地产业协同的体制机制和政策措施的不断完善，三地之间产业定位与产业分工日益明晰。京津冀地区牢牢抓住北京非首都功能疏解这个"牛鼻子"，围绕北京的"四个中心"定位，天津的全国先进制造研发基地等定位，河北的全国产业转型升级示范区等定位，着力调整优化城市布局和空间布局，有序开展产业承接转移和对接协作，不断完善生产力布局，以形成优势互补、高质量发展的区域经济布局为导向，加快形成了分工合理、相互融合的产业格局。目前，北京非首都功能疏解为"高精尖"经济发展创造了空间，科技、信息、文化等领域，"高精尖"产业新设市场主体占比从 2013 年的 40.7% 上升至 2020 年的 60%。2021 年，北京流向津冀技术合同 5434 项，成交额为 350.4 亿元；中关村企业在津冀设立分支机构达 9032 家，京津冀《关于共同推进京津冀基础研究的合作协议（2021—2025）》（第三期）顺利签约，三地在京津冀基础研究合作专项累计投入约5000 万元，资助项目 100 余项，部分项目成果已实现了应用。

从具体层面来看，京津冀三地在高精尖产业、环保产业、现代服务业、体育产业、旅游产业协同发展等领域均取得了亮眼的成绩。

一是高精尖产业协同发展。伴随京津冀协同发展进程的推进，京津冀地区存在优势企业共同发展、努力实现优势互补的势头。在研发阶段，京津冀充分利用北京地区的科技体系、人力资源、科研机构，在京津冀协同发展的大背景下，产业不断优化转移，三地科技合作日益紧密。北京要巩固完善"高精尖"产业格局，积极发展先进制造业，培育更多"独角兽"和"专精特新"企业。同时，还将再培育几个具有全球竞争力的万亿级产业集群，打造引领全球数字经济发展高地。与全国其他经济圈相比，京津冀地区经济发展具有自己的特点和优势：许多新兴技术、硬科技企业的总部都在北京，创业氛围很好，交通便利，高校和科研机构密集，全国人才聚集于此，创新土壤肥沃。有数据显示，截至2021年底，京津冀地区已经累计拥有国家级专精特新"小巨人"企业589家，占全国的12%以上。

二是绿色环保产业协同发展。中国目前的环保产业集聚区建设已经形成了以环渤海、长三角、珠三角、中部沿江地区为主的"一带一轴"环保集聚核心区。作为环渤海环保产业集聚区的主要城市和地区，北京、天津和河北在环保产业园区的建设上已经取得了一定的规模。经过多年的发展，北京目前已经形成了包括中关村环保科技示范园、朝阳循环经济示范园等园区在内的多个现代化的环保产业园区。中关村环保科技示范园是集科研、中试、生产、商贸、技术交易、科普于一体的综合性园区，朝阳循环经济示范园重点发展循环经济，园区定位为北方的固体废物处理中心和循环经济发展示范中心。天津市的环保产业园区主要包括天津宝坻节能环保工业区和天津子牙环保产业园，其中，天津宝坻节能环保工业区重点发展脱硫除尘、海水淡化污水处理等高附加值环保产业。天津子牙环保产业园的主要功能在于对进口废弃机电产品进行拆解加工利用，在处理进口废弃物方面具有一定优势。河北省环保产业的环保产业园主要包括文安东都环保产业园、香河环保产业园等。其中，文安东都环保产业园以资源循环利用为主，是京津冀地区发展可再生资源行业的重点园区。香河环保产业园重点发展环保设备制造和环保服务产业，有望成为北方另一个规模较大的环保产业园区。①

三是现代服务业协同发展。京津冀现代服务业产值为8个行业的产值之和，区域内现代服务业在经济快速发展的同时也在快速发展。2005年，京津冀地区现代服务业产值分别为3491.5亿元、758.51亿元和1679.93亿元；2014年，京津冀地区现代服务业产值分别为10979.2亿元、4039.03亿元和

---

① 王小平，王月波，贾琳琳. 促进京津冀环保产业园区建设的思考 [J]. 产业与科技论坛，2016（15）：19−20.

6798.26 亿元；2020 年，产值分别为 24074.8 亿元、6378.92 亿元和12168.45 亿元（见表 4 - 2）。

表 4 - 2　　　　　　　　京津冀三地现代服务业发展情况对比　　　　　单位：亿元

地区＼年份	2005	2014	2020
北京	3491.5	10979.2	24074.8
天津	758.51	4039.03	6378.92
河北	1679.93	6798.26	12168.45

　　有数据显示，2005 年京津冀地区现代服务业产值较少，经过十多年的发展产值迅速提高，北京市先后突破了 1 万亿元、2 万亿元的大关，发展势头迅猛，天津市的产值翻了近 10 倍；河北省前 10 年的发展速度较慢，在京津冀协同发展战略提出后，在战略支持下发展速度提升显著。传统经济模式下，为满足北京作为首都核心功能的经济需求，大量的工业外迁形成了河北以工业作为第一生产力为主导的经济体制，但也限制了河北其他生产方式的发展。特别是当前河北省服务业的发展仍然停留在以往的模式下，没有结合时代发展的趋势对服务业体系进行改革调整，导致河北省服务业内部发展和人员结构等方面存在较大的问题。随着京津冀协同发展战略的提出和逐步实施，产业结构得到优化，促进了区域协同发展，为河北现代服务业集聚发展奠定了基础。[①]

　　四是体育产业协同发展。体育产业作为朝阳产业，影响和改善了民众生活，成为不可或缺的经济增长推动力。2015 年 7 月 31 日，国际奥委会确定了北京、张家口同为举办 2022 年冬奥会的主办城市，这是中国历史上第一次举办冬季奥运会，也是继北京奥运会、南京青奥会之后，中国第三次举办奥运赛事。在京津冀协同发展进程中，体育产业以其极强的互动性、公众参与性、经济带动性等成为京津冀协同发展的重要环节。受冬奥会的影响，京津冀体育产业协同发展取得了重要成效。首先，京津冀三地体育产业发展合作机制稳步推进。自 2014 年京津冀三地签署《京津冀体育协同发展议定书》以来，京津冀体育产业协会大力推进全民健身、竞技体育、体育产业，为三地体育产业发展奠定了良好的政策发展基础。尤其是近年来密集出台的《深入推进

---

　　① 孙洁. 京津冀协同发展背景下现代服务业发展现状研究 [J]. 中小企业管理与科技（下旬刊），2021（11）：40 - 41.

京津冀体育协同发展议定书》《京津冀健身休闲运动协同发展规划（2016—2025）》等为京津冀三地体育部门携手举办精品体育赛事、建设环京津体育健身休闲圈、积极促进体育产业协同发展等多个方面合作提供了有力的机制保障。其次，群众性体育赛事互联互动有效促进京津冀三地体育产业发展。近年来，京津冀三地群众性体育赛事的协同发展态势良好。尤其受冬奥会的影响，冰雪运动成为新的群众体育运动项目，有效助推了体育产业链延伸，丰富了体育产业形式，冰雪体育产业品牌发展更是日益壮大。最后，京津冀三地体育场馆硬件设施为体育产业的可持续发展注入活力，京津冀地区拥有丰富的体育场馆资源。据全国体育场地普查数据显示，京津冀三省市体育场馆数量有 10 万余个，受益于冬奥会效应，场馆建设、维护、运营等都面临新的发展机遇。受冬奥会的影响，原本远离群众视野的冰雪运动逐渐成为大众喜闻乐见的项目，以此带来的集体育装备制造、冰雪旅游、场馆运营、教育培训、冰雪文化、体育赛事表演等于一体的体育产业链条发展势头良好。除此之外，基于大数据、云技术、"互联网＋"服务的新兴体育消费服务模式，成为驱动体育产业发展的新动力。[①]

五是文化旅游产业协同发展。2014 年，随着区域合作发展的推进，京津冀协调发展也被列为国家发展战略，其中三地的旅游业合作成为这项国家战略的"领头羊"，推动着区域旅游一体化的进程，之后为了更进一步地推进京津冀地区旅游行业的深度合作。京津冀地区共同设计、开发了 10 条红色旅游线路，此后三地旅游业的合作在有条不紊地进行着。[②] 在协同发展战略的促进下，京津冀在文旅融合方面也做了许多努力，积极制订了促进文旅合作的相应方案。比如，签订合作协议、实施合作项目、成立合作组织以及搭建平台等。2017 年底，河北省文化厅、北京市文化局、天津市文化广播影视局共同签署了《京津冀文化产业协同发展行动计划》。2018 年签署了《京津冀旅游协同发展工作要点（2018—2020）》以及之后成立了京津冀文化产业园联盟等组织，这些都为京津冀文化和旅游产业搭建了发展平台。

（二）京津冀产业协同发展不平衡问题依然存在

由于不确定国际格局的深刻变化、新冠肺炎疫情突发公共卫生事件的影

---

① 宋秋喜，齐华，杜丞博. 冬奥会背景下京津冀体育产业协同发展现状分析及路径研究 [J]. 中国管理信息化，2021，24（14）：154—155.

② 韩文武. 京津冀区域旅游合作模式研究 [D]. 西安：西北师范大学，2021.

响, 京津冀产业协同存在科技创新成果落地转化难、产业竞争力不足、产业协同发展进程相对滞后等问题。

一是京津冀产业技术转移的供需结构不合理。从公开数据来看, 北京对天津、河北两地的主要投资方向是以劳动力和自然资源为导向, 资本过度投入并集中于以工业、制造业为核心的产业中, 不利于区域经济发展和产业结构升级。同时, 区域内缺乏有效的配置机制, 导致北京的技术成果未有效转化于津冀两地, 而是更多流向京津冀地区之外的其他省份。以 2017 年、2019 年、2020 年为例, 北京技术合同成交额及其流向津冀两地成交额总体呈逐年上涨趋势, 但流向津冀两地的成交额占比仅为 4% ~6%, 远小于流向其他地区的比例。直接反映出北京市内的技术研发与津冀两地实际所需的技术错位, 不利于区域产业结构优化, 而北京的实际技术研发成果在津冀两地也缺乏相应的产业基础。在市场作用下, 更多流向京津冀城市群之外的地区。上述技术成果在北京的供给与津冀两地的需求之间的错位阻碍三地产业结构调整及优化升级, 故提高北京地区的技术研发成果与津冀两地的实际需要耦合, 津冀两地提高自身产业基础适应承接北京的技术研发成果, 以及北京和津冀两地之间融合发展是当前需要突破的新问题。

二是京津冀三地创新能力存在显著差异。2017—2020 年, 北京发明专利数量显著上升, 4 年内每年平均增长约 15%, 每万人发明专利拥有量增加约 61 件, 同比天津市每万人专利拥有量增加仅为 18.30 件, 河北仅为 3.32 件, 整体水平远落后于北京市。而发明能力落后体现出创新能力落后, 创新能力落后则会加深三地产业梯度之间的落差, 导致三地产业在产品研发、产业调整、结构优化等方面的发展程度参差不齐, 进一步制约了北京技术研发成果在津冀两地的落地转化。进一步发挥北京高科技资源的带动引领作用, 促进津冀两地创新能力提升是当前需要突破的新问题。

三是转入地产业承接能力较差, 转移保障机制缺位。作为京津冀经济发展最为发达的北京, 在产业创新升级过程中, 部分产业必然向外部转移, 天津与河北都面临着承接北京转移产业的机会。经济条件较好的天津市成为一些实力相对较强、技术相对较好的企业的首选, 而经济条件较差的河北省却成为实力较弱、技术落后、高污染、高消耗企业的转移地, 部分天津市落后产业也将转移目的地瞄准河北, 这使产业协同发展过程中优势不突出的河北省成为京津冀落后产业的集聚地, 进一步加剧了河北省被动吸纳落后产业的状态。此外, 由于京津冀地区受分税制的影响, 加上三地缺乏增量利益共享机制，在新兴产业等优质产业的发展问题上存在矛盾与竞争，阻碍了产业的空间优化布局。

三、生态环保协同

2018 年，国家成立京津冀及周边地区大气污染防治领导小组，统筹推进区域大气污染治理重点工作。近年来，京津冀三地之间的合作越发密切，2022 年 6 月，京津冀三地生态环境部门近日联合签署了《"十四五"时期京津冀生态环境联建联防联治合作框架协议》（以下简称《框架协议》），审议通过了《京津冀生态环境联建联防联治 2022 年工作要点》，三地生态环境联建联防联治常态化机制正式建立。京津冀三地生态环境部门签署的《框架协议》，围绕大气污染联防联控、水环境联保联治、危险废物处置区域合作、绿色低碳协同发展、生态环境执法和应急联动、完善组织协调机制六个方面，进一步深化三地协同内容，更加突出京津冀地方层面协同的落地实施。

（一）京津冀生态环保协同在多个领域成效显著

2014 年以来，京津冀三地生态环境部门齐心协力、携手治污，围绕大气污染联防联控、水环境联保联治、危险废物跨区域协同处置、生态环境联动执法等重点领域，推动区域生态环境保护协同发展不断走向深入，统一立法、统一规划、统一标准等实现突破，区域生态环境质量实现了大幅改善，区域共享生态环境质量改善成果。比如，在服务雄安新区建设方面，京津冀三地联合开展大清河、白洋淀流域水环境专项执法行动，推动白洋淀水质实现从劣V类到Ⅲ类的历史性突破。在大气治理方面，强化国家重大活动或会议期间的联合执法，绘就了"冬奥蓝""阅兵蓝"等多幅美好生态画卷。在协同立法方面，京津冀三地同步颁布实施机动车和非道路移动机械排放污染防治条例，为全国机动车污染区域协同监管作出典型示范。尤其是在生态环境部支持下，京津冀三地全力推进流域上下游共建共治，密云水库上游潮白河流域和引滦入津上下游横向生态补偿机制日益完善，为改善潮白河、滦河水质，筑牢京津水源安全屏障提供了坚实支撑。

一是推进环境执法联动。2015 年 11 月，京、津、冀三地召开环境执法与环境应急联动工作机制联席会议，成立环境执法联动工作领导小组，标志着京津冀环境执法联动工作机制已经启动并正式运行。此后，三地每年都会召开执法联系协调会，明确重点执法方面，协调部署、统一行动、信息共享、规范标准、共同配合，在解决跨区域、流域污染的执法问题上取得了显著成效。2019—2020 年，京津冀生态环境联合执法联动机制进一步下沉拓展，组织基层执法联动 50 余次，切实解决了一批交界处环境违法问题。近年来，三地继续强化规划协同，在编制《"十四五"生态环境保护规划》时，设置"深入推进京津冀协同发展"专章，明确京津冀生态环境联建联防联治的重点任务、重大举措。京津冀强化标准协同，三地在标准上紧密衔接，特别是水和大气的标准与北京看齐。三地强化执法协同，建立京津冀环境执法联动工作机制，从定期会商、联动执法、联合检查、联合督查和信息共享等方面推进联合执法。

二是加强大气污染联防联控。近年来，京津冀三地和周边四省市，坚持"同呼吸、共命运"，打破地域限制，采用集团式作战方式，统筹推进区域结构调整、污染减排，不断深化大气污染治理。特别是 2017 年以来，连续 5 年联合制订秋冬季大气污染综合治理攻坚方案，协同开展攻坚行动，建立了未来 3 天环境空气质量精细化预报和 7 天污染潜势预测平台，每天交换预报信息、每月交换空气质量监测数据。在生态环境部统一部署下，搭建区域空气重污染预警会商平台，及时开展预警会商，科学判断污染变化趋势，采取有效防治措施；统一空气重污染应急预警分级标准，实现区域空气重污染过程"削峰降速"；全面加强秋冬季攻坚，聚焦重点区域、重点领域，加大治理力度。京津冀三地生态环境部门发布的最新监测数据显示，2021 年，京津冀地区 PM2.5 平均浓度降至 38 微克/立方米，其中北京市 PM2.5 年均浓度降至 33 微克/立方米，空气质量首次全面达标，大气污染治理取得里程碑式突破；天津市 2020 年全年 PM2.5 平均浓度同比下降 20.4%，空气质量优良天数比上年增加 25 天；河北省通过结构调整和大气污染联防联控，河北省 PM2.5 浓度由 2013 年的 108 微克/立方米降至 2021 年的 38.8 微克/立方米。特别是北京冬奥会、冬残奥会赛事期间，生态环境部组织北京市、天津市、河北省等 8 省（区、市）进一步深化大气联防联控，京津冀及周边地区 PM2.5 平均浓度为 52 微克/立方米，同比下降 20%，重污染天数同比减少 90% 以上。"冬奥蓝""北京蓝"得到国际、国内社会一致好评。

三是深化水污染联保联治。流域水污染协同治理方面，三地围绕协调共保饮用水安全、加强重点河流协同治理、强化突发水污染事件应急联动等方面开展工作。三地共同签订《水污染突发事件联防联控机制合作协议》《跨省流域上下游突发水污染事件联防联控框架协议》，连续 5 年开展联合应急演练，提升了应对突发水环境事件协同指挥、联合行动、应急处置的能力。2021 年，京津冀 192 个国家地表水考核断面水质达到或好于Ⅲ类的断面比例为 70.4%，同比提高 8 个百分点，其中北京市达到或好于Ⅲ类国考断面比例提高到 75.7%，五大主干河流 26 年来重现"流动的河"并贯通入海。河北省碧水保卫战取得阶段性胜利，密云水库上游潮河、白河出境断面和于桥水库上游沙河、黎河出境断面达到或优于Ⅱ类水质，清理潘家口、大黑汀水库网箱近 8 万个，库鱼 1.73 亿斤，实现"呵护一库清水送京津"的目标。

四是推动林业和湿地生态保护。天津在基本实现"一基地三区"功能定位、加快经济社会发展全面绿色转型的基础上，积极推进京津冀区域生态协同现代化治理体系建设，提出全域融入京津冀生态网络，打通京津冀区域海陆生态系统。将京津冀区域生态屏障建设与天津市"871"重大生态建设工程一体推进。作为京津冀东部绿色生态屏障的重要组成部分，天津市中心城区与滨海新区之间的 736 平方千米双城中间绿色生态屏障区内蓝绿空间占比接近 65%，初步实现天津北部与北京通州生态公园和湿地公园相呼应、南部同河北雄安新区生态公园和湿地公园的有机串联。连同升级保护 875 平方千米湿地自然保护区、稳步提升 153 千米渤海近岸海域岸线生态功能一道，成为协同推进京津冀区域生态一体化建设的重要阵地。天津市坚持生态优先的城市绿色发展理念，推进七里海、大黄堡、团泊洼等湿地保护和"蓝色海湾"整治修复等重大系统性生态工程。2018—2021 年，天津市级财政用于湿地生态修复土地流转一项累计投入 3.73 亿元，湿地保护"1+4"规划总投资达374.9 亿元，有力地保障了生态系统稳定性和碳汇能力提升。河北省为筑牢京津冀生态安全屏障，统筹山水林田湖草沙系统治理，全方位、全地域、全过程开展生态保护修复，筑牢京津冀生态安全屏障。大力实施"三北防护林"、京津风沙源治理、太行山燕山绿化、退耕还草还林轮牧、绿色矿山等生态建设工程，打造塞罕坝生态文明建设示范基地。

五是深入推动减能降耗。围绕能源结构调整，京津冀地区尤其是河北省推出工程减煤、提效节煤、清洁代煤等一系列措施，污染治理取得明显成效。为从根本上改善生态环境质量创造有利条件，河北省煤炭消费占比由 82% 下降至 74.4%，非化石能源消费占能源消费比重提升至 7%。围绕产业结构调整，大幅压减高排放产业产能。2020 年，河北省粗钢产量接近 2.5 亿吨，连续 20 年位居全国各省市第一。2021 年，河北压减粗钢约 2480.5 万吨，占全国压减量的 77.57%，超额完成压减任务。钢铁、煤炭、建材、石化、有色金属 5 个行业用电下降趋势明显，占全社会用电比重由 2017 年底 24.98% 下降至 2020 年底 23.78%，降幅为 1.2 个百分点。天津市以保护生态倒逼发展方式转变，出台了《天津市碳达峰碳中和促进条例》，明确管理体制和绿色转型、降碳增汇的政策措施，为实现区域"双碳"目标提供法治保障。注重发挥碳市场作用，探索减污降碳协同增效的有效动力机制。鼓励企事业单位开展碳汇项目开发，并通过碳排放权交易实现碳汇项目对替代或者减少碳排放的激励作用，激励企事业单位自愿开展降碳增汇行动。推动形成导向清晰、执行有力、多元参与的区域生态环境协同治理体系。在规划政策、法规标准、执法监管、预警应急、信息共享等诸多方面进行探索与实践，提高区域生态环境联防联控联治效率。严格禁止钢铁、水泥、焦化、平板玻璃等重工业行业新增产能，破解"钢铁围城""园区围城"取得突破，2021 年底，全面完成 35 个工业园区治理，为更大体量、更高质量发展拓展环境空间。同时，积极推动绿色工厂、绿色园区、绿色供应链、绿色数据中心建设，现在已有 108 家单位入选绿色制造"国家队"，规上工业企业增加值能耗累计下降 14.6%。①

（二）京津冀生态协同的常态长效机制仍需进一步完善

一是从根本上改善京津冀生态环境还存在制约因素。首先，产业结构不合理。京津冀矿产资源丰富，聚集了大量资源加工型产业和大量人口。在京津冀产业结构中，北京以第三产业的服务业为主，其中金融业、计算机服务业、软件开发、信息服务、批发零售业等在北京占比最高，大部分重工业已经实现转移，减少了工业废弃物排放。天津从 2013 年开始以第三产业高于第一、第二产业成为主导。河北省以钢铁、金属、能源以及化学制造等第二产业为主，又接受了部分来自北京转移的重工业，其第二产业占比远高于第一和第三产业。可见，三地在产业结构上有较大差异，河北省在产业结构升级的步骤较慢。其次，城镇结构不合理。京津两市人口和 GDP 规模都较大，而河北城市规模不大，与京津两市存在落差。2020 年，河北省常住人口城镇化率为 60.7%，低于全国平均水平。人口增长及迁移带来生活用水、生活垃圾、农村散烧煤排放、机动车尾气排放等方面的环境压力。随着环境监管日趋严

---

① "智库圆桌"促进京津冀绿色协同发展［EB/OL］. https：//baijiahao. baidu. com/s？id = 1730959991500032459&wfr = spider&for = pc.

格，机动车尾气排放量和农村散烧煤排放量将会有所下降，由于农村居住分散，难以实现集体供暖，农村散烧煤问题将长期存在，生活供水和生活垃圾也将伴随人口增长压力而持续加大。

二是生态环境治理的利益协调和补偿机制有待完善，京津冀绿色发展共同体理念尚未全面树立。京津冀地区经济发展的梯度差异和产业结构差异十分显著，环保支付能力不平衡，减污降碳协同治理难度较大。一方面，京津冀三省市经济发展差距趋于拉大。河北省中南部地市地处京津冀空气污染传输通道，要求严格落实大气污染物排放标准，大规模关停清退中小企业和压减煤炭、水泥、平板玻璃等行业产能，对区域经济造成了难以估量的影响。在过去几年，河北省人均 GDP 位次持续下滑，已跌至全国排名倒数第六位。河北省工业部门转型和新兴产业培育步履维艰，对传统产业的依赖难以减轻。另一方面，京津冀跨区域协同治理机制尚不完善。当前，京津冀域内主要是以转移支付为主的纵向生态补偿机制，地方省际横向补偿基金不足且多以项目形式出现，缺乏稳定的长效机制。京津冀三地地位不对等导致污染治理投资回报不对等。在污染治理投资上，河北省投入金额明显高于北京市和天津市，但京津冀三地共享了治理回报，河北省并没有得到更多补偿。

三是区域生态协同治理措施的长效性和实效性需要进一步加强。现阶段，京津冀生态环境领域缺乏区域性制度化治理框架，仍未建立正式的、完善的协同治理机制。京津冀各方虽已实现初步合作，并建立了一些不同形式的协调磋商机制，仍未达成深层次共识，也未能形成体系化机制。例如，天津和河北签订的关于引滦入津上下游横向生态补偿的协议时间为 2016—2018 年，虽然后来进行续约，但仍以 3 年为限。同样，北京与河北签订的密云水库上游潮白河流域水源涵养区横向生态保护补偿协议的实施年限为 2018—2020 年。可见，三地虽然积极探索流域治理的区域协同新模式，但目前也仅停留在天津与河北以及北京与河北这种存在流域连接的地区之间的尝试，且都是以 3 年为限的短期协作，京津冀地区有效的生态协同治理机制尚未真正建立起来，这也成为制约协同治理的机制性障碍。此外，随着工业化与城镇化进程的持续推进，京津冀地区资源、环境和人口问题将会越来越突出，亟待出台有效的协同治理机制方案。[①]

---

① 孙媛. 京津冀生态环境协同治理研究 [J]. 城市，2021 (8)：32 – 33.

四、科技创新协同

（一）京津冀科技协同范围不断拓展

一是京津冀科技协同顶层设计持续加强。围绕顶层设计，北京市科委、中关村管委会携手津冀科技主管部门形成"1＋3"工作机制，共同编制京津冀科技协同创新年度工作要点，共同签署了《推进京津冀协同创新共同体建设合作协议（2018—2020）》等一系列框架协议，自 2015 年开始，设立京津冀协同创新推动专项、京津冀基础研究合作专项，对接国家 2030 年京津冀环境综合治理重大工程专项。2021 年，北京流向津冀技术合同为 5434 项，成交额为 350.4 亿元；中关村企业在津冀设立分支机构达 9032 家，京津冀《关于共同推进京津冀基础研究的合作协议（2021—2025）》（第三期）顺利签约，三地在京津冀基础研究合作专项累计投入约 5000 万元，资助项目 100 余项。《京津冀协同发展报告（2022）》提出，在现有创新建设主平台基础上，京津冀应着力布局建设雄安战略科技力量集聚平台，实现战略科技力量均衡布局，推动河北科技创新"短板"加速提升。目前，雄安新区近期已组建太赫兹技术工程中心，引入 3 家相关企业签署项目合作协议。中心将下设毫米波太赫兹高科技展示中心、标准化测试认证中心、科研中心等，依托雄安高新技术孵化资源与政策扶持，引领和推动国内太赫兹技术产业化和规模化发展。

二是持续深化协同创新平台共建，推动创新资源共享和联合研发。设立基础研究合作平台，在"京津冀一体化交通""智能制造""精准医学"等领域资助基础研究项目 68 项，连续举办 7 届京津冀青年科学家论坛。设立京津冀联合实验室，支持北京航空航天大学与长城汽车联合建立首个京冀联合实验室。设立京津冀科技创新券，实现 753 家创新机构服务京津冀科技型中小企业。设立大气、环境综合治理联合研发平台，建立京津冀区域高分辨率固定源和面源排放清单，为大气污染治理提供有力保障。2022 年，北京通州·河北廊坊北三县项目推介洽谈会以"线下线上相结合"的形式举办，分别在通州、廊坊等地设立分会场，推介洽谈会上，启动了京津冀国家技术创新中心燕郊中心、通州分中心的创建工作。为辐射带动北三县产业转型升级，加快打造京津冀产学研协同创新共同体，京津冀国家技术创新中心和三河市政府签订合作协议，在燕郊高新区共建京津冀国家技术创新中心燕郊中心项目。

北京市通州区正在与京津冀国家技术创新中心共同加快推进设立通州区分中心各项筹备工作，着力为通州区与北三县一体化高质量发展提供科技支撑。

三是深化科技成果跨区域转移转化机制，促进应用场景建设。依托应用场景提升科技成果示范辐射效应，充分发挥北京在5G、AI、工业物联网、边缘计算等领域的技术优势，为北京企业特别是中小企业技术创新应用开放"高含金量"的场景条件，促进科技成果转化。利用科技金融资源促进科技成果转化和产业化，在国家科技成果转化引导基金下设立国投京津冀科技成果转化创业投资基金，目前10亿元投资基金累计投资项目23个，所投项目稳步推进实施。建立三地技术交易数据信息共享和工作联动机制，定期交换技术交易监测数据，推动技术合同额稳步增长提升。日前，中国建设银行河北雄安分行通过"雄安新区建设资金管理区块链信息系统"，成功落地数字人民币穿透支付业务，实现了数字人民币在雄安新区区块链支付领域应用场景新突破，这在全国尚属首例。

四是深化区域分工与布局，推动创新链产业链供应链协同发展。围绕装备制造产业，聚焦化工、钢铁、模具等传统产业转型升级；围绕医药健康产业，推动北京先进适用技术产品在津冀地区示范应用；围绕现代农业产业，强化京冀农业科技协同创新。支持首都科技资源优势与河北张家口赤城县农业资源条件紧密结合，初步形成"示范园+科特派工作站+产业示范基地"产业模式，深化现代农业和产业科技合作，助力精准脱贫。例如，乘着京津冀协同发展的东风，2016年北京化工大学秦皇岛环渤海生物产业研究院落地秦皇岛，依托北京化工大学，尤其是国家能源生物炼制研发中心等技术优势，以秦皇岛市作为创新研发、科技成果转化和产业化基地，在生物新材料、生物医药、生物环保等领域，为中阿化肥、华北制药等30余家企业提供技术服务，与20多家河北省单位、企业开展产学研合作项目近30项。

五是深化重点科技园区建设，推进京津冀合作园区取得新的进展。编制完成《雄安新区中关村科技园发展规划》，报请市政府审定并获批；天津滨海—中关村科技园围绕智能科技、生命大健康、新能源新材料、科技服务业，打造"3+1"产业体系；京津中关村科技城建成首个人才社区，天津南开中学科技城分校签约落地，中关村协同发展中心产业综合体启动试运营；保定·中关村创新中心培育一批高精尖企业，引领带动当地产业转型升级，累计入驻面积10万平方米。截至2021年末，落地转化重点科技成果33项，18家公司入选保定市"双千工程"，7个项目参赛获奖，5项技术重点培育，

4 家企业获得表彰。园区企业共计拥有知识产权数量 933 件，吸引创新人才 3000 多名。[①]

（二）京津冀科技协同创新格局尚需优化

一是京津冀区域产业协同创新发展不完善。科技创新的最终目的是推动生产力的发展，只有科技创新与生产相适应，才能让科技创新得以完善、发展以及实现，使科技创新逐渐变为经济发展的重要引擎。目前，京津冀三地的产业结构协同性较高，现在来看北京的一些产业在向河北疏解，但是京津冀区域内的产业结构相似现象依然存在，尤其是北京和天津的产业结构。天津的产业发展阶段处于北京和河北的中间地带，产业结构相似性较高，会使科技创新成果在转化为产品时对企业的选择更多，从而加剧三地企业之间的竞争，另外科技创新成果肯定会投入高新现代化产业中，这会让河北甚至天津在协同创新中自身利益受损，使产业创新链条布局以及区域内科技协同创新出现阻碍。

二是行政壁垒制约了科技创新要素聚集和效率提高。在地区之间进行一体化进程中，总会提到要打破行政壁垒，行政壁垒的因素会造成市场分割，对协同化的形成产生极大的阻碍。在京津冀科技协同创新发展过程中，行政壁垒的影响，一定程度上会阻碍科技创新资源在该区域内自由流动，这将会使科技创新资源得不到高效配置；在京津冀一体化进程中，各地政府对于协同合作都有不同的目标，而且本身三地之间的发展水平不一，又由于行政地位不同，在协同合作过程中，会因为政策、理念、思路、能力和水平不一，导致协同效果大打折扣。正是因为这样的理念和差距的存在，阻碍了合作中的深度、效率和效果。

三是京津冀科技创新合作方式单一。京津冀区域科技协同创新过程中，最常见的就是机构间的合作协议。例如 2019 年 11 月，京津冀科技资源信息共享与协同发展论坛在北京召开。论坛由北京市科学技术研究院、中国科学院计算机网络信息中心主办，天津市科学技术信息研究所、河北省科学技术情报研究院联合承办，这是推动合作的主要方式之一。京津冀协同发展的政策提出已有 9 年，协同合作的参与者也越来越丰富，但普遍采取的合作方式还是以政府为主，由相关部门共同商讨协作，制定政府间科技创新合作协议，导致所有参与者的参与程度较低。

---

① 京津冀协同发展 8 年成效新闻发布会在北京召开．北京市科委［EB/OL］．https：//www.safea.gov.cn/dfkj/bj/zxdt/202203/t20220301_179587.html.

五、公共服务协同

实现基本公共服务均等化、基础设施通达程度比较均衡，是京津冀协同发展的重要内容。近年来，京津冀地区持续推进京津冀公共服务等重大基础配套设施建设，夯实协同发展的配套支撑体系。同时，始终坚持以人民为中心，加快推动教育、医疗等基本公共服务共建共享，为协同发展不断夯实民生基础。京津冀协同发展统计监测协调领导小组办公室发布的测算结果显示，京津冀区域共享发展指数呈较快上升趋势，2020年为133.78，与2014年相比，年均提高5.63个百分点。区域一般公共预算支出中，教育、社会保障、就业和医疗卫生支出快速增加，2020年为2014年的1.8倍；京津冀三地人均教育、社会保障、就业和医疗卫生支出之比从2014年的2.84∶2.40∶1缩小至2020年的2.49∶1.60∶1；区域每千常住人口卫生技术人员数由2014年的5.9人增加至2020年的8.5人。

（一）京津冀基本公共服务共建共享惠及更多百姓

一是在医疗合作方面，截至2022年7月，京津冀400多家医疗卫生机构开展合作项目超过500个，京津30家医院纳入河北省医保定点范围，京津冀异地就医门诊直接结算试点医疗机构达到186个。为了让更多百姓看病方便，河北省积极吸引京津优质医疗资源延伸布局，国家区域医疗中心相继落户。京津12家三级中医医院对口协作支持河北省中医医院，新建中医药专科联盟项目19个。截至2021年末，京津冀临床检验结果互认医疗机构达到485家、互认项目43个，医学影像检查资料共享机构增加至239家、互认项目达到20项。天津9家三级甲等专科医院与河北省40多家医院和北京市5家医院分别建立医学合作联盟，京津冀异地就医医保门诊联网直接结算覆盖天津市各级各类医院1013家，天津市有住院结算的382家医保定点医疗机构全部开通了异地就医结算。天津还出台放宽京冀执业医师护士来津注册工作的意见，开展"通武廊"医疗卫生基本公共服务标准化试点。

面对突如其来的新冠肺炎疫情，京津冀迅速建立了联防联控联动工作机制。2020年，三地梳理相互支持的事项清单38项；2021年，三地互相支持的18个事项全面落实。三地持续推动"健康码"信息互认机制，促进京津冀人员有序流动。三地还总结疫情联防联控联动的经验做法，协同印发了《完善京津冀协同发展基础性长效机制方案》，将疫情联防联控好经验、好做法固化为工作制度。

冬奥会前，河北省与北京市、北京冬奥组委签署了《北京 2022 年冬奥会和冬残奥会京冀医疗卫生保障合作协议》，共同推动冬奥会医疗卫生保障两地、三赛区高标准、同质化目标的实现。根据合作协议，京冀两地围绕医疗服务、疾病防控、控烟、卫生监督、血液保障等冬奥会医疗卫生保障工作开展多方面、多角度的深度合作，进一步提升冬奥会两地、三赛区医疗卫生保障水平。[①] 延庆区和张家口市分别新建了冬奥医疗保障中心和北京大学第三医院崇礼院区；张家口市 48 家公立医院与北京市 60 家大医院开展合作，合作项目达 62 个。例如，2018 年 9 月，张家口市人民政府、崇礼区人民政府、北京大学第三医院三方共同签署协议，由北京大学第三医院全面接管张家口市崇礼区人民医院，建设北京大学第三医院崇礼院区，赛事期间将作为张家口赛区医疗保障定点医院。北京大学第三医院崇礼院区由一所很少开展大型外科手术的县级二甲医院升级成为国家运动创伤区域医疗中心。此外，北京大学第三医院延庆医院从一个县级二甲医院蜕变为综合三级公立医院。

二是在社会保障和就业等方面，京津冀三地均出台了本地养老保险跨区域转移接续办法实施细则，发行了符合全国统一标准的社会保障卡，为实现区域内社会保障卡一卡通奠定了基础；目前，三省市基本实现了城乡居民养老保险制度名称、政策标准、经办服务、信息系统"四统一"。京津冀三地建立跨区域劳动力信息协同和发布制度，率先在廊坊北三县与北京通州区统一公共就业服务标准和规范，以点带面推动公共就业服务协同发展提档升级。打造"河北家政"服务品牌，共同认定 66 家家庭服务培训机构为京冀家政服务员培训输出基地，每年有组织地向京津培训输送家政服务人员 8000 人以上。

三是在人才合作方面，2020 年 8 月，京津冀人才中心精准服务雄安新区座谈会在雄安新区召开，三地签订《京津冀公共人才服务协同发展合作协议》，标志着京津冀公共人才服务一体化进程正式驶入"快车道"。座谈会上，京津冀三地交流分享经验，研讨流动人员人事档案公共服务、就业服务区域协作和建立京津冀公共人才精准服务体系，进一步深化了区域人才交流，全面助力雄安新区招才引智，共同推动京津冀协同发展走向纵深。2021 年 1 月，

---

① 京冀合作加强冬奥会医疗卫生保障 [EB/OL]. https://www.q578.com/s-16-339887-0/.

京津冀三地人力资源和社会保障行政部门推出《京津冀集体合同参考文本》，要求京津冀三地用人单位打破区域壁垒，平等对待职工在不同地区合法合规取得的职业资格和职称资格，更加便利人才流动和共享。

四是在教育方面，积极健全工作机制，定期召开有三地教育部门主要负责同志参加的工作推进会，签署了《"十四五"时期京津冀教育协同发展总体框架协议》等重要文件。京津优质学校在河北设立分校28所，河北省6所交通职业学校纳入北京交通职教集团，成立了京津冀卫生职业教育协同发展联盟。为了让更多孩子享受优质教育，河北省坚持问题导向和目标导向，结合河北教育发展实际，借助京津两地优势资源，不断拓展协作领域，努力提升协作成效。目前已有28个基础教育合作项目顺利落地，天津职业大学、北京劲松职业高中等京津优质职业院校到河北开展合作，河北大学、河北工业大学等高校与北京工业大学、天津师范大学等高校共建9个高校联盟，共同加强学科建设、科研攻关。统筹京津冀三地的优质教师培训资源，在保定的涞源县、张家口的张北县、承德市的围场县等地挂牌建立了教师培训基地，也提高了当地和周边教师的综合素质和教学水平。河北省还与北京市教委合作推进"中小学骨干校长教师千人跟岗计划"，借力北京优质教师培训资源，累计培训超1000人次。借助首都师范大学、天津师范大学、河北师范大学的优质资源，在涞源、张北、围场建立了3个教师培训基地，有效带动和提升了中小学校长教师的能力素质。

五是在政务服务方面，京津冀协同发展从简单的"来来往往"到政务服务一体化进一步向纵深改革，三地政务服务事项实现"同事同标"，医疗器械经销商、药店、超市（便利店）、餐饮店、书店、健身房、门诊部、民办幼儿园、道路货运公司、道路客运公司10个行业，京津实现"一企一证"场景统一。京津两地推进政务服务"跨省通办"，建成"京津冀＋雄安（3＋1）"政务服务"一网通办"平台，社会保障、准营准办、住房保障等领域的119个事项实现了线上办理。例如，通州区充分发挥京津冀协同发展"桥头堡"作用，先后与天津滨海新区、宝坻县、河北廊坊市及北三县签订《"跨省通办"合作框架协议》，分别在通州区政务服务中心和通州区"两区"建设"一站式"服务中心设立了"跨省通办"窗口，采取"系统互用、人员互培、终端互设、结果互递"方式，实现与京津自贸区56项政务服务事项，天津宝坻、武清50项政务服务事项，廊坊市及北三县70项政务服务事项和453项高频便民事项"跨省通办"，得到了社会广泛好评。基于此，北京城市副中心政务服务中心专门开设了"跨域通办"服务专区，在实现通州区级事项实现京津冀"跨省通办"的基础上，还将推动更多市级事项实现京津冀"跨省通办"，让企业群众异地办事内容更加丰富，进一步促进通州京津冀协同发展"桥头堡"作用的发挥。

而"打破一亩三分地"的思想需要的不仅是解放思想，还有在动"钱袋子"时把格局打开，如今，京津冀在税收方面，推出了"一统三互"（统一的纳税服务平台、资质互认、征管互助和信息互通）、简化纳税人跨省（市）迁移手续、企业迁入地和迁出地三大税种税收收入五五分成、跨区域税收风险管理协作等政策措施，解决三地税收征管中的难点、堵点。为企业服务的便利化，让企业感受到了协同发展的"幸福感"，而公共服务一体化，让协同发展成果惠及广大人民群众。2021年11月，京津冀地区身份证首次实现可"跨省通办"，长期在天津工作、学习、居住的北京市通州区、河北省三河市燕郊开发区户籍人员，可在天津市武清区试点窗口申请办理首次申领居民身份证异地受理。在北京和河北工作、学习、居住的天津市武清区户籍人员，可在北京和河北试点窗口申请办理首次申领居民身份证异地受理，随着试点范围的扩展，三地居民为办身份证往返奔波的时间可以节省了。①

（二）京津冀公共服务对接协同仍很薄弱

在推进京津冀协同发展国家战略的进程中，虽然在基本公共服务一体化方面取得了一些成效，但深层次的难点问题和体制机制性障碍仍然形成了"瓶颈"制约。具体来说，主要表现为以下几点：

一是京津冀公共服务共建主体的参与度不足。京津冀地方政府分属于三个不同的行政区域，受制于区域内部各行政主体的正常利益诉求、地方政府能力局限及短期行为等因素，京津冀三地对推动公共服务共建共享的具体规划及操作路径方面的认识存在一定差异，所考虑的重点因素有所不同，配套的政策保障支持力度并不一致，这些都会影响区域间的合作参与和有效协调。另外，分税制引致的地方保护主义对区域合作的直接影响很大，各地政府间的竞争意识很强。在区域协调发展的考核机制方面，围绕区域协同发展的质量和效益的区域统一性考核评价体系尚未建立。各地政府多从本地政绩考核和地方利益出发，区域合作在地方层面比较被动。加之，由于互利共赢的利

---

① 京津冀协同发展八周年：一起向未来［EB/OL］. https：//baijiahao. baidu. com/s？id = 1725844153865881878&wfr = spider&for = pc.

益分享机制缺位，京津冀地区未能在各方利益结合点和合作切入点上取得重大突破，三地在推动区域公共服务一体化建设中缺乏足够的参与动力。因此，京津冀公共服务共建共享的实质性进展与预期效果仍有差距。区域协同发展的整体利益与京津冀地区社会经济发展的共同目标尚未充分实现。

二是京津冀公共服务供给水平落差巨大、分布不均衡。受经济发展和财力保障水平等因素影响，河北省与北京和天津两市在公共教育、医疗卫生、文化体育、社会保障等方面的公共服务供给水平差距巨大，2014—2021年，三地的差距并没有明显缩小，局部领域的落差反而拉大。相较于北京市和天津市，河北省整体的社会公共服务资源基础薄弱，尤其是优质公共服务资源更为稀缺。这种公共服务资源的不均衡状态，既导致北京市对于周边地区的虹吸效应依然明显，也增大了河北省补齐公共服务"短板"、三地缩小公共服务落差的难度，进而延缓了京津冀地区公共服务共建共享进程。

三是京津冀基本公共服务制度及待遇标准不统一。区域间、城乡间、不同社会群体间的基本公共服务制度和待遇标准均存在较大差异，在管理制度设计上未充分考虑基本公共服务要素在不同地区之间的有效对接和自由流动，各地政府难以协调决策、统一行动，尚未建立起一体化的社会公共事务协作管理机制，从而导致跨地区公共服务对接和共享程度低，降低了区域经济发展的整体活力和效率。

四是社会事业的政策环境不一致，体制机制束缚较多。各地公共服务资源要素受域内财政、行政、人事、投资、审批等体制机制束缚严重，各自为政的规定阻碍了资源要素自由流动和合理配置，同时妨碍了社会政策的整合与创新，制约了基本公共服务一体化的进程。①

---

① 加快破解京津冀基本公共服务一体化的难题．河北共产党员［EB/OL］．https：//baijiahao．baidu．com/s？id＝1738891648715680650&wfr＝spider&for＝pc．

第五章　京津冀与长三角、
粤港澳经济科技比较研究

随着重点区域战略推进力度加大，区域协同发展红利正不断释放，京津冀协同发展稳步推进，长三角一体化持续升级，粤港澳大湾区创新合作不断深化。作为中国科技创新的主要策源地，京津冀、长三角、粤港澳三大地区①已成为中国区域经济发展的重要增长极。本章从人口、GDP、财政收支、对外贸易等方面对比 2010—2020 年京津冀、长三角和粤港澳大湾区三大区域经济发展现状，并从 R&D 人员、经费、专利、技术交易等方面比较京津冀和长三角地区科技发展情况。

一、三大区域经济发展情况比较

（一）三大区域人口情况比较

2010—2020 年，京津冀、长三角、粤港澳三大区域人口呈增长态势，年均增速分别约为 0.55%、0.87% 和 3.09%。其中，长三角地区人口数量最多。2020 年，长三角地区人口约为 23538 万人，约是京津冀地区人口（11040 万人）的 2.13 倍、粤港澳地区人口（8640 万人）的 2.72 倍（见图 5-1）。

在主要城市中，上海市人口位列第一、北京市次之、广州市位列第三。2020 年上海市人口为 2488 万人，约是北京市人口的 1.14 倍；广州市、深圳市人口分别为 1874.0 万人、1763.4 万人，分别约是北京市人口的 0.86 倍、0.81 倍；香港、澳门人口分别为 748.2 万人、68.5 万人，分别相当于北京市人口的 1/3、1/30 左右（见图 5-2）。

2010—2020 年，京津冀和长三角人口密度较为平稳，粤港澳地区 2014 年

---

① 这里的长三角包括上海市、江苏省、浙江省和安徽省，粤港澳大湾区包括广州、深圳、珠海、佛山、惠州、东莞、中山、江门、肇庆 9 个地级市，以及香港和澳门。

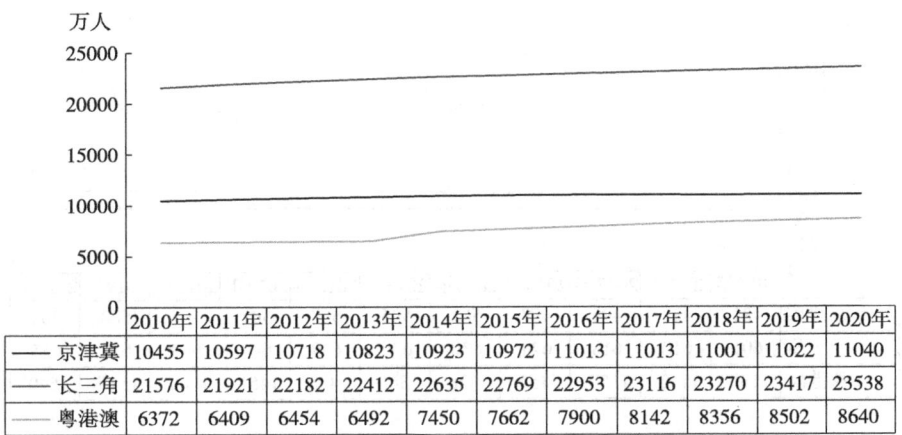

图 5 - 1　2010—2020 年三大区域人口情况

（资料来源：根据《中国统计年鉴》《广东省统计年鉴》历年数据整理计算）

	2010年	2011年	2012年	2013年	2014年	2015年	2016年	2017年	2018年	2019年	2020年
京津冀	10455	10597	10718	10823	10923	10972	11013	11013	11001	11022	11040
长三角	21576	21921	22182	22412	22635	22769	22953	23116	23270	23417	23538
粤港澳	6372	6409	6454	6492	7450	7662	7900	8142	8356	8502	8640

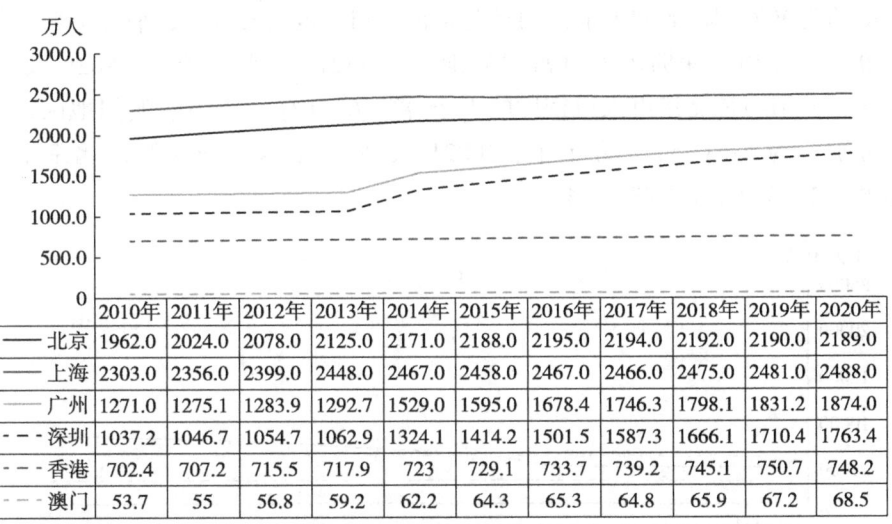

	2010年	2011年	2012年	2013年	2014年	2015年	2016年	2017年	2018年	2019年	2020年
北京	1962.0	2024.0	2078.0	2125.0	2171.0	2188.0	2195.0	2194.0	2192.0	2190.0	2189.0
上海	2303.0	2356.0	2399.0	2448.0	2467.0	2458.0	2467.0	2466.0	2475.0	2481.0	2488.0
广州	1271.0	1275.1	1283.9	1292.7	1529.0	1595.0	1678.4	1746.3	1798.1	1831.2	1874.0
深圳	1037.2	1046.7	1054.7	1062.9	1324.1	1414.2	1501.5	1587.3	1666.1	1710.4	1763.4
香港	702.4	707.2	715.5	717.9	723	729.1	733.7	739.2	745.1	750.7	748.2
澳门	53.7	55	56.8	59.2	62.2	64.3	65.3	64.8	65.9	67.2	68.5

图 5 - 2　2010—2020 年三大区域主要城市人口总量

（资料来源：根据《中国统计年鉴》《广东省统计年鉴》历年数据整理计算）

人口密度大幅提升后稳步提升。三大区域中，粤港澳地区人口密度远高于京津冀地区、长三角地区。2020 年，粤港澳地区人口密度约为 1540 人/平方千米，分别约是京津冀地区（508 人/平方千米）、长三角区域（655 人/平方千米）的 3.03 倍、2.35 倍（见图 5 - 3）。

在主要城市中，澳门地区的人口密度远高于其他城市。2020 年上海市人

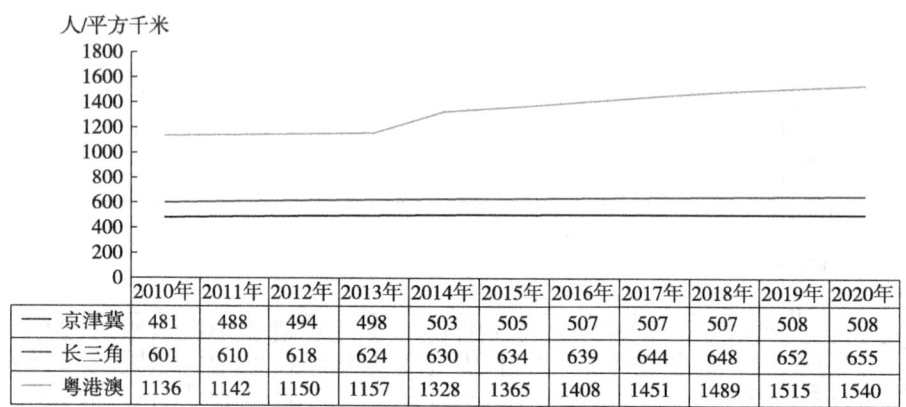

图5-3 2010—2020年三大区域人口密度

（资料来源：根据区域人口和面积计算。据计算，京津冀区域面积为217176.45平方千米，

长三角区域面积为359140平方千米，粤港澳湾区总面积约为56117.21平方千米）

口密度约为3924人/平方千米，约是北京市人口密度（1356人/平方千米）的
2.89倍；广州市、深圳市人口密度分别约为2521人/平方千米、8828人/平方千米，分别约是北京市人口密度的1.86倍、6.51倍；香港、澳门地区人口
密度分别约为6761人/平方千米、20821人/平方千米，分别约是北京市的
4.98倍、15.35倍（见图5-4）。

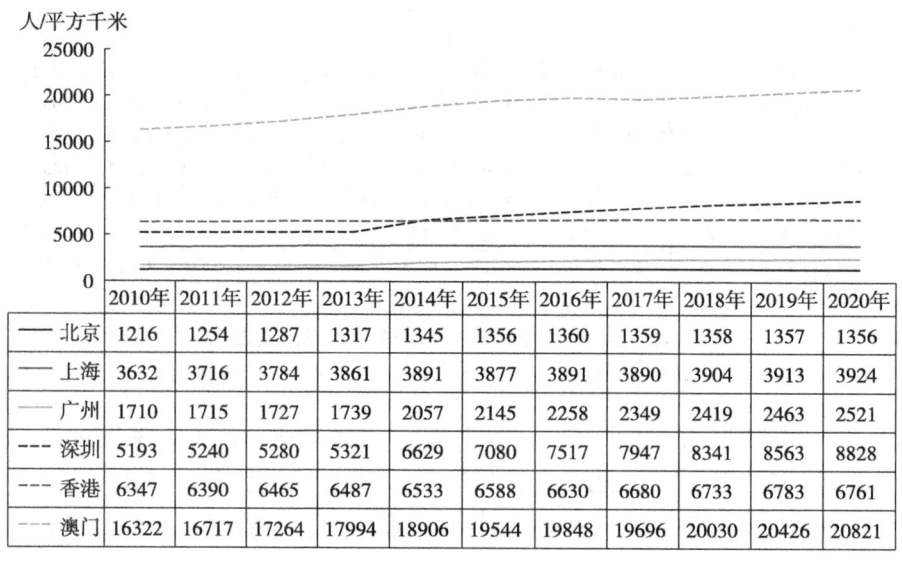

图5-4 2010—2020年三大区域主要城市人口密度

（资料来源：根据《中国统计年鉴》《广东省统计年鉴》历年数据整理计算）

96

（二）三大区域 GDP 情况比较

2010—2020 年，京津冀、长三角、粤港澳三大区域 GDP 呈稳步增加态势，年均增速分别约为 7.05%、9.51% 和 7.59%；且长三角地区 GDP 远高于京津冀和粤港澳地区，分别约是京津冀地区、长三角地区的 2.43 倍、1.94 倍。2010 年，长三角地区 GDP 为 98673.10 亿元，分别约是京津冀 GDP（43732.30 亿元）的 2.26 倍、粤港澳 GDP（55375.01 亿元）的 1.78 倍。2020 年，长三角地区 GDP 达 244713.53 亿元，分别约是京津冀（86393.17 亿元）GDP 的 2.83 倍、粤港澳 GDP（115116.94 亿元）的 2.13 倍，三大区域 GDP 的差距较 2010 年有所扩大（见图 5-5）。

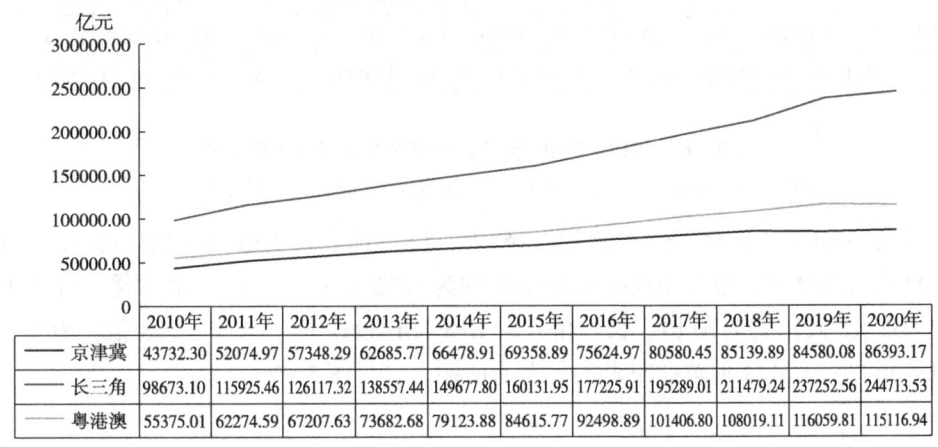

亿元	2010年	2011年	2012年	2013年	2014年	2015年	2016年	2017年	2018年	2019年	2020年
京津冀	43732.30	52074.97	57348.29	62685.77	66478.91	69358.89	75624.97	80580.45	85139.89	84580.08	86393.17
长三角	98673.10	115925.46	126117.32	138557.44	149677.80	160131.95	177225.91	195289.01	211479.24	237252.56	244713.53
粤港澳	55375.01	62274.59	67207.63	73682.68	79123.88	84615.77	92498.89	101406.80	108019.11	116059.81	115116.94

图 5-5 2010—2020 年三大区域 GDP 比较

[资料来源：根据《中国统计年鉴》（2021）、《广东省统计年鉴》（2021）
整理计算，并根据年均汇率折算港澳 GDP 数据]

在主要城市中，上海市 GDP 位列第一，北京市次之，深圳市位列第三。2020 年上海市 GDP 为 38700.58 亿元，约是北京市 GDP 的 1.07 倍；广州市、深圳市 GDP 约为 25019.11 亿元、27670.24 亿元，分别约是北京市的 0.69 倍、0.77 倍；香港、澳门 GDP 约为 23915.28 亿元、1677.73 亿元，分别相当于北京市 GDP 的 2/3、1/20 左右（见图 5-6）。

2010—2020 年，京津冀、长三角、粤港澳三大区域人均 GDP 呈增加态势，年均增速分别约为 6.46%、8.56% 和 4.37%，且粤港澳地区人均 GDP 最高、长三角次之、京津冀最低。2010 年，粤港澳地区人均 GDP 约为 86897 元/人，约是京津冀

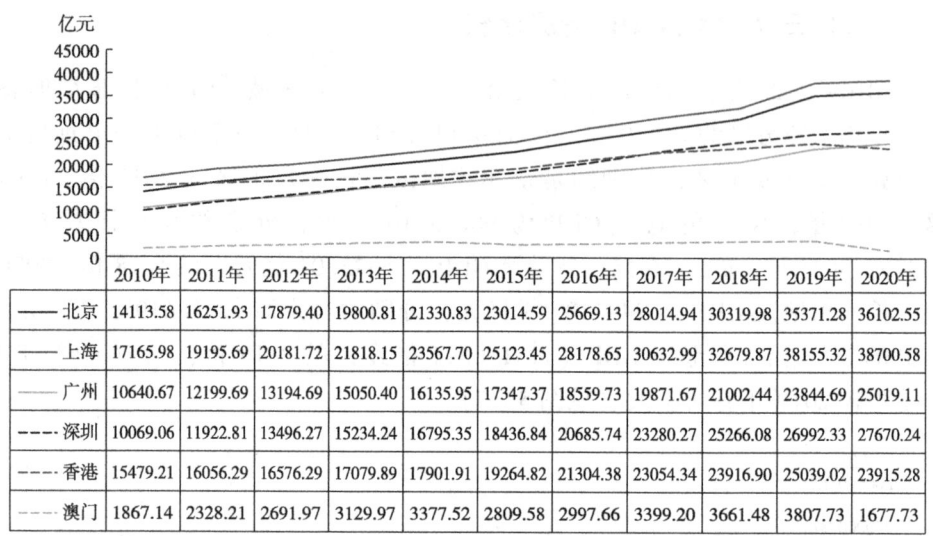

	2010年	2011年	2012年	2013年	2014年	2015年	2016年	2017年	2018年	2019年	2020年
北京	14113.58	16251.93	17879.40	19800.81	21330.83	23014.59	25669.13	28014.94	30319.98	35371.28	36102.55
上海	17165.98	19195.69	20181.72	21818.15	23567.70	25123.45	28178.65	30632.99	32679.87	38155.32	38700.58
广州	10640.67	12199.69	13194.69	15050.40	16135.95	17347.37	18559.73	19871.67	21002.44	23844.69	25019.11
深圳	10069.06	11922.81	13496.27	15234.24	16795.35	18436.84	20685.74	23280.27	25266.08	26992.33	27670.24
香港	15479.21	16056.29	16576.29	17079.89	17901.91	19264.82	21304.38	23054.34	23916.90	25039.02	23915.28
澳门	1867.14	2328.21	2691.97	3129.97	3377.52	2809.58	2997.66	3399.20	3661.48	3807.73	1677.73

图 5 - 6　2010—2020 年三大区域主要城市 GDP 比较

（资料来源：根据《中国统计年鉴》《广东省统计年鉴》历年数据整理计算）

地区人均 GDP（41829 元/人）的 2.08 倍、长三角人均 GDP（45733 元/人）的 1.90 倍；2020 年，粤港澳地区人均 GDP 约为 133234 元/人，约是京津冀人均 GDP（78255 元/人）的 1.70 倍、长三角人均 GDP（103965 元/人）的 1.28 倍；2010—2020 年，三大区域人均 GDP 相对差距有所缩小（见图 5 - 7）。

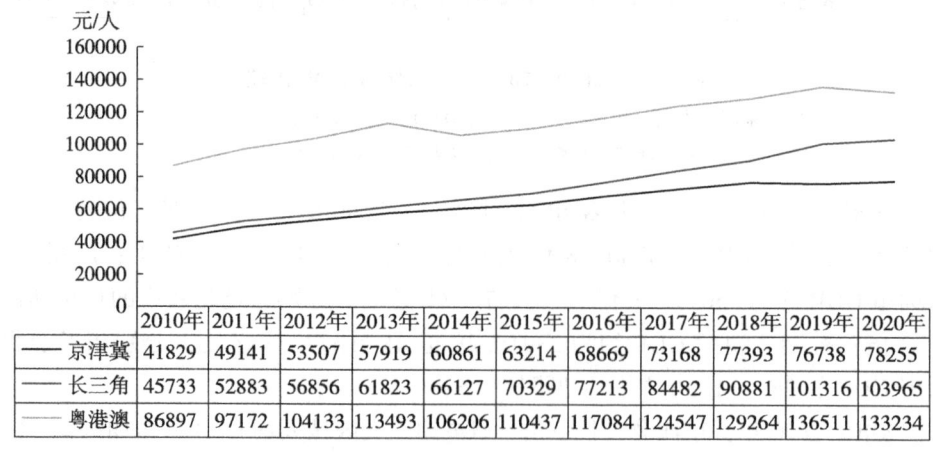

	2010年	2011年	2012年	2013年	2014年	2015年	2016年	2017年	2018年	2019年	2020年
京津冀	41829	49141	53507	57919	60861	63214	68669	73168	77393	76738	78255
长三角	45733	52883	56856	61823	66127	70329	77213	84482	90881	101316	103965
粤港澳	86897	97172	104133	113493	106206	110437	117084	124547	129264	136511	133234

图 5 - 7　2010—2020 年三大区域人均 GDP 比较

（资料来源：根据 GDP 和人口数据计算）

在主要城市中，2010—2019 年，澳门地区人均 GDP 远高于其他城市。2020年，澳门人均 GDP 大幅下降，低于香港地区，人均 GDP 位列第二。2020 年上海市人均 GDP 约为 155549 元/人，约是北京市人均 GDP（164927 元/人）的 0.94 倍；广州、深圳人均 GDP 分别约为 133506 元/人、156914 元/人，分别约是北京市的 0.81 倍、0.95 倍；香港、澳门人均 GDP 分别约为 319638 元/人、244924 元/人，分别约是北京市的 1.94 倍、1.49 倍（见图 5 - 8）。

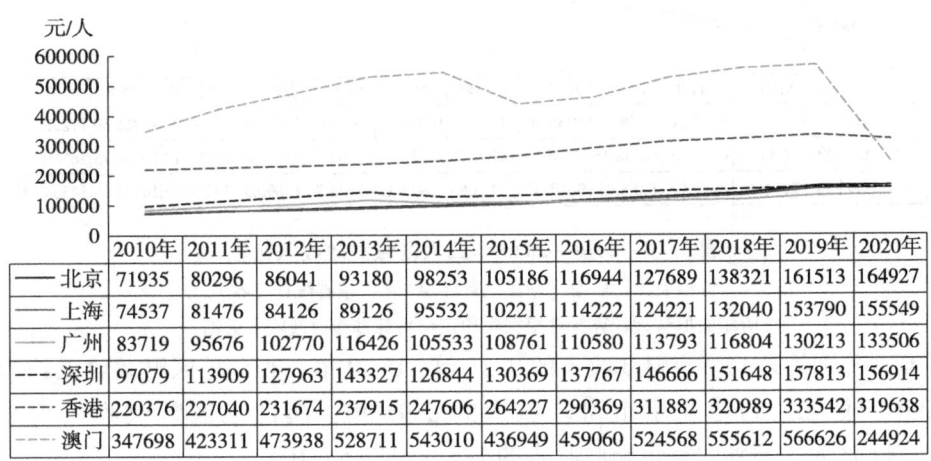

元/人	2010年	2011年	2012年	2013年	2014年	2015年	2016年	2017年	2018年	2019年	2020年
北京	71935	80296	86041	93180	98253	105186	116944	127689	138321	161513	164927
上海	74537	81476	84126	89126	95532	102211	114222	124221	132040	153790	155549
广州	83719	95676	102770	116426	105533	108761	110580	113793	116804	130213	133506
深圳	97079	113909	127963	143327	126844	130369	137767	146666	151648	157813	156914
香港	220376	227040	231674	237915	247606	264227	290369	311882	320989	333542	319638
澳门	347698	423311	473938	528711	543010	436949	459060	524568	555612	566626	244924

图 5 - 8　2010—2020 年三大区域主要城市人均 GDP 比较

（资料来源：根据各地 GDP 和人口计算）

（三）三大区域财政收支情况比较

2010—2020 年，京津冀、长三角、粤港澳地区财政收入呈增加态势，年均增速分别约为 8.97%、9.51% 和 7.37%。三大区域中长三角地区财政收入最高、粤港澳次之、京津冀最低，长三角地区财政收入分别约是京津冀地区、粤港澳地区的 2.15 倍、1.74 倍。2010 年，长三角地区财政收入为 10711.31 亿元，约是京津冀地区财政收入（4754.59 亿元）的 2.25 倍，约是粤港澳地区财政收入（7151.44 亿元）的 1.50 倍。2020 年，长三角地区财政收入为 26569.54亿元，约是京津冀财政收入（11233.45 亿元）的 2.36 倍，是粤港澳财政收入（14564.24 亿元）的 1.82 倍。2010—2020 年，三大区域财政收入相对差距有所拉大（见图 5 - 9）。

在主要城市中，上海市财政收入位列第一、北京次之、香港位列第三。2020 年上海市财政收入为 7046.3 亿元，约是北京市财政收入（5483.89 亿元）的 1.28 倍；广州市、深圳市财政收入分别约为 1722.79 亿元、3857.46

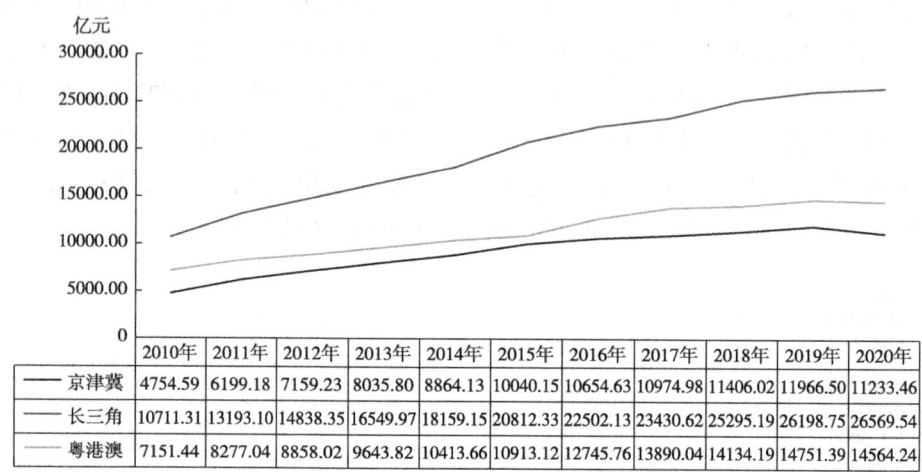

	2010年	2011年	2012年	2013年	2014年	2015年	2016年	2017年	2018年	2019年	2020年
京津冀	4754.59	6199.18	7159.23	8035.80	8864.13	10040.15	10654.63	10974.98	11406.02	11966.50	11233.46
长三角	10711.31	13193.10	14838.35	16549.97	18159.15	20812.33	22502.13	23430.62	25295.19	26198.75	26569.54
粤港澳	7151.44	8277.04	8858.02	9643.82	10413.66	10913.12	12745.76	13890.04	14134.19	14751.39	14564.24

图 5 - 9 2010—2020 年三大区域财政收入比较

（资料来源：根据《中国统计年鉴》《广东省统计年鉴》

历年数据整理计算，并根据年均汇率折算港澳财政收入数据）

亿元，分别约是北京市财政收入的 0.31 倍、0.70 倍；香港地区财政收入约为 5190.77 亿元，约是北京市财政收入的 0.95 倍；澳门地区财政收入约为 877.44 亿元，不到北京市财政收入的 1/6（见图 5 - 10）。

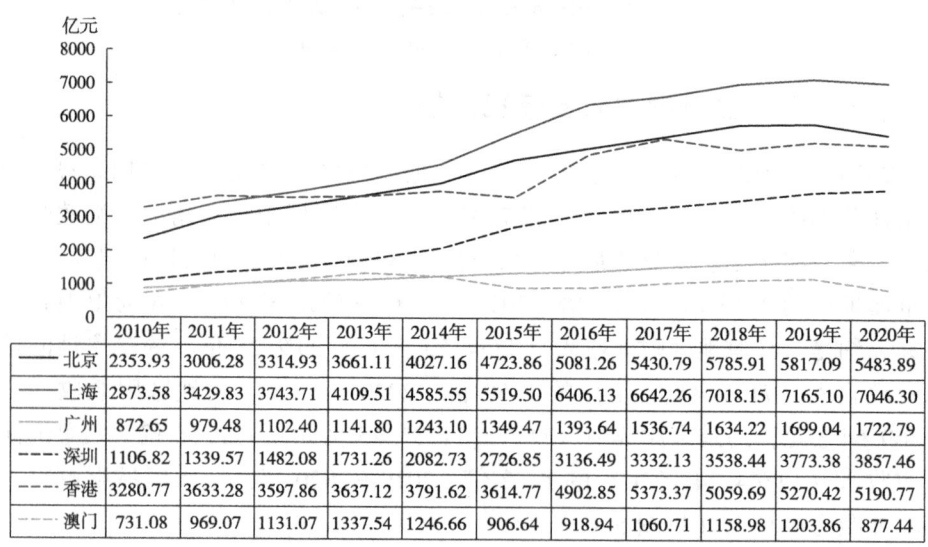

	2010年	2011年	2012年	2013年	2014年	2015年	2016年	2017年	2018年	2019年	2020年
北京	2353.93	3006.28	3314.93	3661.11	4027.16	4723.86	5081.26	5430.79	5785.91	5817.09	5483.89
上海	2873.58	3429.83	3743.71	4109.51	4585.55	5519.50	6406.13	6642.26	7018.15	7165.10	7046.30
广州	872.65	979.48	1102.40	1141.80	1243.10	1349.47	1393.64	1536.74	1634.22	1699.04	1722.79
深圳	1106.82	1339.57	1482.08	1731.26	2082.73	2726.85	3136.49	3332.13	3538.44	3773.38	3857.46
香港	3280.77	3633.28	3597.86	3637.12	3791.62	3614.77	4902.85	5373.37	5059.69	5270.42	5190.77
澳门	731.08	969.07	1131.07	1337.54	1246.66	906.64	918.94	1060.71	1158.98	1203.86	877.44

图 5 - 10 2010—2020 年三大区域主要城市财政收入比较

（资料来源：根据《中国统计年鉴》《广东省统计年鉴》

历年数据整理计算，并根据年均汇率折算港澳财政收入数据）

2010—2020 年，京津冀地区财政收入占 GDP 比重呈波动上升态势，长三角地区财政收入占 GDP 比重呈波动态势，粤港澳地区财政收入占 GDP 比重呈先升后降态势，且长三角地区财政收入占 GDP 比重低于同期京津冀地区和粤港澳地区；2020 年，京津冀区域财政收入占 GDP 比重约为 13.00%，较 2010 年增加 2.13 个百分点；长三角区域财政收入占 GDP 比重约为 10.86%，与 2010 年持平；粤港澳地区财政收入占 GDP 比重约为 12.65%，较 2010 年下降 0.26 个百分点（见图 5 – 11）。

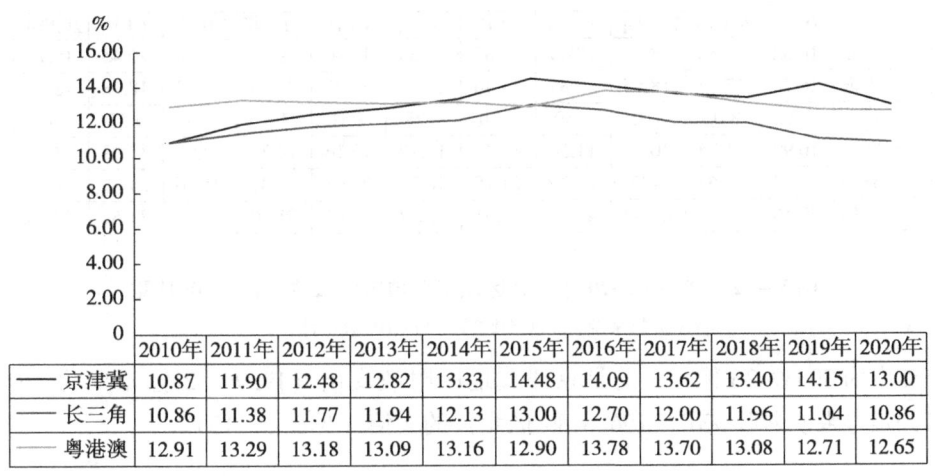

	2010年	2011年	2012年	2013年	2014年	2015年	2016年	2017年	2018年	2019年	2020年
京津冀	10.87	11.90	12.48	12.82	13.33	14.48	14.09	13.62	13.40	14.15	13.00
长三角	10.86	11.38	11.77	11.94	12.13	13.00	12.70	12.00	11.96	11.04	10.86
粤港澳	12.91	13.29	13.18	13.09	13.16	12.90	13.78	13.70	13.08	12.71	12.65

图 5 – 11　2010—2020 年三大区域财政收入占 GDP 比重

（资料来源：根据财政收入与 GDP 数据计算）

在主要城市中，澳门的财政收入占 GDP 比重远高于其他城市，2020 年高达 52.30%，香港次之。2020 年，上海市财政收入占 GDP 比重约为 18.21%，较北京市（15.19%）高出 3.02 个百分点；广州市、深圳市财政收入占 GDP 比重分别约为 6.89%、13.94%，分别较北京市财政收入占 GDP 比重低 8.30 个、1.25 个百分点；香港、澳门财政收入占 GDP 比重分别约为 21.70%、52.30%，较北京市占比高 6.52 个、37.11 个百分点（见图 5 – 12）。

2010—2020 年，京津冀、长三角、粤港澳地区财政支出呈增加态势，年均增速分别约为 10.80%、10.87% 和 11.53%。三大区域中，长三角地区财政支出水平最高，分别约是京津冀地区、粤港澳地区的 1.94 倍、2.17 倍。与财政收入相比，京津冀地区的财政支出水平高于粤港澳地区。2010 年，长三角地区财政支出为 14012.44 亿元，约是京津冀地区财政支出（6914.40 亿元）的 2.03 倍，约是粤港澳地区财政支出（6593.00 亿元）的 2.13 倍。2020 年，长三角地区财

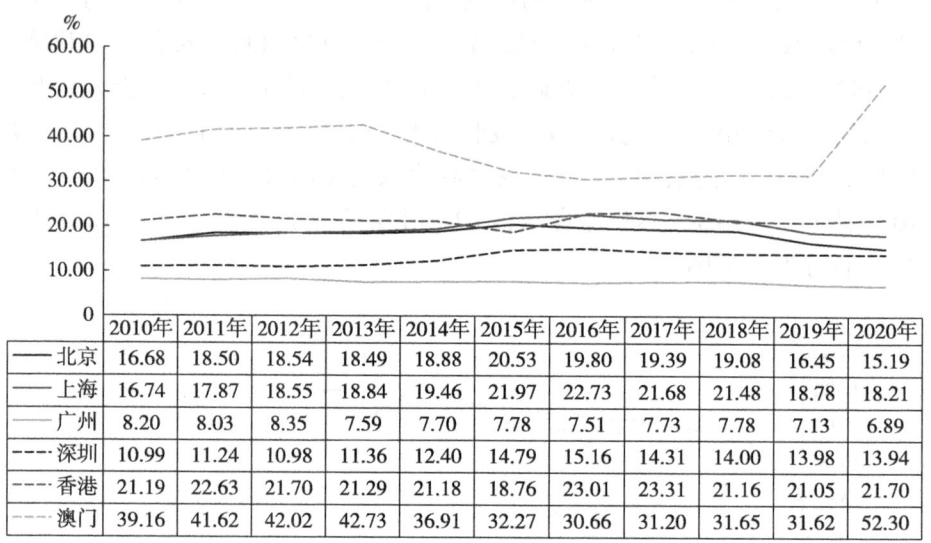

	2010年	2011年	2012年	2013年	2014年	2015年	2016年	2017年	2018年	2019年	2020年
北京	16.68	18.50	18.54	18.49	18.88	20.53	19.80	19.39	19.08	16.45	15.19
上海	16.74	17.87	18.55	18.84	19.46	21.97	22.73	21.68	21.48	18.78	18.21
广州	8.20	8.03	8.35	7.59	7.70	7.78	7.51	7.73	7.78	7.13	6.89
深圳	10.99	11.24	10.98	11.36	12.40	14.79	15.16	14.31	14.00	13.98	13.94
香港	21.19	22.63	21.70	21.29	21.18	18.76	23.01	23.31	21.16	21.05	21.70
澳门	39.16	41.62	42.02	42.73	36.91	32.27	30.66	31.20	31.65	31.62	52.30

图 5 - 12   2010—2020 年三大区域主要城市财政收入占 GDP 比重

(资料来源：根据财政收入与 GDP 数据计算)

政支出为 39339.26 亿元，约是京津冀地区财政支出（19290.32 亿元）的 2.04 倍，是粤港澳财政支出（19626.89 亿元）的 2 倍（见图 5 - 13）。

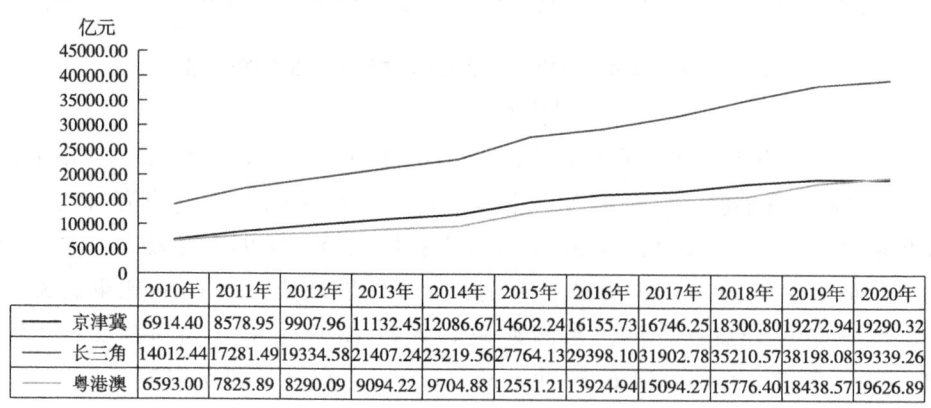

	2010年	2011年	2012年	2013年	2014年	2015年	2016年	2017年	2018年	2019年	2020年
京津冀	6914.40	8578.95	9907.96	11132.45	12086.67	14602.24	16155.73	16746.25	18300.80	19272.94	19290.32
长三角	14012.44	17281.49	19334.58	21407.24	23219.56	27764.13	29398.10	31902.78	35210.57	38198.08	39339.26
粤港澳	6593.00	7825.89	8290.09	9094.22	9704.88	12551.21	13924.94	15094.27	15776.40	18438.57	19626.89

图 5 - 13   2010—2020 年三大区域财政支出比较

(资料来源：根据《中国统计年鉴》《广东省统计年鉴》
历年数据整理计算，并根据年均汇率折算港澳财政支出数据)

在主要城市中，2020 年上海市财政支出为 8102.11 亿元，约是北京市财政支出（7116.18 亿元）的 1.14 倍；广州市、深圳市财政支出为 2952.65 亿元、4178.42 亿元，分别约是北京市财政支出的 0.41 倍、0.59 倍；香港地区财政支出约为 7259.23 亿元，约是北京市财政支出的 1.02 倍；澳门地区财政支出约为 829.63 亿元，是北京市财政支出的 1/10 左右（见图 5 - 14）。

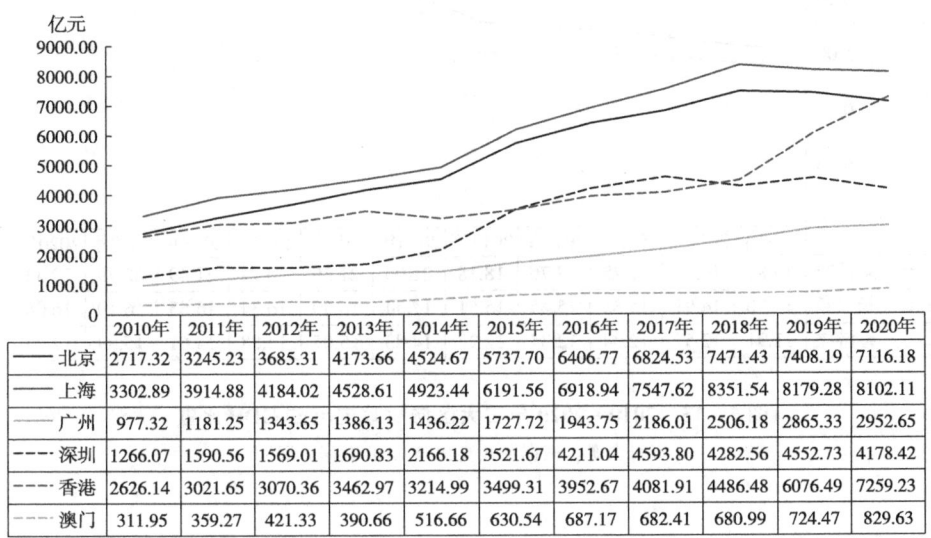

亿元	2010年	2011年	2012年	2013年	2014年	2015年	2016年	2017年	2018年	2019年	2020年
北京	2717.32	3245.23	3685.31	4173.66	4524.67	5737.70	6406.77	6824.53	7471.43	7408.19	7116.18
上海	3302.89	3914.88	4184.02	4528.61	4923.44	6191.56	6918.94	7547.62	8351.54	8179.28	8102.11
广州	977.32	1181.25	1343.65	1386.13	1436.22	1727.72	1943.75	2186.01	2506.18	2865.33	2952.65
深圳	1266.07	1590.56	1569.01	1690.83	2166.18	3521.67	4211.04	4593.80	4282.56	4552.73	4178.42
香港	2626.14	3021.65	3070.36	3462.97	3214.99	3499.31	3952.67	4081.91	4486.48	6076.49	7259.23
澳门	311.95	359.27	421.33	390.66	516.66	630.54	687.17	682.41	680.99	724.47	829.63

图 5 - 14　2010—2020 年三大区域主要城市财政支出

（资料来源：根据《中国统计年鉴》《广东省统计年鉴》
历年数据整理计算，并根据年均汇率折算港澳财政支出数据）

2010—2020 年，京津冀、长三角、粤港澳三大区域财政支出占 GDP 比重呈波动上升态势，且低于与财政收入占 GDP 比重。在三大区域中，京津冀地区财政支出占 GDP 比重最高。2020 年，京津冀、长三角、粤港澳地区财政支出占 GDP 比重分别约为 22.33%、16.08% 和 17.05%，较 2010 年增加 6.52 个、1.87 个、5.14 个百分点（见图 5 - 15）。

在主要城市中，2020 年香港、澳门地区财政支出占 GDP 比重大幅增加，分别约为 30.35%、49.45%，较北京市财政支出占 GDP 比重（19.71%）高出 10.64 个、29.74 个百分点；上海市财政支出占 GDP 比重约为 20.94%，较北京市财政支出占 GDP 比重高 0.23 个百分点；广州市、深圳市财政支出占 GDP 比重分别约为 11.80%、15.10%，较北京市财政支出占 GDP 比重低 7.91 个、4.61 个百分点（见图 5 - 16）。

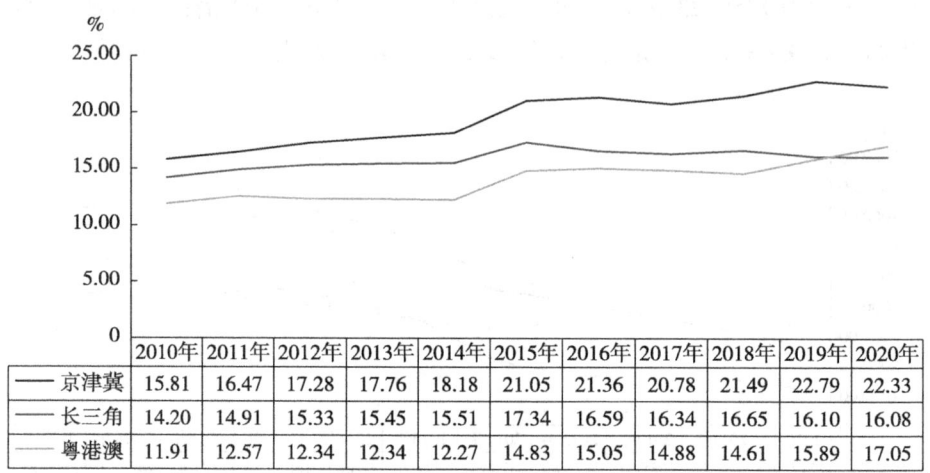

	2010年	2011年	2012年	2013年	2014年	2015年	2016年	2017年	2018年	2019年	2020年
京津冀	15.81	16.47	17.28	17.76	18.18	21.05	21.36	20.78	21.49	22.79	22.33
长三角	14.20	14.91	15.33	15.45	15.51	17.34	16.59	16.34	16.65	16.10	16.08
粤港澳	11.91	12.57	12.34	12.34	12.27	14.83	15.05	14.88	14.61	15.89	17.05

图 5 – 15　2010—2020 年三大区域财政支出占 GDP 比重

（资料来源：根据财政支出与 GDP 数据计算）

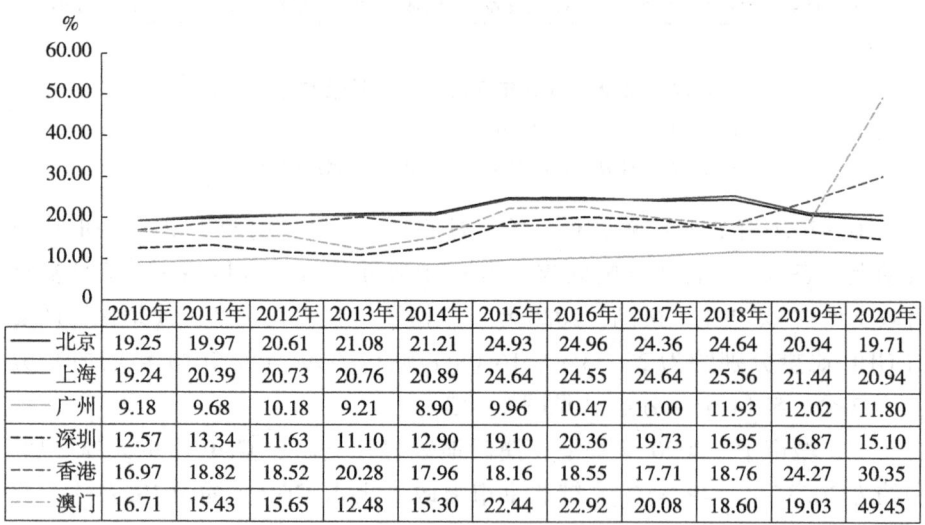

	2010年	2011年	2012年	2013年	2014年	2015年	2016年	2017年	2018年	2019年	2020年
北京	19.25	19.97	20.61	21.08	21.21	24.93	24.96	24.36	24.64	20.94	19.71
上海	19.24	20.39	20.73	20.76	20.89	24.64	24.55	24.64	25.56	21.44	20.94
广州	9.18	9.68	10.18	9.21	8.90	9.96	10.47	11.00	11.93	12.02	11.80
深圳	12.57	13.34	11.63	11.10	12.90	19.10	20.36	19.73	16.95	16.87	15.10
香港	16.97	18.82	18.52	20.28	17.96	18.16	18.55	17.71	18.76	24.27	30.35
澳门	16.71	15.43	15.65	12.48	15.30	22.44	22.92	20.08	18.60	19.03	49.45

图 5 – 16　2010—2020 年三大区域主要城市财政支出占 GDP 比重

（资料来源：根据财政支出与 GDP 数据计算）

（四）三大区域对外贸易情况比较

2010—2020年，京津冀、长三角、粤港澳商品进出口总额呈增长态势，年均增速分别约为1.47%、4.26%和2.62%。三大区域中，粤港澳商品进出口总额最高，长三角次之，京津冀最低。2020年粤港澳地区商品进出口总额约为20470.86亿美元，约是京津冀地区商品进出口总额（3593.20亿美元）的5.70倍、长三角地区商品进出口总额（7110.60亿美元）的2.88倍（见图5－17）。

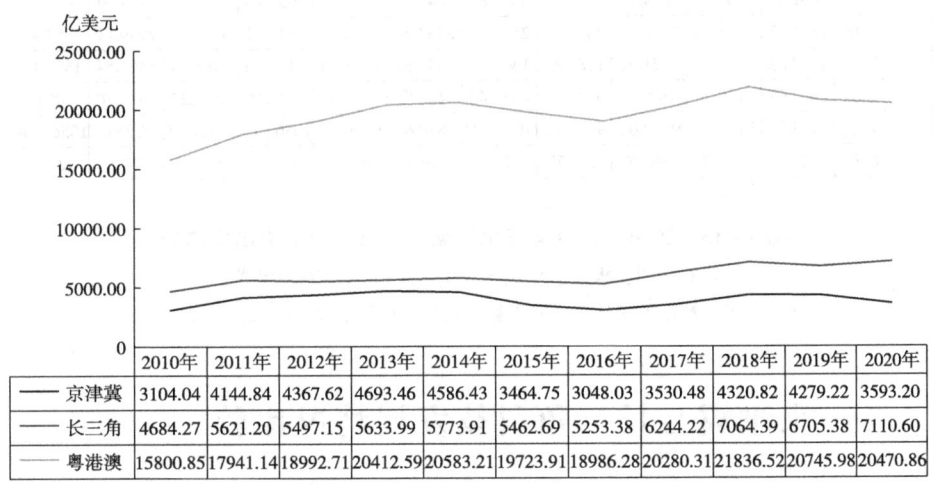

亿美元	2010年	2011年	2012年	2013年	2014年	2015年	2016年	2017年	2018年	2019年	2020年
京津冀	3104.04	4144.84	4367.62	4693.46	4586.43	3464.75	3048.03	3530.48	4320.82	4279.22	3593.20
长三角	4684.27	5621.20	5497.15	5633.99	5773.91	5462.69	5253.38	6244.22	7064.39	6705.38	7110.60
粤港澳	15800.85	17941.14	18992.71	20412.59	20583.21	19723.91	18986.28	20280.31	21836.52	20745.98	20470.86

图5－17　2010—2020年三大区域商品进出口总额

（资料来源：根据《中国统计年鉴》《广东省统计年鉴》
历年数据整理计算，并根据年均汇率折算港澳GDP数据）

在主要城市中，2010—2020年香港地区的商品进出口总额远高于其他城市，深圳次之。2020年，香港、澳门地区商品进出口总额分别约为10567.58亿美元、129.39亿美元，约是北京市商品进出口总额（2693.30亿美元）的3.92倍、1/20；上海市商品进出口总额约为3057.90亿美元，约是北京市商品进出口总额的1.14倍；广州市、深圳市商品进出口总额分别约为1376.12亿美元、4409.01亿美元，约是北京市商品进出口总额的0.51倍、1.64倍（见图5－18）。

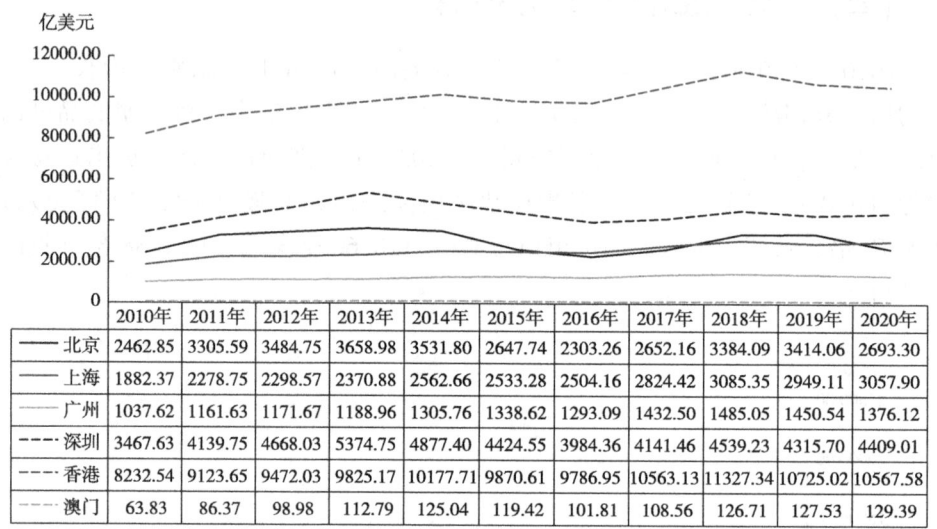

亿美元	2010年	2011年	2012年	2013年	2014年	2015年	2016年	2017年	2018年	2019年	2020年
北京	2462.85	3305.59	3484.75	3658.98	3531.80	2647.74	2303.26	2652.16	3384.09	3414.06	2693.30
上海	1882.37	2278.75	2298.57	2370.88	2562.66	2533.28	2504.16	2824.42	3085.35	2949.11	3057.90
广州	1037.62	1161.63	1171.67	1188.96	1305.76	1338.62	1293.09	1432.50	1485.05	1450.54	1376.12
深圳	3467.63	4139.75	4668.03	5374.75	4877.40	4424.55	3984.36	4141.46	4539.23	4315.70	4409.01
香港	8232.54	9123.65	9472.03	9825.17	10177.71	9870.61	9786.95	10563.13	11327.34	10725.02	10567.58
澳门	63.83	86.37	98.98	112.79	125.04	119.42	101.81	108.56	126.71	127.53	129.39

图 5 - 18　2010—2020 年三大区域主要城市商品进出口总额

（资料来源：根据《中国统计年鉴》《广东省统计年鉴》
历年数据整理计算，并根据年均汇率折算港澳 GDP 数据）

二、京津冀与长三角科技发展情况比较

（一）京津冀与长三角地区研发活动比较

1. 京津冀与长三角研究与试验发展（R&D）人员情况比较

2010—2020 年，长三角地区 R&D 人员数约是京津冀地区的 2.45 倍，每万从业人员中 R&D 人员数约是京津冀地区的 1.08 倍；长三角地区 R&D 人员数呈增长态势，年均增速约为 9.02%，高于京津冀地区 R&D 人员年均增速约 2.97 个百分点；长三角地区每万从业人员中 R&D 人员数呈增长态势，年均增速约为 8.94%，较京津冀地区年均增速（5.68%）高 3.26 个百分点。2020 年，长三角地区 R&D 人员数约为 228.96 万人，约是京津冀地区 R&D 人员数（80.58 万人）的 2.84 倍；长三角地区每万从业人员中 R&D 人员数约为 171.28 人，约是京津冀地区每万从业人员中 R&D 人员数（138.28 人）的 1.24 倍（见图 5 - 19）。

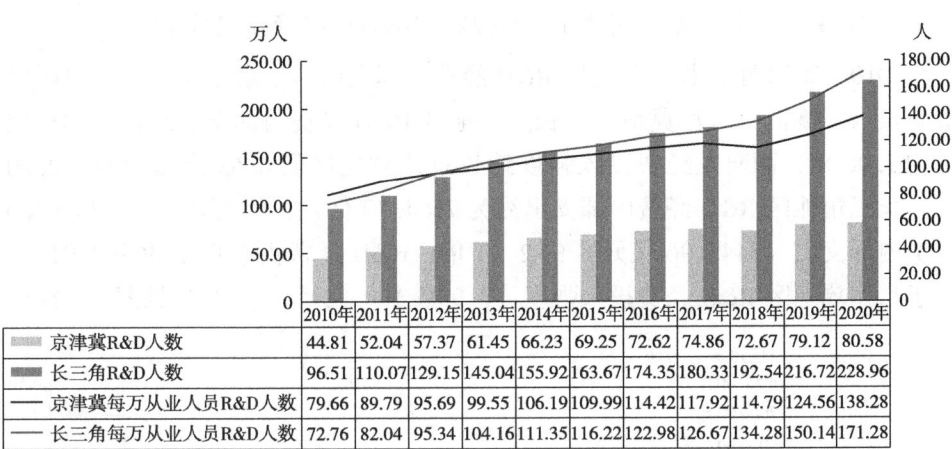

	2010年	2011年	2012年	2013年	2014年	2015年	2016年	2017年	2018年	2019年	2020年
京津冀R&D人数	44.81	52.04	57.37	61.45	66.23	69.25	72.62	74.86	72.67	79.12	80.58
长三角R&D人数	96.51	110.07	129.15	145.04	155.92	163.67	174.35	180.33	192.54	216.72	228.96
京津冀每万从业人员R&D人数	79.66	89.79	95.69	99.55	106.19	109.99	114.42	117.92	114.79	124.56	138.28
长三角每万从业人员R&D人数	72.76	82.04	95.34	104.16	111.35	116.22	122.98	126.67	134.28	150.14	171.28

图 5 – 19 2010—2020 年京津冀与长三角研究与试验发展（R&D）人员数

[资料来源：根据《中国科技统计年鉴》（2021）整理计算]

2010—2020 年，长三角地区 R&D 人员全时当量远高于京津冀地区，且呈增加态势，年均增速约为 8.54%，较京津冀地区 R&D 人员全时当量年均增速（5.78%）高 2.76 个百分点。2020 年，长三角地区 R&D 人员全时当量约为 167.54 万人年，约是京津冀地区 R&D 人员全时当量（55.20 万人年）的 3.04 倍（见图 5 – 20）。其中，上海市 R&D 人员全时当量约为 22.86 万人年，是北京市 R&D 人员全时当量（33.63 万人年）的 0.68 倍左右。

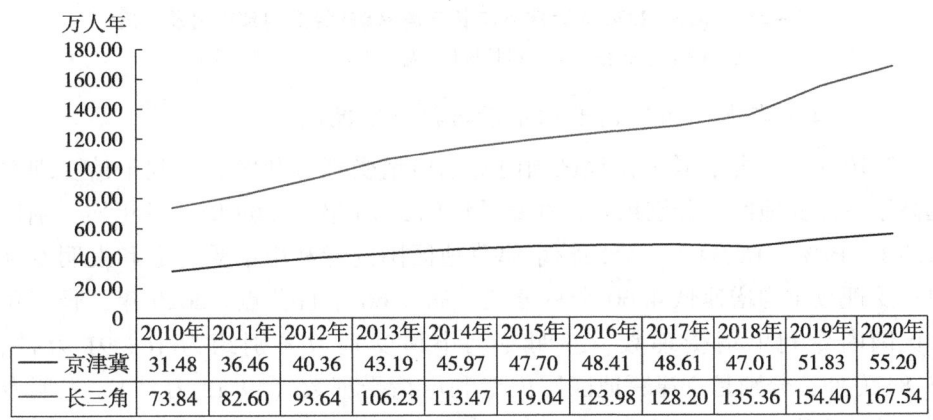

	2010年	2011年	2012年	2013年	2014年	2015年	2016年	2017年	2018年	2019年	2020年
京津冀	31.48	36.46	40.36	43.19	45.97	47.70	48.41	48.61	47.01	51.83	55.20
长三角	73.84	82.60	93.64	106.23	113.47	119.04	123.98	128.20	135.36	154.40	167.54

图 5 – 20 2010—2020 年京津冀与长三角研究与试验发展（R&D）人员全时当量

[资料来源：根据《中国科技统计年鉴》（2021）整理计算]

2. 京津冀与长三角研究与试验发展（R&D）经费情况比较

2010—2020 年，长三角地区 R&D 经费内部支出高于京津冀地区，但研发经费投入强度低于京津冀地区，长三角地区 R&D 经费内部支出约是京津冀地区的 1. 96 倍，而研发经费投入强度约较京津冀地区低 0. 63 个百分点。2020年，长三角地区 R&D 经费内部支出约为 7364. 70 亿元，约为京津冀地区 R&D 经费内部支出（3445. 96 亿元）的 2. 14 倍；R&D 经费投入强度约为 3. 01%，低于京津冀地区 R&D 经费投入强度（3. 99%）0. 98 个百分点（见图 5 – 21）。

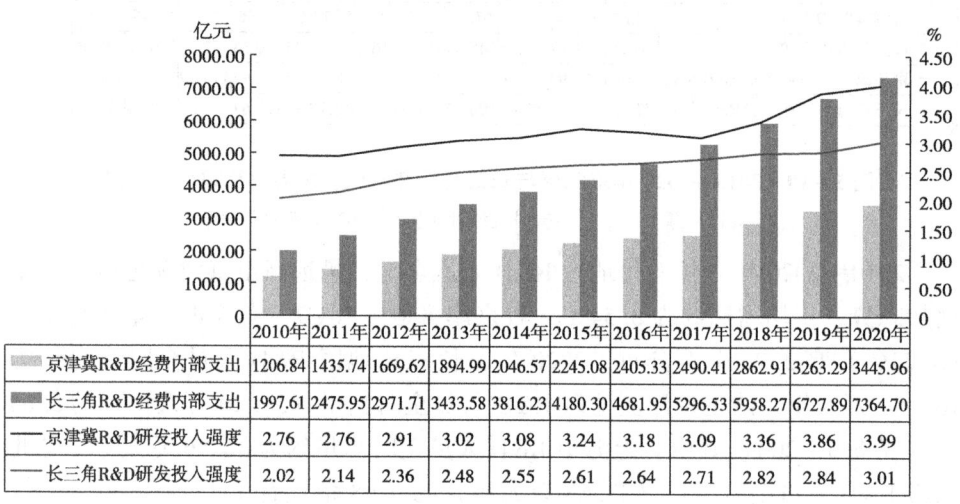

	2010年	2011年	2012年	2013年	2014年	2015年	2016年	2017年	2018年	2019年	2020年
京津冀R&D经费内部支出	1206.84	1435.74	1669.62	1894.99	2046.57	2245.08	2405.33	2490.41	2862.91	3263.29	3445.96
长三角R&D经费内部支出	1997.61	2475.95	2971.71	3433.58	3816.23	4180.30	4681.95	5296.53	5958.27	6727.89	7364.70
京津冀R&D研发投入强度	2.76	2.76	2.91	3.02	3.08	3.24	3.18	3.09	3.36	3.86	3.99
长三角R&D研发投入强度	2.02	2.14	2.36	2.48	2.55	2.61	2.64	2.71	2.82	2.84	3.01

图 5 – 21　2010—2020 年京津冀与长三角 R&D 经费内部支出及强度

[资料来源：根据《中国科技统计年鉴》（2021）整理计算]

3. 京津冀与长三角国内专利申请与授权情况比较

2010—2020 年，长三角地区国内专利申请受理数和发明专利申请受理数远高于京津冀地区，分别约是京津冀地区的 3. 75 倍、2. 69 倍；且年均分别增长约 13. 19%、16. 34%，分别较京津冀地区国内专利申请受理数和发明专利申请受理数年均增速低 4. 60 个百分点、高 0. 66 个百分点。2020 年，长三角地区国内专利申请受理数、发明专利申请受理数分别约为 163. 91 万件、45. 84 万件，分别是京津冀地区国内专利申请受理数（49. 13 万件）、发明专利申请受理数（18. 92 万件）的 3. 34 倍、2. 42 倍（见图 5 – 22）。

2010—2020 年，长三角国内专利申请授权数和发明专利授权数均高于京津冀地区，分别约是京津冀地区的 3. 84 倍、1. 84 倍；且年均分别增加约 13. 75%、20. 68%，分别较京津冀地区国内专利申请授权数（19. 73%）和发

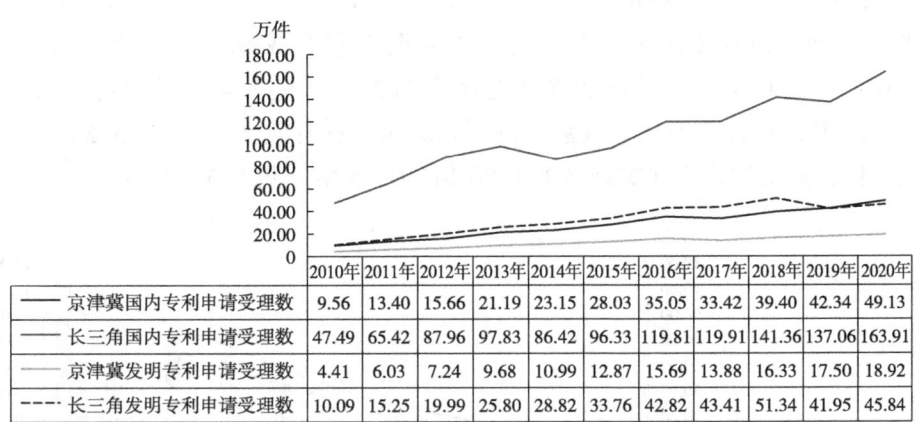

万件

	2010年	2011年	2012年	2013年	2014年	2015年	2016年	2017年	2018年	2019年	2020年
—— 京津冀国内专利申请受理数	9.56	13.40	15.66	21.19	23.15	28.03	35.05	33.42	39.40	42.34	49.13
—— 长三角国内专利申请受理数	47.49	65.42	87.96	97.83	86.42	96.33	119.81	119.91	141.36	137.06	163.91
—— 京津冀发明专利申请受理数	4.41	6.03	7.24	9.68	10.99	12.87	15.69	13.88	16.33	17.50	18.92
---- 长三角发明专利申请受理数	10.09	15.25	19.99	25.80	28.82	33.76	42.82	43.41	51.34	41.95	45.84

图 5 – 22 2010—2020 年京津冀与长三角国内专利与发明专利申请受理数

（资料来源：根据《中国科技统计年鉴》历年数据整理计算）

明专利授权数（18.18%）年均增速低 5.98 个百分点和高 2.50 个百分点。2020 年，长三角国内专利申请授权数、发明专利授权数分别为 115.03 万件、14.15 万件，分别约是京津冀国内专利申请授权数、发明专利授权数的 3.48 倍、1.89 倍（见图 5 – 23）。

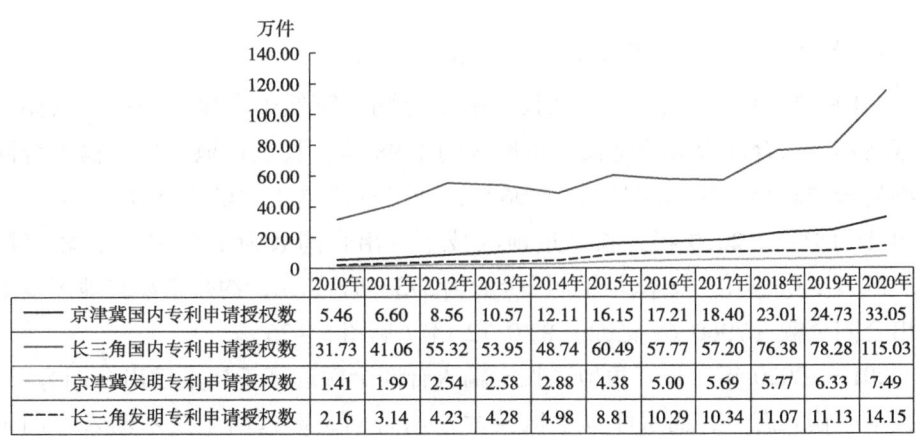

万件

	2010年	2011年	2012年	2013年	2014年	2015年	2016年	2017年	2018年	2019年	2020年
—— 京津冀国内专利申请授权数	5.46	6.60	8.56	10.57	12.11	16.15	17.21	18.40	23.01	24.73	33.05
—— 长三角国内专利申请授权数	31.73	41.06	55.32	53.95	48.74	60.49	57.77	57.20	76.38	78.28	115.03
—— 京津冀发明专利申请授权数	1.41	1.99	2.54	2.58	2.88	4.38	5.00	5.69	5.77	6.33	7.49
---- 长三角发明专利申请授权数	2.16	3.14	4.23	4.28	4.98	8.81	10.29	10.34	11.07	11.13	14.15

图 5 – 23 2010—2020 年京津冀与长三角国内专利与发明专利申请授权数

（资料来源：根据《中国科技统计年鉴》历年数据整理计算）

2010—2020 年，长三角地区发明专利有效数高于京津冀地区，而每万人发明专利有效数低于京津冀地区，长三角地区发明专利有效数约是京津冀地区的 1.71 倍，而京津冀地区每万人发明专利数约是长三角地区的 1.25 倍；且长三角地区发明专利有效数、每万人发明专利有效数年均增速分别约为 27.56%、26.45%，分别较京津冀地区高约 3.86 个、3.43 个百分点。2020 年，长三角地区发明专利有效数、每万人发明专利有效数分别为 73.50 万件、31.23 件，分别约是京津冀地区的 1.80 倍、0.85 倍（见图 5-24）。

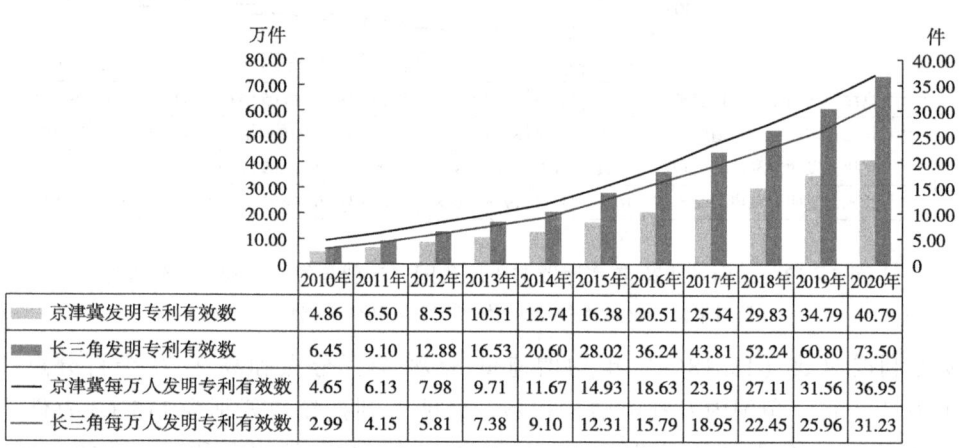

	2010年	2011年	2012年	2013年	2014年	2015年	2016年	2017年	2018年	2019年	2020年
京津冀发明专利有效数	4.86	6.50	8.55	10.51	12.74	16.38	20.51	25.54	29.83	34.79	40.79
长三角发明专利有效数	6.45	9.10	12.88	16.53	20.60	28.02	36.24	43.81	52.24	60.80	73.50
京津冀每万人发明专利有效数	4.65	6.13	7.98	9.71	11.67	14.93	18.63	23.19	27.11	31.56	36.95
长三角每万人发明专利有效数	2.99	4.15	5.81	7.38	9.10	12.31	15.79	18.95	22.45	25.96	31.23

图 5-24　2010—2020 年京津冀与长三角发明专利与每万人发明专利有效数

（资料来源：《中国科技统计年鉴》历年数据整理计算）

4. 京津冀与长三角技术合同交易情况比较

2010—2020 年，长三角地区技术输出合同金额低于京津冀地区，京津冀地区技术输出合同金额约是长三角地的 1.98 倍；长三角地区技术输出合同金额呈增加态势，年均增长约 21.96%，高于京津冀年均增速（16.57%）约 5.39 个百分点。2020 年，长三角地区技术输出合同数为 125664 项，较京津冀地区多 24060 项；技术输出合同金额为 5733.97 亿元，约是京津冀地区技术输出合同金额（7960.69 亿元）的 0.72 倍（见图 5-25）。

2010—2020 年，长三角地区技术输入合同金额远高于技术输出合同金额，呈技术净输入态势，而京津冀地区技术输出合同金额远高于技术输入合同金额，呈技术净输出态势；且长三角与京津冀地区技术输入合同金额大致与京津冀地区技术输入合同金额相当。2020 年，长三角地区技术输入合同金额为 5686.40 亿元，约是长三角技术输出合同金额的 3.59 倍，而京津冀地区技术输入合同金额为 4452.20 亿元，约是京津冀地区技术输出合同金额的 0.70 倍（见图 5-26）。

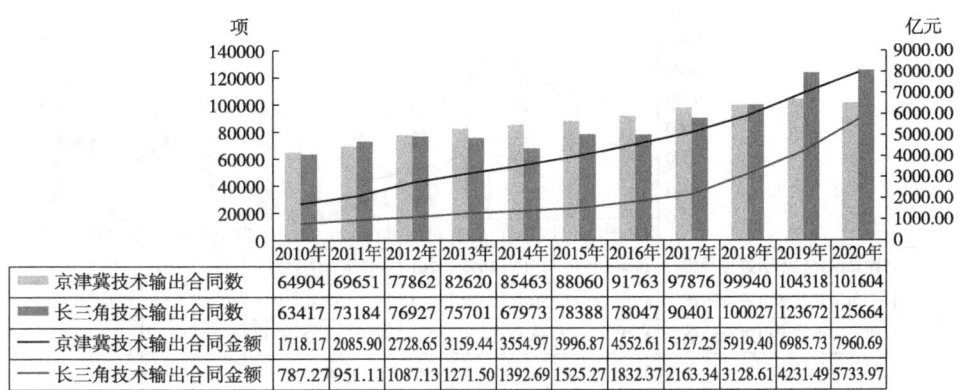

	2010年	2011年	2012年	2013年	2014年	2015年	2016年	2017年	2018年	2019年	2020年
京津冀技术输出合同数	64904	69651	77862	82620	85463	88060	91763	97876	99940	104318	101604
长三角技术输出合同数	63417	73184	76927	75701	67973	78388	78047	90401	100027	123672	125664
京津冀技术输出合同金额	1718.17	2085.90	2728.65	3159.44	3554.97	3996.87	4552.61	5127.25	5919.40	6985.73	7960.69
长三角技术输出合同金额	787.27	951.11	1087.13	1271.50	1392.69	1525.27	1832.37	2163.34	3128.61	4231.49	5733.97

图 5 – 25　2010—2020 年京津冀与长三角技术输出情况

（资料来源：根据《中国科技统计年鉴》历年数据整理计算）

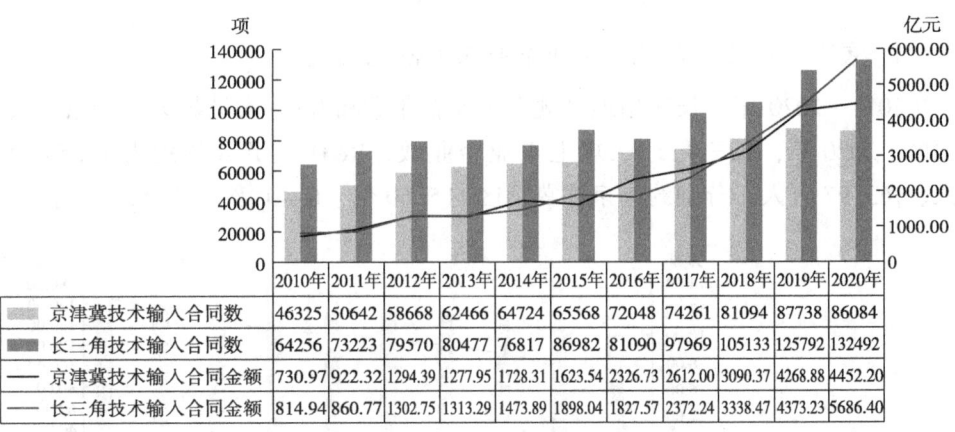

	2010年	2011年	2012年	2013年	2014年	2015年	2016年	2017年	2018年	2019年	2020年
京津冀技术输入合同数	46325	50642	58668	62466	64724	65568	72048	74261	81094	87738	86084
长三角技术输入合同数	64256	73223	79570	80477	76817	86982	81090	97969	105133	125792	132492
京津冀技术输入合同金额	730.97	922.32	1294.39	1277.95	1728.31	1623.54	2326.73	2612.00	3090.37	4268.88	4452.20
长三角技术输入合同金额	814.94	860.77	1302.75	1313.29	1473.89	1898.04	1827.57	2372.24	3338.47	4373.23	5686.40

图 5 – 26　2010—2020 年京津冀与长三角技术输入情况

（资料来源：根据《中国科技统计年鉴》历年数据整理计算）

2010—2020 年，长三角地区国外技术引进合同金额远高于京津冀地区，且长三角和京津冀地区国外技术引进合同金额均呈波动态势，占国内外技术引进合同总金额比重呈下降态势。2020 年，长三角地区国外技术引进合同金额约为 108.20 亿美元，是京津冀地区（47.83 亿美元）的 2.26 倍左右，不到长三角地区国内技术输入合同金额的 1/10，而京津冀地区国外技术引进合同金额约不到国内技术输入合同金额的 1/50（见图 5 – 27）。

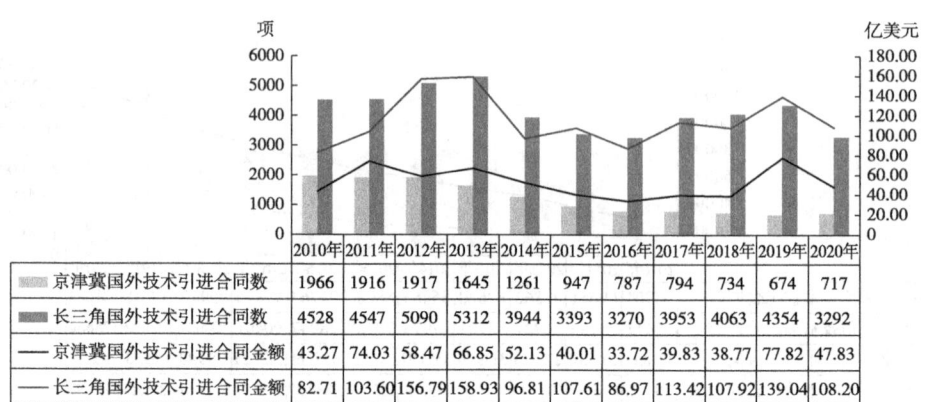

	2010年	2011年	2012年	2013年	2014年	2015年	2016年	2017年	2018年	2019年	2020年
京津冀国外技术引进合同数	1966	1916	1917	1645	1261	947	787	794	734	674	717
长三角国外技术引进合同数	4528	4547	5090	5312	3944	3393	3270	3953	4063	4354	3292
京津冀国外技术引进合同金额	43.27	74.03	58.47	66.85	52.13	40.01	33.72	39.83	38.77	77.82	47.83
长三角国外技术引进合同金额	82.71	103.60	156.79	158.93	96.81	107.61	86.97	113.42	107.92	139.04	108.20

图 5 – 27　2010—2020 年京津冀与长三角国外技术引进情况

（资料来源：根据《中国科技统计年鉴》历年数据整理计算）

（二）京津冀与长三角规上工业企业情况比较

1. 京津冀与长三角规上工业企业基本情况比较

2011—2020 年，长三角地区规上工业企业数和 R&D 人员数远高于京津冀地区。2020 年，长三角地区规上工业企业数、R&D 人员数分别为 12.54 万家、163.97 万人，分别约是京津冀地区的 5.60 倍、6.40 倍（见图 5 – 28）。

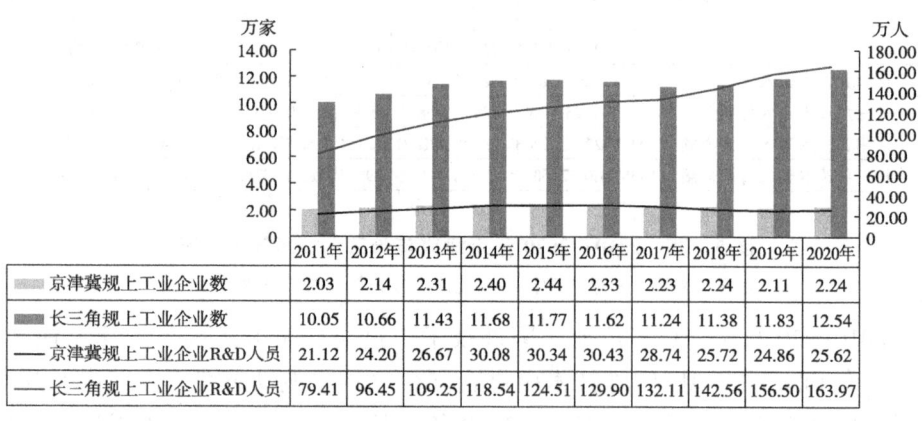

	2011年	2012年	2013年	2014年	2015年	2016年	2017年	2018年	2019年	2020年
京津冀规上工业企业数	2.03	2.14	2.31	2.40	2.44	2.33	2.23	2.24	2.11	2.24
长三角规上工业企业数	10.05	10.66	11.43	11.68	11.77	11.62	11.24	11.38	11.83	12.54
京津冀规上工业企业R&D人员	21.12	24.20	26.67	30.08	30.34	30.43	28.74	25.72	24.86	25.62
长三角规上工业企业R&D人员	79.41	96.45	109.25	118.54	124.51	129.90	132.11	142.56	156.50	163.97

图 5 – 28　2011—2020 年京津冀与长三角规上工业企业基本情况

（资料来源：根据《中国科技统计年鉴》历年数据整理计算）

2. 京津冀与长三角规上工业企业 R&D 情况比较

2011—2020 年，长三角地区规上工业企业 R&D 人员全时当量、R&D 经费内部支出均高于京津冀地区。2020 年，长三角地区规上工业企业 R&D 人员全时当量、R&D 经费内部支出分别为 124.72 万人年、5052.02 亿元，分别约是京津冀地区的 7.02 倍、4.99 倍（见图 5-29）。

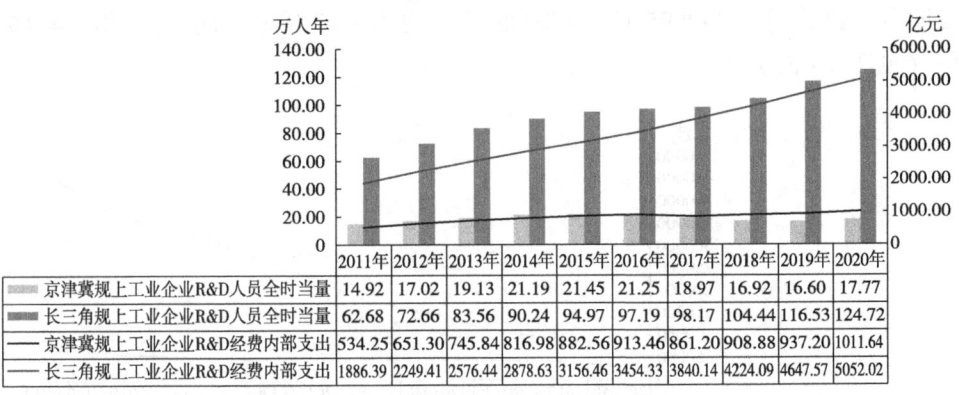

	2011年	2012年	2013年	2014年	2015年	2016年	2017年	2018年	2019年	2020年
京津冀规上工业企业R&D人员全时当量	14.92	17.02	19.13	21.19	21.45	21.25	18.97	16.92	16.60	17.77
长三角规上工业企业R&D人员全时当量	62.68	72.66	83.56	90.24	94.97	97.19	98.17	104.44	116.53	124.72
京津冀规上工业企业R&D经费内部支出	534.25	651.30	745.84	816.98	882.56	913.46	861.20	908.88	937.20	1011.64
长三角规上工业企业R&D经费内部支出	1886.39	2249.41	2576.44	2878.63	3156.46	3454.33	3840.14	4224.09	4647.57	5052.02

图 5-29　2011—2020 年京津冀与长三角规上工业企业 R&D 情况

（资料来源：根据《中国科技统计年鉴》历年数据整理计算）

3. 京津冀与长三角规上工业企业新产品开发与生产情况比较

2011—2020 年，长三角地区规上工业企业新产品开发经费和销售收入均远高于京津冀地区。2020 年，长三角地区规上工业企业新产品开发经费、新产品销售收入分别为 6206.01 亿元、89958.94 亿元，分别约为京津冀地区的 4.95 倍、5.48 倍（见图 5-30）。

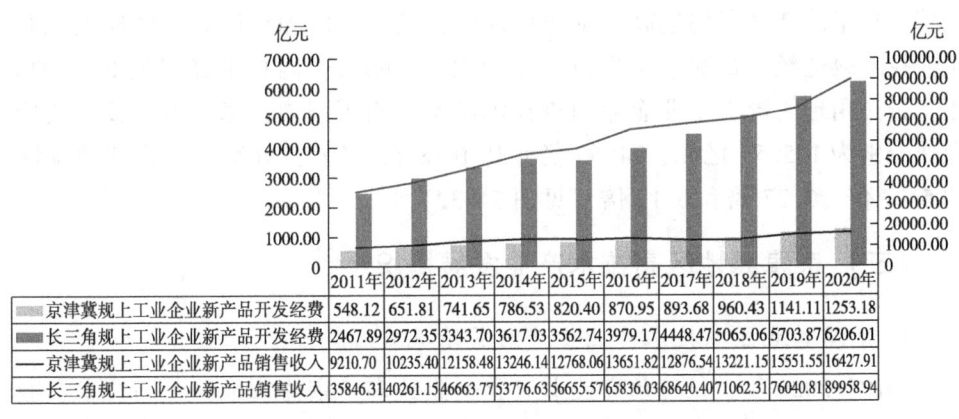

	2011年	2012年	2013年	2014年	2015年	2016年	2017年	2018年	2019年	2020年
京津冀规上工业企业新产品开发经费	548.12	651.81	741.65	786.53	820.40	870.95	893.68	960.43	1141.11	1253.18
长三角规上工业企业新产品开发经费	2467.89	2972.35	3343.70	3617.03	3562.74	3979.17	4448.47	5065.06	5703.87	6206.01
京津冀规上工业企业新产品销售收入	9210.70	10235.40	12158.48	13246.14	12768.06	13651.82	12876.54	13221.15	15551.55	16427.91
长三角规上工业企业新产品销售收入	35846.31	40261.15	46663.77	53776.63	56655.57	65836.03	68640.40	71062.31	76040.81	89958.94

图 5-30　2011—2020 年京津冀与长三角规上工业企业新产品开发情况

（资料来源：根据《中国科技统计年鉴》历年数据整理计算）

4. 京津冀与长三角规上工业企业专利情况比较

2011—2020 年，长三角地区规上工业企业专利申请数和有效发明专利数均远高于京津冀地区。2020 年，长三角地区规上工业企业专利申请数、有效发明专利数分别为 442695 件、450285 件，约为京津冀地区的 6.42 倍、4.16 倍（见图 5 - 31）。

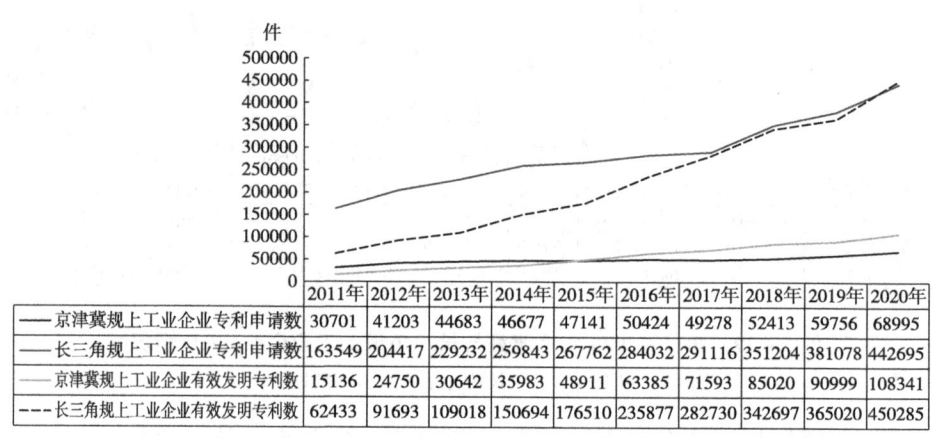

	2011年	2012年	2013年	2014年	2015年	2016年	2017年	2018年	2019年	2020年
京津冀规上工业企业专利申请数	30701	41203	44683	46677	47141	50424	49278	52413	59756	68995
长三角规上工业企业专利申请数	163549	204417	229232	259843	267762	284032	291116	351204	381078	442695
京津冀规上工业企业有效发明专利数	15136	24750	30642	35983	48911	63385	71593	85020	90999	108341
长三角规上工业企业有效发明专利数	62433	91693	109018	150694	176510	235877	282730	342697	365020	450285

图 5 - 31　2011—2020 年京津冀与长三角规上工业企业专利情况

（资料来源：根据《中国科技统计年鉴》历年数据整理计算）

5. 京津冀与长三角规上工业企业技术获取及技术改造情况比较

2011—2020 年，长三角地区规上工业企业引进技术经费、购买国内技术经费、技术改造经费均远高于京津冀地区，且长三角和京津冀地区规上工业企业技术改造经费最高、引进技术经费次之、购买国内技术经费最低。2020年，长三角地区规上工业企业引进技术经费、购买国内技术经费、技术改造经费分别为 135.57 亿元、74.66 亿元和 1018.62 亿元，分别约是京津冀地区的 5.77 倍、2.27 倍和 6.13 倍（见图 5 - 32）。

（三）京津冀地区高技术产业发展概况

1. 京津冀地区高技术产业生产经营情况

2010—2020 年，长三角高技术产业企业数多于京津冀地区，高技术产业主营业务收入和利润均远高于京津冀地区。2020 年，长三角高技术产业企业共 12492 家，是京津冀高技术企业数（2178 家）的 5.74 倍，高技术产业主营业务收入、高技术产业利润分别为 50201.3 亿元、3593.47 亿元，分别约是京

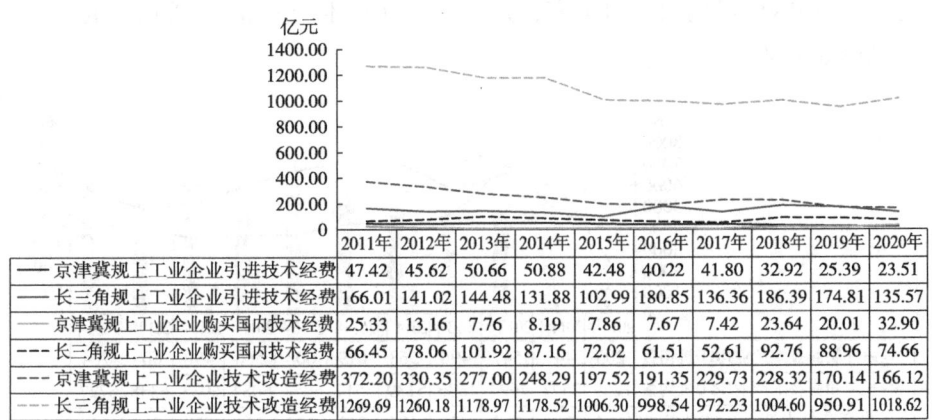

亿元	2011年	2012年	2013年	2014年	2015年	2016年	2017年	2018年	2019年	2020年
—— 京津冀规上工业企业引进技术经费	47.42	45.62	50.66	50.88	42.48	40.22	41.80	32.92	25.39	23.51
—— 长三角规上工业企业引进技术经费	166.01	141.02	144.48	131.88	102.99	180.85	136.36	186.39	174.81	135.57
—— 京津冀规上工业企业购买国内技术经费	25.33	13.16	7.76	8.19	7.86	7.67	7.42	23.64	20.01	32.90
--- 长三角规上工业企业购买国内技术经费	66.45	78.06	101.92	87.16	72.02	61.51	52.61	92.76	88.96	74.66
--- 京津冀规上工业企业技术改造经费	372.20	330.35	277.00	248.29	197.52	191.35	229.73	228.32	170.14	166.12
--- 长三角规上工业企业技术改造经费	1269.69	1260.18	1178.97	1178.52	1006.30	998.54	972.23	1004.60	950.91	1018.62

图 5 – 32　2011—2020 年京津冀与长三角规上工业企业技术获取及改造情况

（资料来源：根据《中国科技统计年鉴》历年数据整理计算）

津冀地区高技术产业主营业务收入（11221.3 亿元）、高技术产业利润
（970.88 亿元）的 4.47 倍、3.70 倍（见图 5 – 33）。

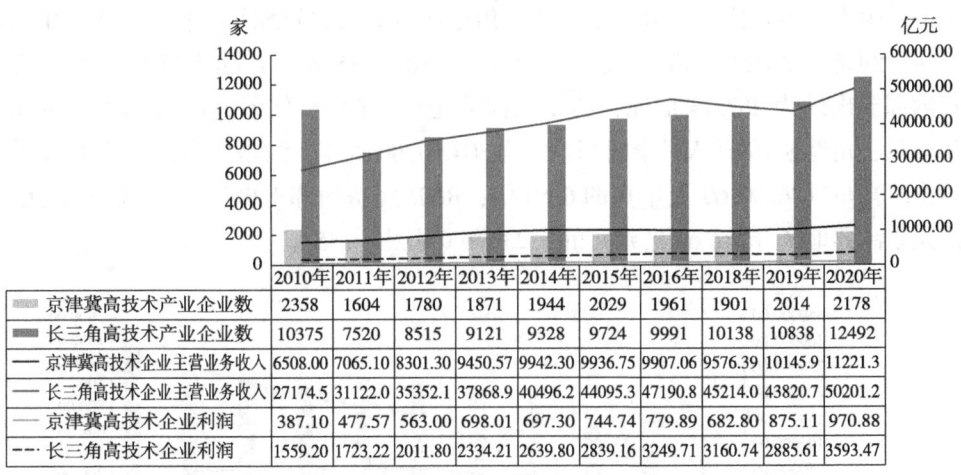

家	2010年	2011年	2012年	2013年	2014年	2015年	2016年	2018年	2019年	2020年
京津冀高技术产业企业数	2358	1604	1780	1871	1944	2029	1961	1901	2014	2178
长三角高技术产业企业数	10375	7520	8515	9121	9328	9724	9991	10138	10838	12492
—— 京津冀高技术企业主营业务收入	6508.00	7065.10	8301.30	9450.57	9942.30	9936.75	9907.06	9576.39	10145.9	11221.3
—— 长三角高技术企业主营业务收入	27174.5	31122.0	35352.1	37868.9	40496.2	44095.3	47190.8	45214.0	43820.7	50201.2
—— 京津冀高技术企业利润	387.10	477.57	563.00	698.01	697.30	744.74	779.89	682.80	875.11	970.88
--- 长三角高技术企业利润	1559.20	1723.22	2011.80	2334.21	2639.80	2839.16	3249.71	3160.74	2885.61	3593.47

图 5 – 33　2010—2020 年京津冀与长三角高技术产业生产经营情况

（资料来源：根据《中国科技统计年鉴》历年数据整理计算）

2. 京津冀地区高技术产业 R&D 活动情况

2010—2020 年，长三角地区高技术产业 R&D 机构数远超京津冀地区，除
个别年份外，北京市高技术产业 R&D 机构数也多于上海市。2020 年，长三角
地区高技术产业 R&D 机构数为 6727 家，约是京津冀地区的 9.56 倍；上海市

高技术产业 R&D 机构数为 184 家，是北京市高技术产业 R&D 机构数的 3/4 左右（见图 5-34）。

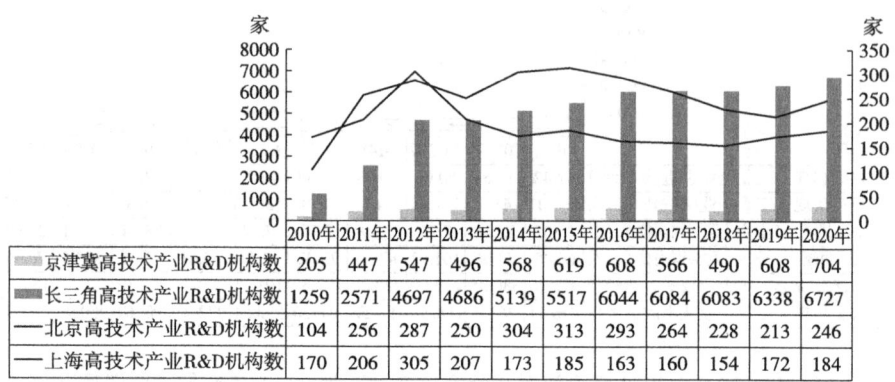

	2010年	2011年	2012年	2013年	2014年	2015年	2016年	2017年	2018年	2019年	2020年
京津冀高技术产业R&D机构数	205	447	547	496	568	619	608	566	490	608	704
长三角高技术产业R&D机构数	1259	2571	4697	4686	5139	5517	6044	6084	6083	6338	6727
北京高技术产业R&D机构数	104	256	287	250	304	313	293	264	228	213	246
上海高技术产业R&D机构数	170	206	305	207	173	185	163	160	154	172	184

图 5-34　2010—2020 年京津冀与长三角高技术产业 R&D 机构数

（资料来源：根据《中国科技统计年鉴》历年数据整理计算）

2010—2020 年，长三角与京津冀地区 R&D 人员全时当量和 R&D 经费内部支出的差距先缩小后拉大。2010 年，长三角地区 R&D 人员全时当量约为 114950.95 人年，约是京津冀地区 R&D 人员全时当量（21822.35 人年）的 5.27 倍；R&D 经费内部支出约为 267.14 亿元，约是京津冀地区（67.98 亿元）的 3.93 倍；2020 年，长三角地区 R&D 人员全时当量约为 304207.90 人年，约是京津冀地区 R&D 人员全时当量（46830.60 人年）的 6.50 倍；R&D 经费内部支出约为 1478.05 亿元，约是京津冀地区（282.66 亿元）的 5.23 倍（见图 5-35）。

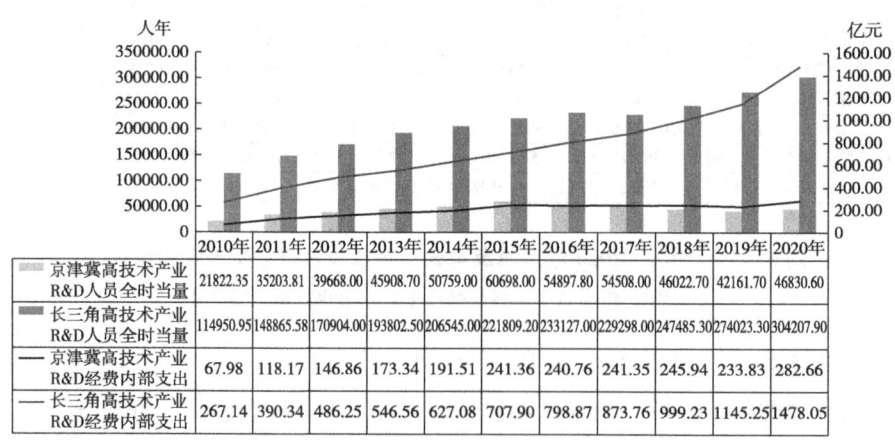

	2010年	2011年	2012年	2013年	2014年	2015年	2016年	2017年	2018年	2019年	2020年
京津冀高技术产业R&D人员全时当量	21822.35	35203.81	39668.00	45908.70	50759.00	60698.00	54897.80	54508.00	46022.70	42161.70	46830.60
长三角高技术产业R&D人员全时当量	114950.95	148865.58	170904.00	193802.50	206545.00	221809.20	233127.00	229298.00	247485.30	274023.30	304207.90
京津冀高技术产业R&D经费内部支出	67.98	118.17	146.86	173.34	191.51	241.36	240.76	241.35	245.94	233.83	282.66
长三角高技术产业R&D经费内部支出	267.14	390.34	486.25	546.56	627.08	707.90	798.87	873.76	999.23	1145.25	1478.05

图 5-35　2010—2020 年京津冀与长三角高技术产业 R&D 人员和经费情况

（资料来源：根据《中国科技统计年鉴》历年数据整理计算）

2010—2020 年，长三角与京津冀地区高技术产业 R&D 项目数相对差距逐渐拉大，而 R&D 项目经费相对差距呈波动态势。2020 年，长三角地区高技术产业 R&D 项目数、R&D 项目经费分别为 56288 个、1710.90 亿元，分别约是京津冀地区的 4.28 倍、4.36 倍（见图 5 - 36）。

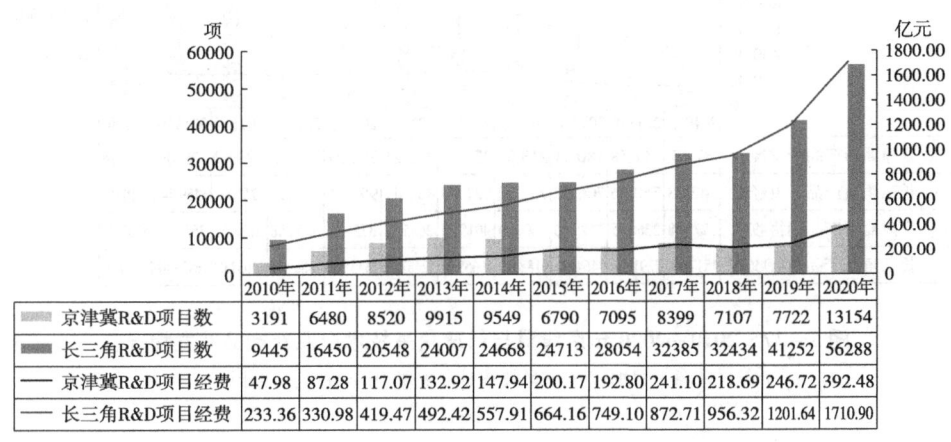

	2010年	2011年	2012年	2013年	2014年	2015年	2016年	2017年	2018年	2019年	2020年
京津冀R&D项目数	3191	6480	8520	9915	9549	6790	7095	8399	7107	7722	13154
长三角R&D项目数	9445	16450	20548	24007	24668	24713	28054	32385	32434	41252	56288
京津冀R&D项目经费	47.98	87.28	117.07	132.92	147.94	200.17	192.80	241.10	218.69	246.72	392.48
长三角R&D项目经费	233.36	330.98	419.47	492.42	557.91	664.16	749.10	872.71	956.32	1201.64	1710.90

图 5 - 36　2010—2020 年京津冀与长三角高技术产业 R&D 项目情况

（资料来源：根据《中国科技统计年鉴》历年数据整理计算）

3. 京津冀地区高技术产业新产品开发与生产情况

2010—2020 年，长三角地区新产品开发经费、新产品销售收入增幅超过京津冀地区，年均增速分别约为 17.46%、16.84%，较京津冀地区分别高 1.26 个、10.67 个百分点。2020 年，长三角地区新产品开发经费、新产品销售收入分别为 1710.90 亿元、21421.59 亿元，分别约是京津冀地区的 4.36 倍、5.16 倍（见图 5 - 37）。

4. 京津冀地区高技术产业专利情况

2010—2020 年，长三角地区高技术产业申请发明专利数、有效发明专利数均高于京津冀地区。2020 年，长三角地区高技术产业申请发明专利数、有效发明专利数分别为 47446 件、130548 件，分别约是京津冀地区的 4.36 倍、3.08 倍（见图 5 - 38）。

5. 京津冀地区高技术产业技术获取及技术改造情况

2010—2020 年，除 2010 年外，长三角地区高技术产业技术引进经费高于京津冀地区，且与京津冀地区高技术产业技术引进经费下降的变化趋势大致

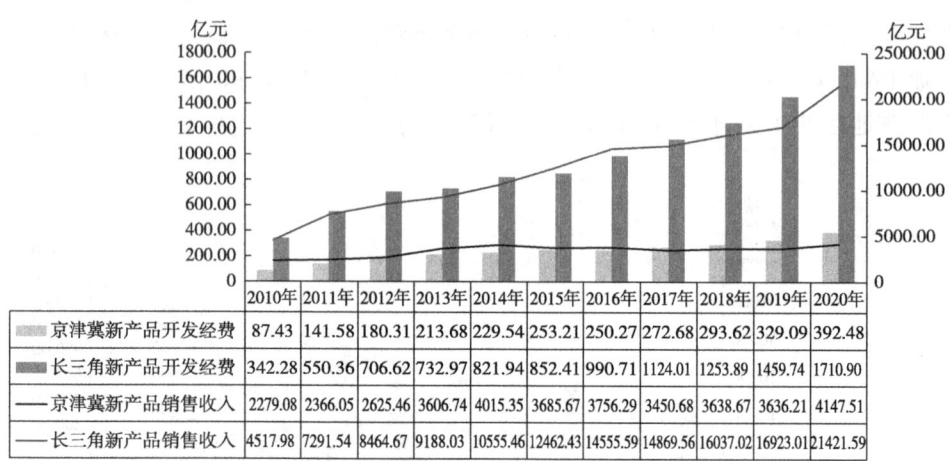

	2010年	2011年	2012年	2013年	2014年	2015年	2016年	2017年	2018年	2019年	2020年
京津冀新产品开发经费	87.43	141.58	180.31	213.68	229.54	253.21	250.27	272.68	293.62	329.09	392.48
长三角新产品开发经费	342.28	550.36	706.62	732.97	821.94	852.41	990.71	1124.01	1253.89	1459.74	1710.90
京津冀新产品销售收入	2279.08	2366.05	2625.46	3606.74	4015.35	3685.67	3756.29	3450.68	3638.67	3636.21	4147.51
长三角新产品销售收入	4517.98	7291.54	8464.67	9188.03	10555.46	12462.43	14555.59	14869.56	16037.02	16923.01	21421.59

图 5 – 37　2010—2020 年京津冀与长三角高技术产业新产品开发情况

（资料来源：根据《中国科技统计年鉴》历年数据整理计算）

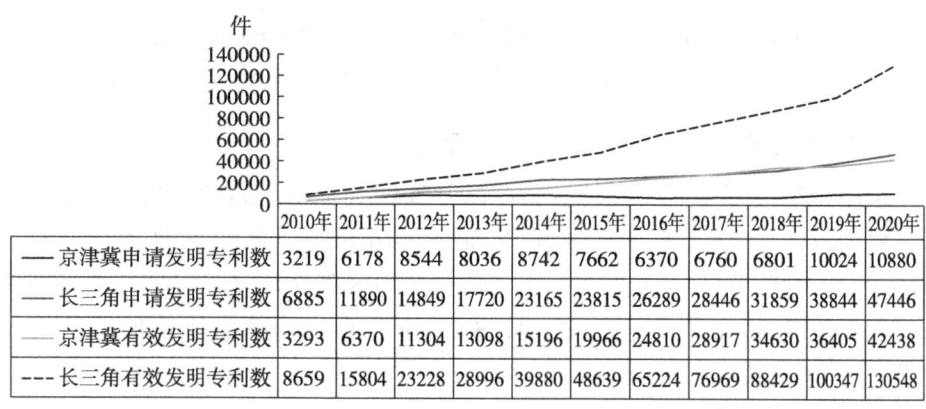

	2010年	2011年	2012年	2013年	2014年	2015年	2016年	2017年	2018年	2019年	2020年
京津冀申请发明专利数	3219	6178	8544	8036	8742	7662	6370	6760	6801	10024	10880
长三角申请发明专利数	6885	11890	14849	17720	23165	23815	26289	28446	31859	38844	47446
京津冀有效发明专利数	3293	6370	11304	13098	15196	19966	24810	28917	34630	36405	42438
长三角有效发明专利数	8659	15804	23228	28996	39880	48639	65224	76969	88429	100347	130548

图 5 – 38　2010—2020 年京津冀与长三角高技术产业专利情况

（资料来源：根据《中国科技统计年鉴》历年数据整理计算）

相同；与京津冀地区购买国内技术经费增长态势有所区别，长三角地区呈波动态势；与京津冀地区技术改造经费下降态势不同，长三角地区呈增加态势。2020 年，长三角地区高技术产业技术引进经费、购买国内技术经费、技术改造经费分别为 11.82 亿元、13.63 亿元和 163.66 亿元，分别为京津冀地区的 2.82 倍、0.55 倍和 28.37 倍（见图 5 – 39）。

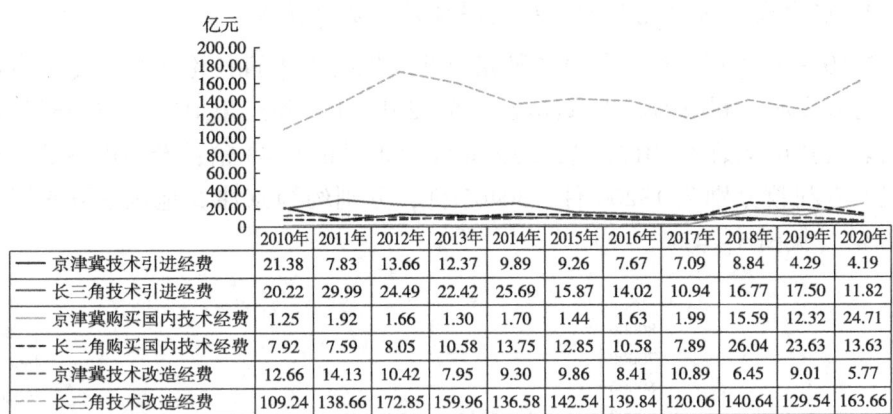

	2010年	2011年	2012年	2013年	2014年	2015年	2016年	2017年	2018年	2019年	2020年
京津冀技术引进经费	21.38	7.83	13.66	12.37	9.89	9.26	7.67	7.09	8.84	4.29	4.19
长三角技术引进经费	20.22	29.99	24.49	22.42	25.69	15.87	14.02	10.94	16.77	17.50	11.82
京津冀购买国内技术经费	1.25	1.92	1.66	1.30	1.70	1.44	1.63	1.99	15.59	12.32	24.71
长三角购买国内技术经费	7.92	7.59	8.05	10.58	13.75	12.85	10.58	7.89	26.04	23.63	13.63
京津冀技术改造经费	12.66	14.13	10.42	7.95	9.30	9.86	8.41	10.89	6.45	9.01	5.77
长三角技术改造经费	109.24	138.66	172.85	159.96	136.58	142.54	139.84	120.06	140.64	129.54	163.66

图 5 - 39 2010—2020 年京津冀与长三角高技术产业技术获取及改造情况

（资料来源：根据《中国科技统计年鉴》历年数据整理计算）

（四）京津冀地区研究与开发机构概况

1. 京津冀地区研究与开发机构 R&D 活动情况

2010—2019 年，长三角地区研究与开发机构 R&D 人员全时当量和 R&D 经费内部支出均低于京津冀地区。2019 年，长三角地区研究与开发机构 R&D 人员全时当量、R&D 经费内部支出分别为 7.84 万人年、683.12 亿元，分别约是京津冀地区的 0.61 倍、0.62 倍（见图 5 - 40）。

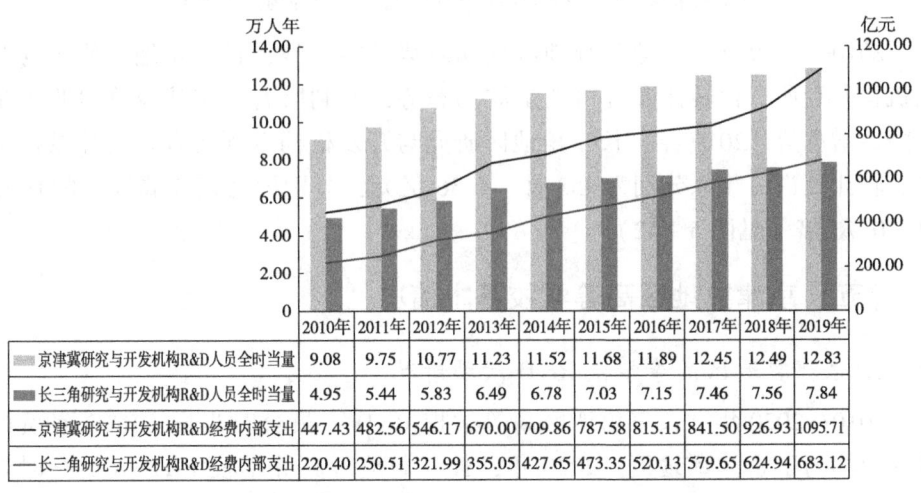

	2010年	2011年	2012年	2013年	2014年	2015年	2016年	2017年	2018年	2019年
京津冀研究与开发机构R&D人员全时当量	9.08	9.75	10.77	11.23	11.52	11.68	11.89	12.45	12.49	12.83
长三角研究与开发机构R&D人员全时当量	4.95	5.44	5.83	6.49	6.78	7.03	7.15	7.46	7.56	7.84
京津冀研究与开发机构R&D经费内部支出	447.43	482.56	546.17	670.00	709.86	787.58	815.15	841.50	926.93	1095.71
长三角研究与开发机构R&D经费内部支出	220.40	250.51	321.99	355.05	427.65	473.35	520.13	579.65	624.94	683.12

图 5 - 40 2010—2019 年京津冀与长三角研究与开发机构 R&D 情况

（资料来源：根据《中国科技统计年鉴》历年数据整理计算）

2. 京津冀地区研究与开发机构科技活动成果情况

2010—2019 年，长三角地区研究与开发机构发表科技论文数、专利申请数、有效发明专利数均低于京津冀地区。2019 年，长三角地区研究与开发机构发表科技论文数为 30179 篇，约为京津冀地区的 0.43 倍；专利申请数、有效发明专利数分别为 13206 件、30463 件，分别约为京津冀地区的 0.65 倍、0.50 倍（见图 5 - 41）。

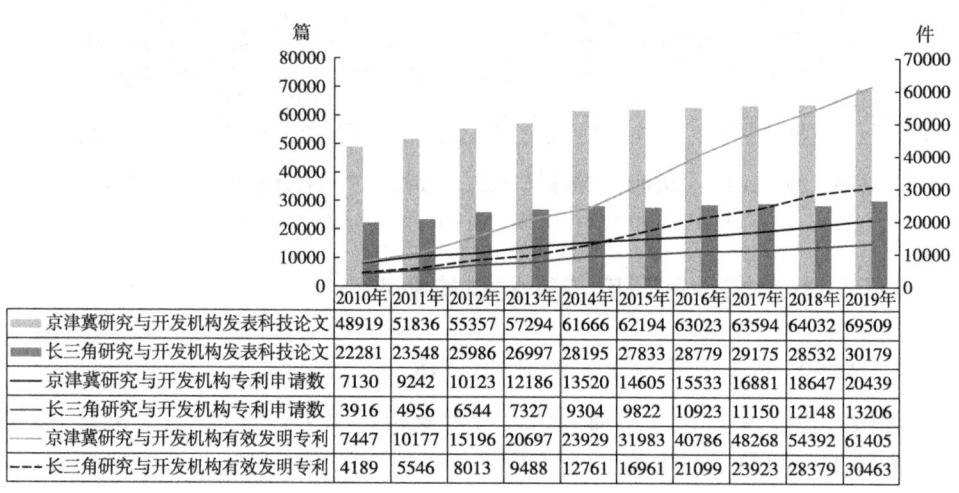

	2010年	2011年	2012年	2013年	2014年	2015年	2016年	2017年	2018年	2019年
京津冀研究与开发机构发表科技论文	48919	51836	55357	57294	61666	62194	63023	63594	64032	69509
长三角研究与开发机构发表科技论文	22281	23548	25986	26997	28195	27833	28779	29175	28532	30179
京津冀研究与开发机构专利申请数	7130	9242	10123	12186	13520	14605	15533	16881	18647	20439
长三角研究与开发机构专利申请数	3916	4956	6544	7327	9304	9822	10923	11150	12148	13206
京津冀研究与开发机构有效发明专利	7447	10177	15196	20697	23929	31983	40786	48268	54392	61405
长三角研究与开发机构有效发明专利	4189	5546	8013	9488	12761	16961	21099	23923	28379	30463

图 5 - 41　2010—2019 年京津冀与长三角研究与开发机构科技活动成果

（资料来源：根据《中国科技统计年鉴》历年数据整理计算）

2010—2019 年，与京津冀地区变动态势基本一致，长三角地区研究与开发机构专利所有权转让及许可数呈波动态势，专利所有权转让及许可收入呈先降后增态势。2019 年，长三角地区研究与开发机构专利所有权转让及许可数、转让及许可收入分别为 453 件、4.36 亿元，分别约为京津冀地区的 0.32 倍、0.76 倍（见图 5 - 42）。

（五）京津冀地区高等学校基本情况

1. 京津冀地区高等学校 R&D 活动情况

2010—2020 年，长三角地区高等学校 R&D 人员全时当量、R&D 经费内部支出均高于京津冀地区。2020 年，长三角地区高等学校 R&D 人员全时当量、R&D 经费内部支出分别为 14.28 万人年、481.99 亿元，分别约为京津冀地区的 1.41 倍、1.38 倍（见图 5 - 43）。

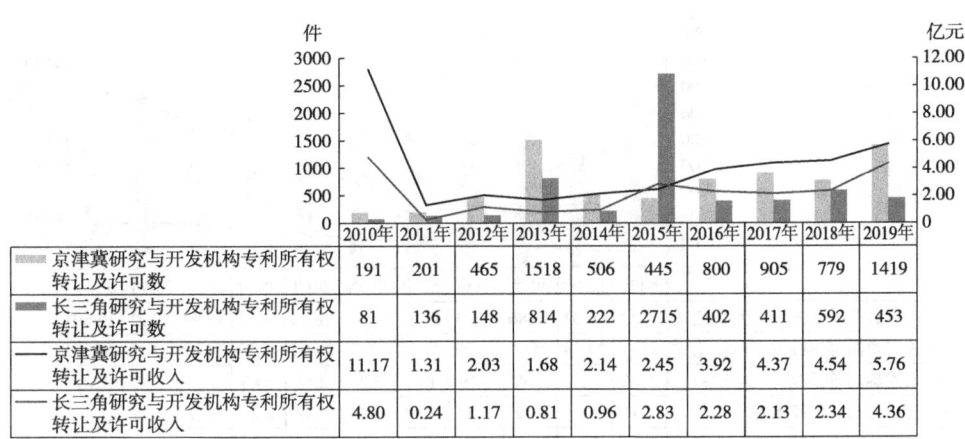

	2010年	2011年	2012年	2013年	2014年	2015年	2016年	2017年	2018年	2019年
京津冀研究与开发机构专利所有权转让及许可数	191	201	465	1518	506	445	800	905	779	1419
长三角研究与开发机构专利所有权转让及许可数	81	136	148	814	222	2715	402	411	592	453
京津冀研究与开发机构专利所有权转让及许可收入	11.17	1.31	2.03	1.68	2.14	2.45	3.92	4.37	4.54	5.76
长三角研究与开发机构专利所有权转让及许可收入	4.80	0.24	1.17	0.81	0.96	2.83	2.28	2.13	2.34	4.36

图 5 – 42　2010—2019 年京津冀与长三角研究与开发机构专利转让情况

（资料来源：根据《中国科技统计年鉴》历年数据整理计算）

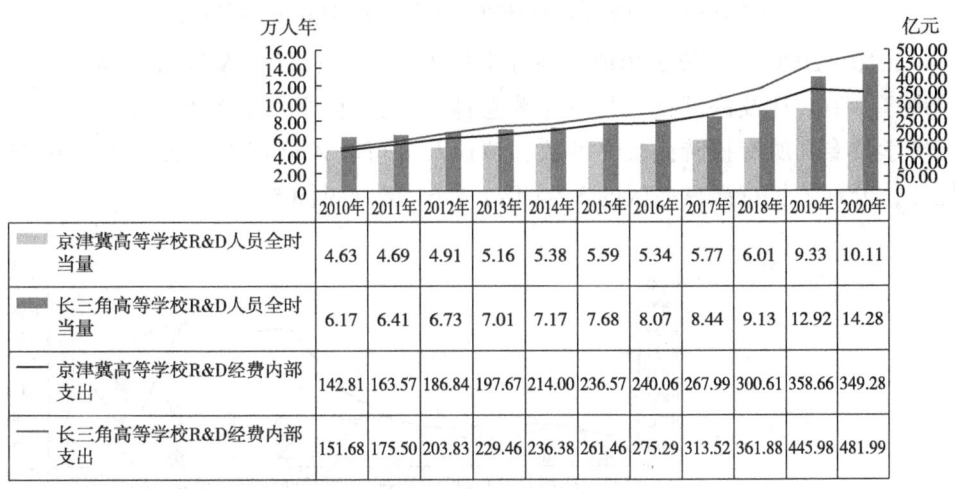

	2010年	2011年	2012年	2013年	2014年	2015年	2016年	2017年	2018年	2019年	2020年
京津冀高等学校R&D人员全时当量	4.63	4.69	4.91	5.16	5.38	5.59	5.34	5.77	6.01	9.33	10.11
长三角高等学校R&D人员全时当量	6.17	6.41	6.73	7.01	7.17	7.68	8.07	8.44	9.13	12.92	14.28
京津冀高等学校R&D经费内部支出	142.81	163.57	186.84	197.67	214.00	236.57	240.06	267.99	300.61	358.66	349.28
长三角高等学校R&D经费内部支出	151.68	175.50	203.83	229.46	236.38	261.46	275.29	313.52	361.88	445.98	481.99

图 5 – 43　2010—2020 年京津冀与长三角高等学校 R&D 情况

（资料来源：根据《中国科技统计年鉴》历年数据整理计算）

2. 京津冀地区高等学校科技活动成果情况

2010—2020 年，长三角地区高等学校发表科技论文数、专利申请数、有效发明专利数均高于京津冀地区。2020 年，长三角地区高等学校发表科技论文数、专利申请数、有效发明专利数分别为 35.27 万篇、10.25 万件和 14.83 万件，分别约为京津冀地区的 1.80 倍、3.03 倍和 1.71 倍（见图 5 – 44）。

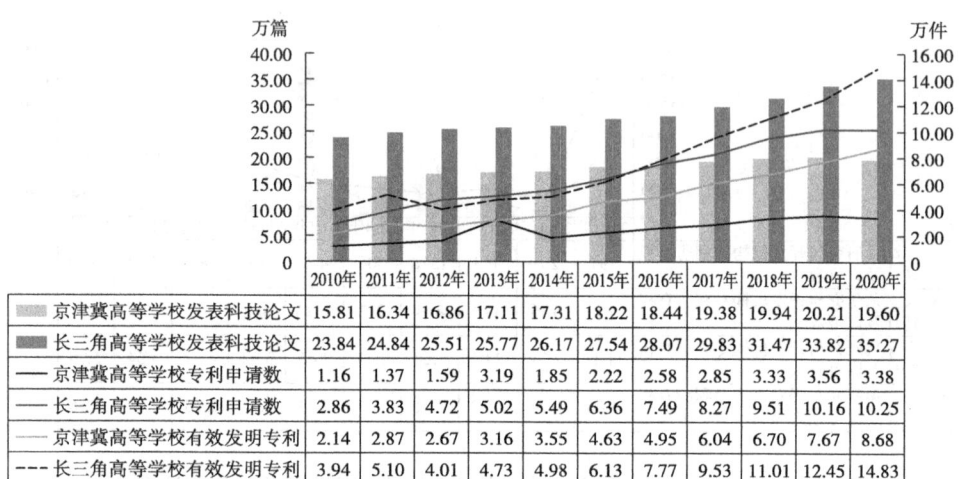

	2010年	2011年	2012年	2013年	2014年	2015年	2016年	2017年	2018年	2019年	2020年
京津冀高等学校发表科技论文	15.81	16.34	16.86	17.11	17.31	18.22	18.44	19.38	19.94	20.21	19.60
长三角高等学校发表科技论文	23.84	24.84	25.51	25.77	26.17	27.54	28.07	29.83	31.47	33.82	35.27
京津冀高等学校专利申请数	1.16	1.37	1.59	3.19	1.85	2.22	2.58	2.85	3.33	3.56	3.38
长三角高等学校专利申请数	2.86	3.83	4.72	5.02	5.49	6.36	7.49	8.27	9.51	10.16	10.25
京津冀高等学校有效发明专利	2.14	2.87	2.67	3.16	3.55	4.63	4.95	6.04	6.70	7.67	8.68
长三角高等学校有效发明专利	3.94	5.10	4.01	4.73	4.98	6.13	7.77	9.53	11.01	12.45	14.83

图 5 – 44　2010—2020 年京津冀与长三角高等学校科技活动成果

（资料来源：根据《中国科技统计年鉴》历年数据整理计算）

2010—2020 年，长三角地区高等学校专利所有权转让及许可数高于京津冀地区，但转让及许可收入与京津冀总体上大致相当。2020 年，长三角地区高等学校专利所有权转让及许可数、转让及许可收入分别为 6903.0 件、6.55 亿元，分别约是京津冀地区的 3.94 倍、1.61 倍（见图 5 – 45）。

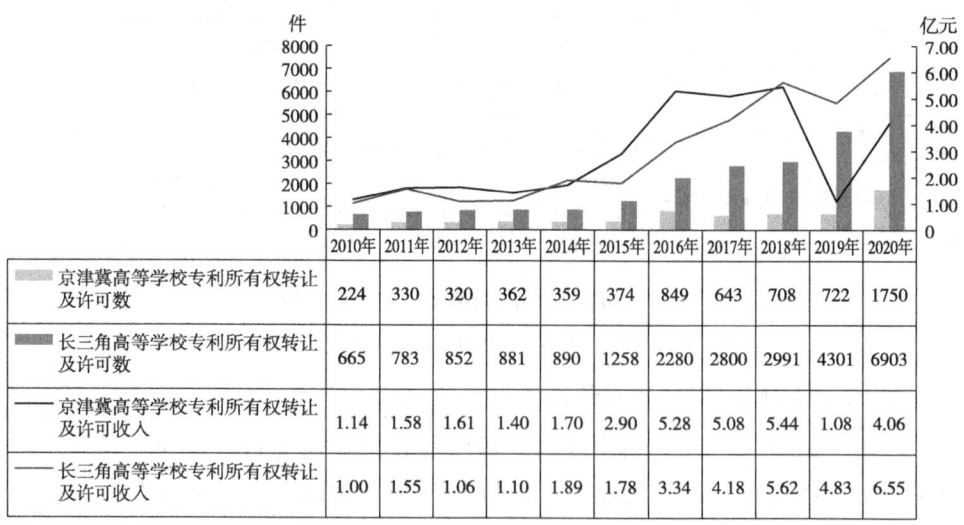

	2010年	2011年	2012年	2013年	2014年	2015年	2016年	2017年	2018年	2019年	2020年
京津冀高等学校专利所有权转让及许可数	224	330	320	362	359	374	849	643	708	722	1750
长三角高等学校专利所有权转让及许可数	665	783	852	881	890	1258	2280	2800	2991	4301	6903
京津冀高等学校专利所有权转让及许可收入	1.14	1.58	1.61	1.40	1.70	2.90	5.28	5.08	5.44	1.08	4.06
长三角高等学校专利所有权转让及许可收入	1.00	1.55	1.06	1.10	1.89	1.78	3.34	4.18	5.62	4.83	6.55

图 5 – 45　2010—2020 年京津冀与长三角高等学校专利转让情况

（资料来源：根据《中国科技统计年鉴》历年数据整理计算）

（六）京津冀地区科学普及活动情况

1. 京津冀地区科普人员情况

2010—2020 年，与京津冀地区类似，长三角地区科普兼职人员多于科普专职人员，且长三角地区科普专职人员和兼职人员数均多于京津冀地区。2020 年，长三角地区科普专职人员、科普兼职人员分别为 36957 人、341909 人，约是京津冀地区科普专职人员（27322 人）、科普兼职人员（137909 人）的 1.35 倍、2.48 倍；长三角地区科普兼职人员约是其科普专职人员的 9.25 倍，而京津冀地区则是 5.05 倍左右（见图 5 – 46）。

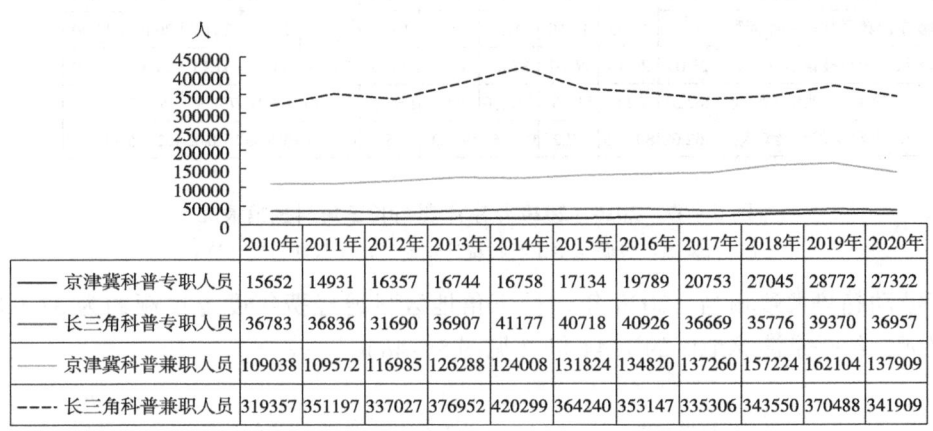

图 5 – 46 2010—2020 年京津冀与长三角地区科普人员情况

（资料来源：根据《中国科技统计年鉴》历年数据整理计算）

2. 京津冀地区科技馆情况

2010—2020 年，长三角地区科技馆建筑面积、科技馆展厅面积，以及当年参观人次均高于京津冀地区。2020 年，长三角科技馆建筑面积、科技馆展厅面积，以及当年参观人次分别为 83.79 万平方米、40.59 万平方米和 982.57 万人次，分别约是京津冀地区科技馆建筑面积（43.15 万平方米）、科技馆展厅面积（22.90 万平方米），以及当年参观人次（198.75 万人次）的 1.94 倍、1.77 倍和 4.94 倍（见图 5 – 47）。

3. 京津冀地区科普经费

2010—2020 年，长三角地区科普经费年度筹集额高于京津冀地区，且两

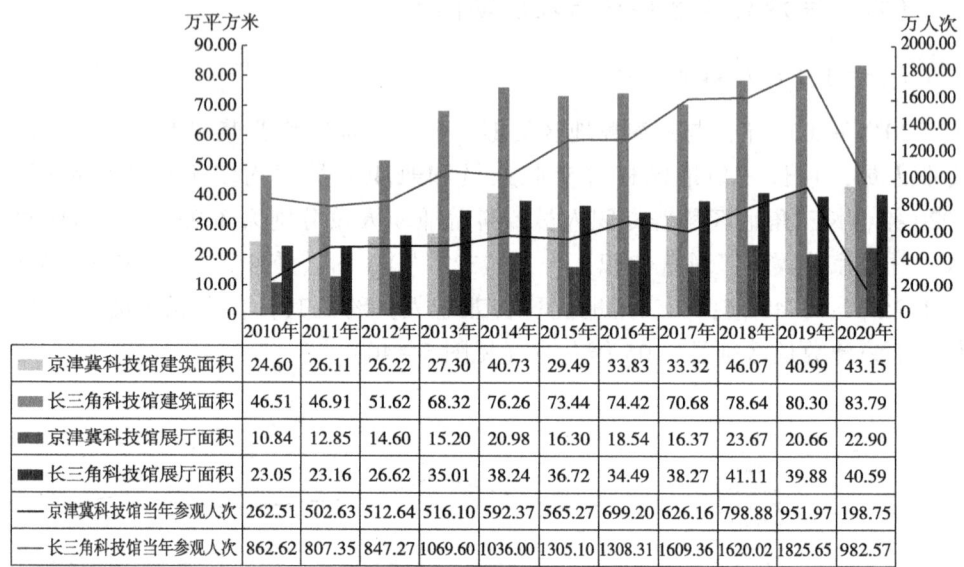

	2010年	2011年	2012年	2013年	2014年	2015年	2016年	2017年	2018年	2019年	2020年
京津冀科技馆建筑面积	24.60	26.11	26.22	27.30	40.73	29.49	33.83	33.32	46.07	40.99	43.15
长三角科技馆建筑面积	46.51	46.91	51.62	68.32	76.26	73.44	74.42	70.68	78.64	80.30	83.79
京津冀科技馆展厅面积	10.84	12.85	14.60	15.20	20.98	16.30	18.54	16.37	23.67	20.66	22.90
长三角科技馆展厅面积	23.05	23.16	26.62	35.01	38.24	36.72	34.49	38.27	41.11	39.88	40.59
京津冀科技馆当年参观人次	262.51	502.63	512.64	516.10	592.37	565.27	699.20	626.16	798.88	951.97	198.75
长三角科技馆当年参观人次	862.62	807.35	847.27	1069.60	1036.00	1305.10	1308.31	1609.36	1620.02	1825.65	982.57

图 5 - 47　2010—2020 年京津冀与长三角科技馆情况

(资料来源：根据《中国科技统计年鉴》历年数据整理计算)

者波动趋势大致相当。2020 年，长三角地区科普经费年度筹集额约为 38.93
亿元，约是京津冀地区的 1.44 倍（见图 5 - 48）。

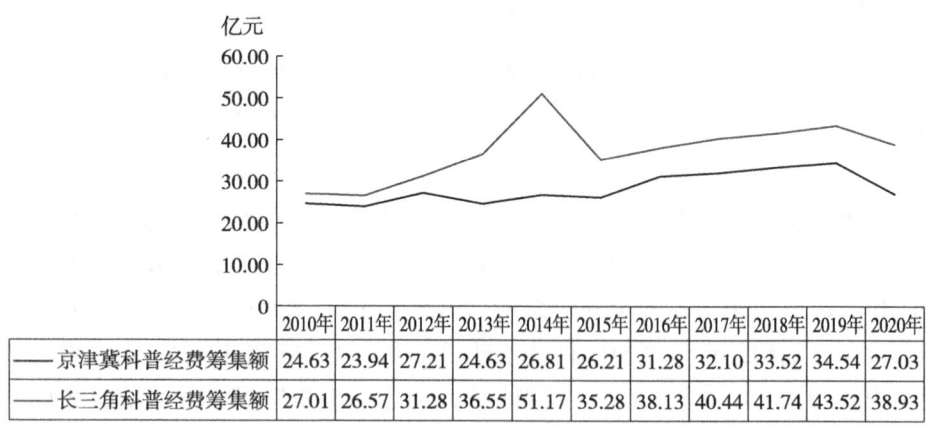

	2010年	2011年	2012年	2013年	2014年	2015年	2016年	2017年	2018年	2019年	2020年
京津冀科普经费筹集额	24.63	23.94	27.21	24.63	26.81	26.21	31.28	32.10	33.52	34.54	27.03
长三角科普经费筹集额	27.01	26.57	31.28	36.55	51.17	35.28	38.13	40.44	41.74	43.52	38.93

图 5 - 48　2010—2020 年京津冀与长三角地区科普经费筹集额比较

(资料来源：根据《中国科技统计年鉴》历年数据整理计算)

4. 京津冀地区科普活动

2010—2020 年，长三角地区科普专题活动次数多于京津冀地区，但主题活动参加人数在 2014 年后均少于京津冀地区。2020 年，长三角地区科普专题活动次数、参加人数分别为 22305 次、5798.93 人次，分别约是京津冀地区的 1.79 倍、0.17 倍（见图 5 - 49）。

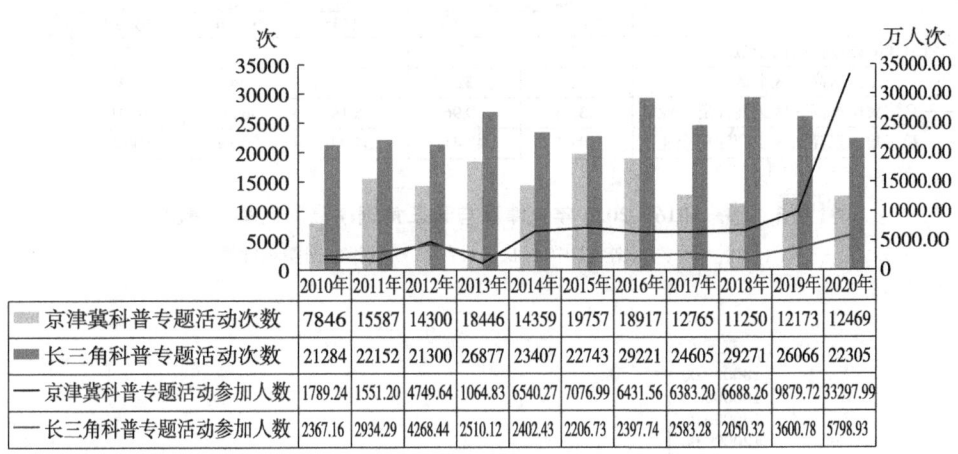

	2010年	2011年	2012年	2013年	2014年	2015年	2016年	2017年	2018年	2019年	2020年
京津冀科普专题活动次数	7846	15587	14300	18446	14359	19757	18917	12765	11250	12173	12469
长三角科普专题活动次数	21284	22152	21300	26877	23407	22743	29221	24605	29271	26066	22305
京津冀科普专题活动参加人数	1789.24	1551.20	4749.64	1064.83	6540.27	7076.99	6431.56	6383.20	6688.26	9879.72	33297.99
长三角科普专题活动参加人数	2367.16	2934.29	4268.44	2510.12	2402.43	2206.73	2397.74	2583.28	2050.32	3600.78	5798.93

图 5 - 49　2010—2020 年京津冀与长三角地区科普主题活动情况

（资料来源：根据《中国科技统计年鉴》历年数据整理计算）

（七）京津冀地区火炬计划基本情况

1. 京津冀地区国家高新技术开发区概况

2016—2019 年，长三角地区国家高新技术开发区的数量逐渐增加，长三角与京津冀地区国家高新区工商注册企业数稳步增加。2020 年，长三角地区国家高新技术开发区共 34 个，而京津冀地区仅 7 个；长三角地区国家高新技术开发区注册企业共 100.48 万家，而京津冀地区 61.19 万家（见图 5 - 50）。

2016—2020 年，长三角地区国家高新区工业总产值、出口总额高于京津冀地区，而上缴税费则低于京津冀地区。2020 年，长三角地区国家高新区工业总产值、出口总额分别为 71723.61 亿元、162926.73 亿元，分别为京津冀地区国家高新区工业总产值（17627.55 亿元）、出口总额（31796.67 亿元）的 4.07 倍、5.12 倍；而长三角地区国家高新区上缴税费为 5230.52 亿元，约为京津冀地区（6230.11 亿元）的 0.84 倍（见图 5 - 51）。

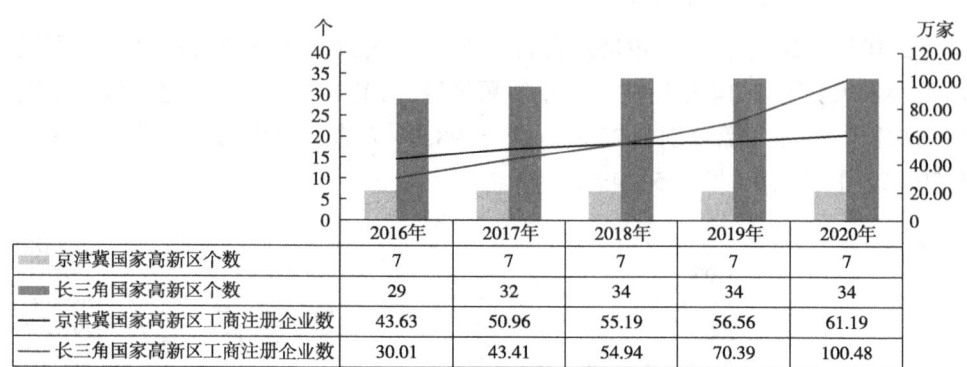

	2016年	2017年	2018年	2019年	2020年
京津冀国家高新区个数	7	7	7	7	7
长三角国家高新区个数	29	32	34	34	34
京津冀国家高新区工商注册企业数	43.63	50.96	55.19	56.56	61.19
长三角国家高新区工商注册企业数	30.01	43.41	54.94	70.39	100.48

图 5-50 2016—2020 年京津冀与长三角国家高新区基本情况

（资料来源：根据《中国科技统计年鉴》历年数据整理计算）

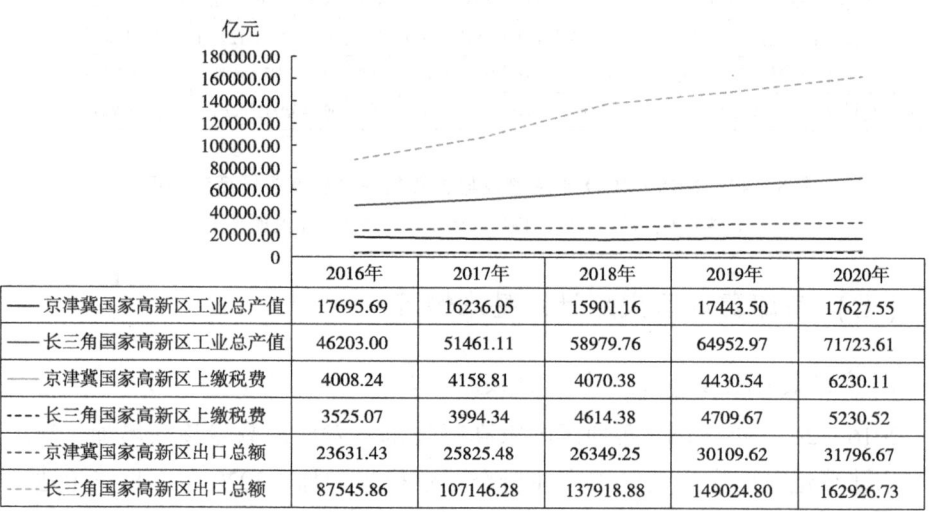

	2016年	2017年	2018年	2019年	2020年
京津冀国家高新区工业总产值	17695.69	16236.05	15901.16	17443.50	17627.55
长三角国家高新区工业总产值	46203.00	51461.11	58979.76	64952.97	71723.61
京津冀国家高新区上缴税费	4008.24	4158.81	4070.38	4430.54	6230.11
长三角国家高新区上缴税费	3525.07	3994.34	4614.38	4709.67	5230.52
京津冀国家高新区出口总额	23631.43	25825.48	26349.25	30109.62	31796.67
长三角国家高新区出口总额	87545.86	107146.28	137918.88	149024.80	162926.73

图 5-51 2016—2020 年京津冀与长三角国家高新区生产经营情况

（资料来源：根据《中国科技统计年鉴》历年数据整理计算）

2. 京津冀地区高新技术企业情况

2010—2020 年，长三角地区入统高新技术企业数及年末从业人员数均高于京津冀地区。2020 年，长三角地区入统高新技术企业数、年末从业人员数分别为 79735 家、1138.49 万人，分别约为京津冀地区的 1.97 倍、2.35 倍（见图 5-52）。

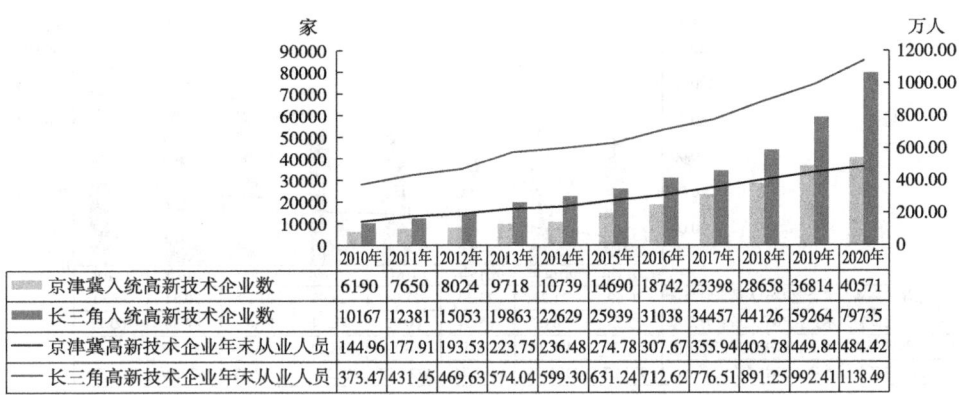

	2010年	2011年	2012年	2013年	2014年	2015年	2016年	2017年	2018年	2019年	2020年
京津冀入统高新技术企业数	6190	7650	8024	9718	10739	14690	18742	23398	28658	36814	40571
长三角入统高新技术企业数	10167	12381	15053	19863	22629	25939	31038	34457	44126	59264	79735
京津冀高新技术企业年末从业人员	144.96	177.91	193.53	223.75	236.48	274.78	307.67	355.94	403.78	449.84	484.42
长三角高新技术企业年末从业人员	373.47	431.45	469.63	574.04	599.30	631.24	712.62	776.51	891.25	992.41	1138.49

图 5 – 52　2010—2020 年京津冀与长三角高新技术企业基本情况

(资料来源：根据《中国科技统计年鉴》历年数据整理计算)

2013—2020 年，长三角地区高新技术企业工业总产值、上缴税费、出口总额均高于京津冀地区。2020 年，长三角地区高新技术企业工业总产值、上缴税费、出口总额分别为 110625.4 亿元、5625.0 亿元和 19935.8 亿元，分别约为京津冀地区的 3.12 倍、2.15 倍和 5.98 倍（见图 5 – 53）。

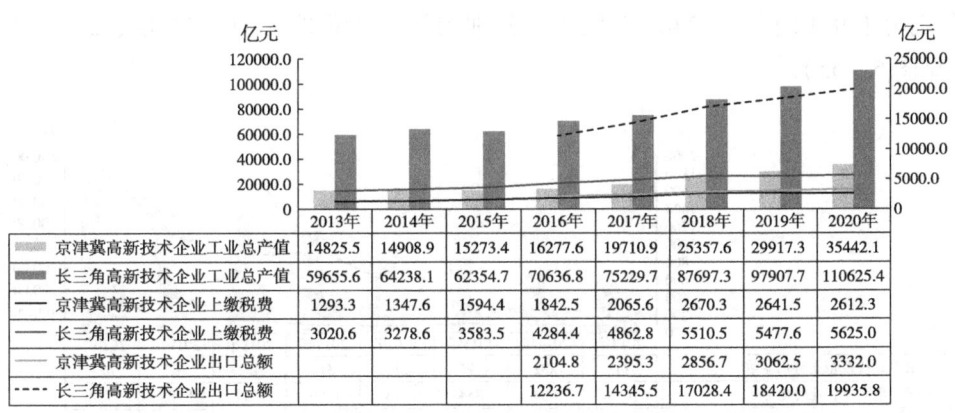

	2013年	2014年	2015年	2016年	2017年	2018年	2019年	2020年
京津冀高新技术企业工业总产值	14825.5	14908.9	15273.4	16277.6	19710.9	25357.6	29917.3	35442.1
长三角高新技术企业工业总产值	59655.6	64238.1	62354.7	70636.8	75229.7	87697.3	97907.7	110625.4
京津冀高新技术企业上缴税费	1293.3	1347.6	1594.4	1842.5	2065.6	2670.3	2641.5	2612.3
长三角高新技术企业上缴税费	3020.6	3278.6	3583.5	4284.4	4862.8	5510.5	5477.6	5625.0
京津冀高新技术企业出口总额				2104.8	2395.3	2856.7	3062.5	3332.0
长三角高新技术企业出口总额				12236.7	14345.5	17028.4	18420.0	19935.8

图 5 – 53　2013—2020 年京津冀与长三角高新技术企业生产经营情况

(资料来源：根据《中国科技统计年鉴》历年数据整理计算)

2013—2020 年，长三角地区高新技术企业 R&D 人员全时当量及 R&D 经费内部支出均高于京津冀地区。2020 年，长三角地区高新技术企业 R&D 人员全时当量、R&D 经费内部支出分别为 100.77 万人年、2742.20 亿元，分别约是京津冀地区的 2.82 倍、2.23 倍（见图 5 – 54）。

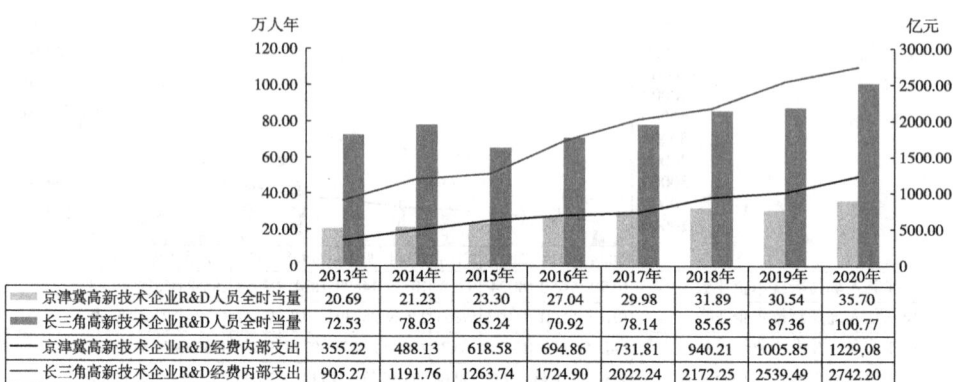

图 5 - 54　2013—2020 年京津冀与长三角高新技术企业 R&D 情况

（资料来源：根据《中国科技统计年鉴》历年数据整理计算）

3. 京津冀地区科技企业孵化器情况

2013—2020 年，长三角地区科技企业孵化器数、孵化器总收入、孵化基金总额均高于京津冀地区。2020 年，长三角地区科技企业孵化器共 1738 个，而京津冀地区共 624 个；长三角地区科技企业孵化器总收入、孵化基金总额分别为 139.12 亿元、742.75 亿元，分别约是京津冀地区的 1.72 倍、2.26 倍（见图 5 - 55）。

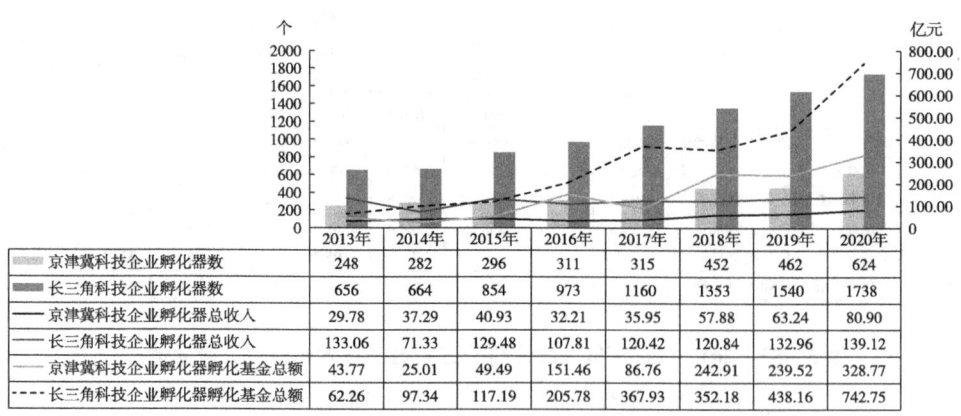

图 5 - 55　2013—2020 年京津冀与长三角科技企业孵化器基本情况

（资料来源：根据《中国科技统计年鉴》历年数据整理计算）

2014—2020 年，长三角地区科技企业孵化器在孵企业数及在孵企业总收入均远高于京津冀地区。2020 年，长三角地区科技企业孵化器在孵企业共 69853 个，约是京津冀地区在孵企业数（26685 个）的 2.62 倍；在孵企业总收入达3101.56亿元，约是京津冀地区（1852.83 亿元）的 1.67 倍（见图5－56）。

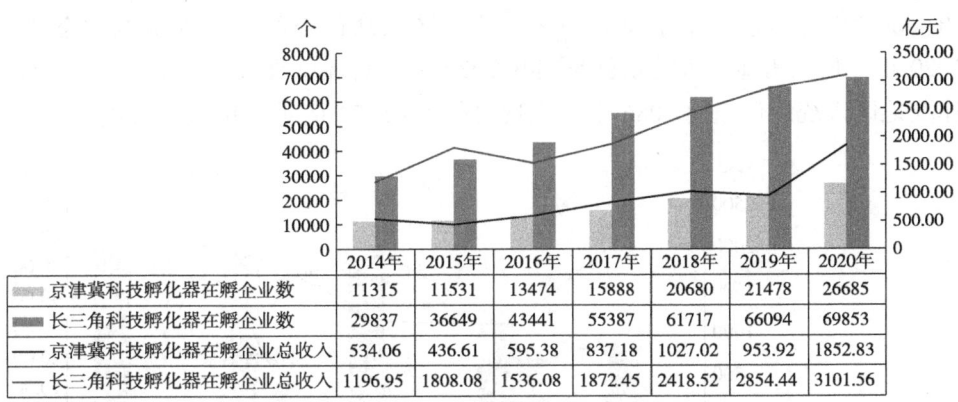

图 5－56　2014—2020 年京津冀与长三角科技孵化器企业情况

（资料来源：根据《中国科技统计年鉴》历年数据整理计算）

2014—2020 年，长三角地区科技孵化器当年获投融资企业数、获孵化基金在孵企业数及当年获风险投资额均高于京津冀地区。2020 年，长三角地区科技孵化器当年获投融资企业共 5145 个，京津冀地区科技孵化器当年获投融资企业共 1388 个；长三角地区科技孵化器当年获孵化基金在孵企业共 2740 个，而京津冀为 680 个；长三角地区科技孵化器当年获风险投资额为 351.42 亿元，约为京津冀地区的 2.21 倍（见图 5－57）。

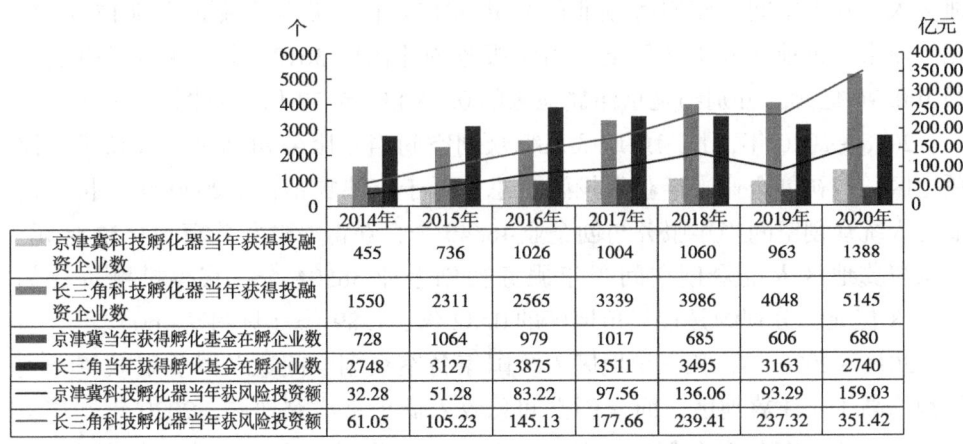

图 5－57　2014—2020 年京津冀与长三角科技孵化器企业情况

（资料来源：根据《中国科技统计年鉴》历年数据整理计算）

4. 京津冀地区众创空间基本情况

2016—2020 年，长三角和京津冀地区入统众创空间数逐步增加，且长三角入统众创空间数多于京津冀地区，两个区域众创空间总收入呈波动态势。2020 年，长三角地区入统众创空间共 2029 个，实现总收入 48.50 亿元，而京津冀地区入统众创空间 1086 个，实现总收入 61.52 亿元（见图 5 – 58）。

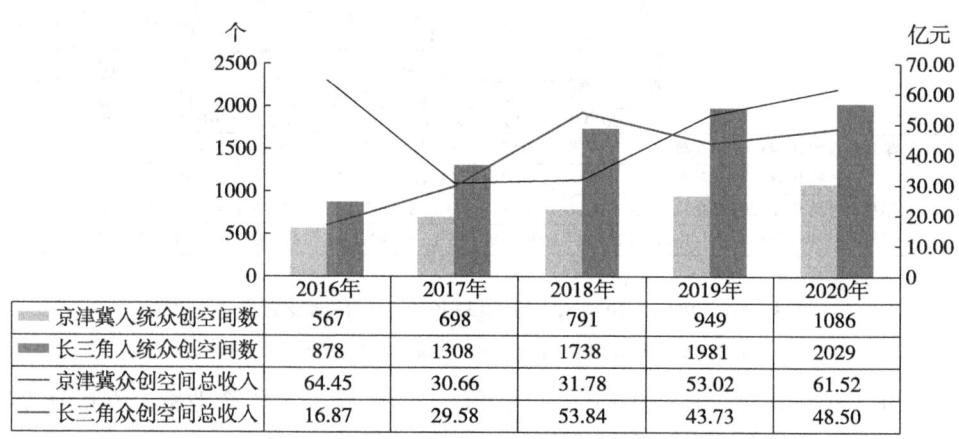

	2016年	2017年	2018年	2019年	2020年
京津冀入统众创空间数	567	698	791	949	1086
长三角入统众创空间数	878	1308	1738	1981	2029
京津冀众创空间总收入	64.45	30.66	31.78	53.02	61.52
长三角众创空间总收入	16.87	29.58	53.84	43.73	48.50

图 5 – 58　2016—2020 年京津冀与长三角众创空间基本情况

（资料来源：根据《中国科技统计年鉴》历年数据整理计算）

2018—2020 年，长三角地区入统众创空间当年服务创业团队数高于京津冀地区，但创业团队当年获得投融资总额低于京津冀地区。2020 年，长三角地区入统众创空间当年服务创业团队共 38144 个，获得投融资总额 17.72 亿元；而京津冀地区入统众创空间当年服务创业团队 36125 个，获得投融资总额 100.96 亿元，分别约是京津冀地区的 0.95 倍、5.70 倍（见图 5 – 59）。

2018—2020 年，长三角地区入统众创空间当年服务初创企业数高于京津冀地区，但初创企业当年获得投融资总额低于京津冀地区。2020 年，长三角地区入统众创空间当年服务初创企业 46846 个，获得投融资总额 111.53 亿元；而京津冀地区入统众创空间当年服务初创企业 38504 个，获得投融资总额 210.28 亿元，分别约是长三角地区的 0.82 倍、1.89 倍（见图 5 – 60）。

2016—2020 年，长三角地区入统国家备案众创空间数及享受财政资金支持额均高于京津冀地区，而众创空间总收入低于京津冀地区。2020 年，长三角地区入统国家备案众创空间数、总收入、享受财政资金支持额分别为 490 个、12.80 亿元和 3.87 亿元，分别约是京津冀地区的 1.52 倍、0.60 倍和

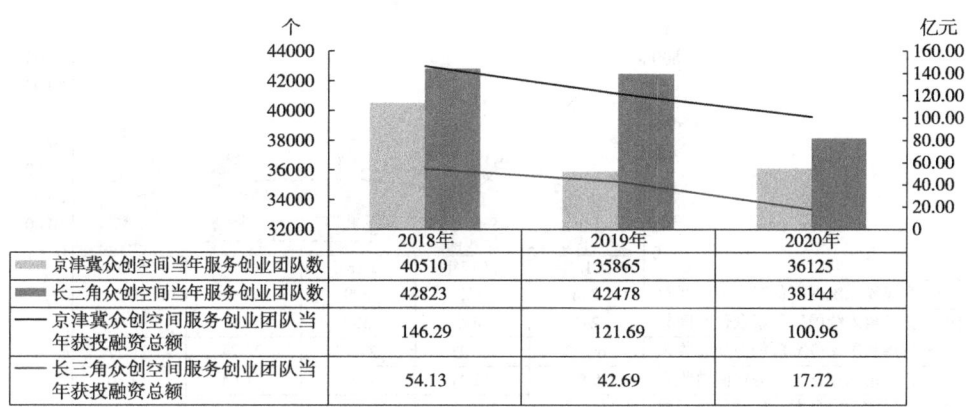

图 5 - 59　2018—2020 年京津冀与长三角众创空间服务创业团队情况

（资料来源：根据《中国科技统计年鉴》历年数据整理计算）

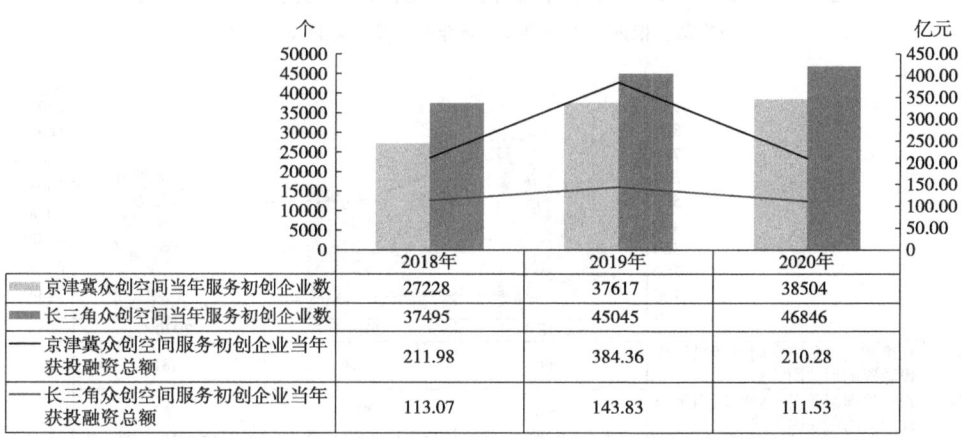

图 5 - 60　2018—2020 年京津冀与长三角众创空间服务初创企业情况

（资料来源：根据《中国科技统计年鉴》历年数据整理计算）

2. 20 倍（见图 5 - 61）。

2018—2020 年，长三角地区入统国家备案众创空间当年获得投融资的创业团队数多于京津冀地区，而创业团队当年获得投融资总额少于京津冀地区。2020 年，长三角地区国家备案众创空间当年获投融资的创业团队 663 个，当年获得投融资总额为 7. 66 亿元，而京津冀地区国家备案众创空间当年获投融资的创业团队 381 个，当年获得投融资总额 86. 76 亿元，分别约是长三角地区的 0. 57 倍、11. 33 倍（见图 5 - 62）。

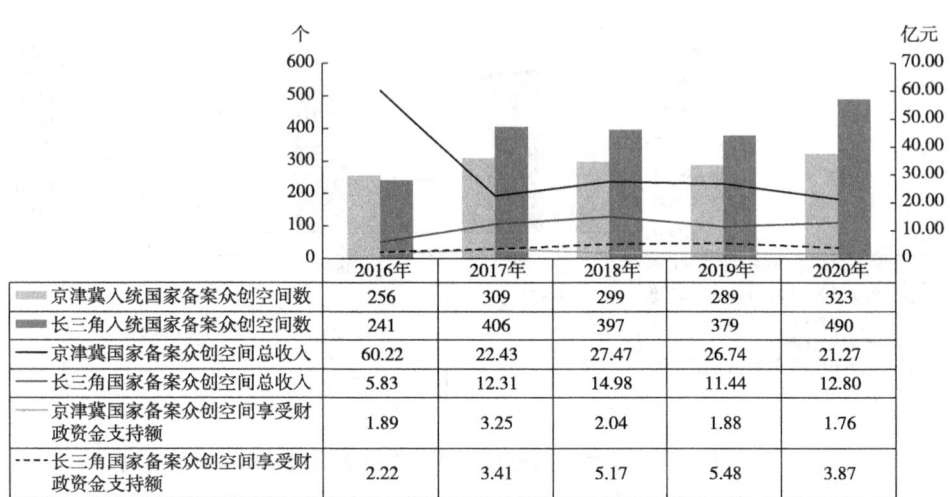

	2016年	2017年	2018年	2019年	2020年
京津冀入统国家备案众创空间数	256	309	299	289	323
长三角入统国家备案众创空间数	241	406	397	379	490
京津冀国家备案众创空间总收入	60.22	22.43	27.47	26.74	21.27
长三角国家备案众创空间总收入	5.83	12.31	14.98	11.44	12.80
京津冀国家备案众创空间享受财政资金支持额	1.89	3.25	2.04	1.88	1.76
长三角国家备案众创空间享受财政资金支持额	2.22	3.41	5.17	5.48	3.87

图 5 - 61　2016—2020 年京津冀与长三角国家备案众创空间基本情况

(资料来源：根据《中国科技统计年鉴》历年数据整理计算)

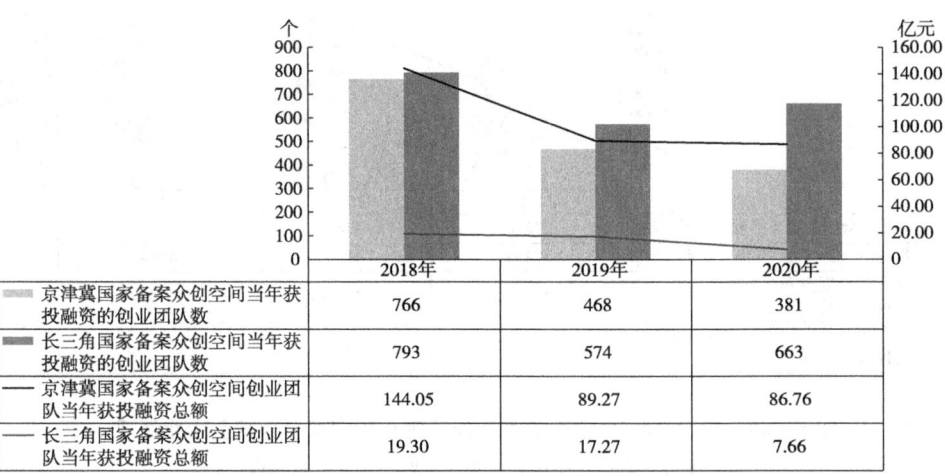

	2018年	2019年	2020年
京津冀国家备案众创空间当年获投融资的创业团队数	766	468	381
长三角国家备案众创空间当年获投融资的创业团队数	793	574	663
京津冀国家备案众创空间创业团队当年获投融资总额	144.05	89.27	86.76
长三角国家备案众创空间创业团队当年获投融资总额	19.30	17.27	7.66

图 5 - 62　2018—2020 年京津冀与长三角国家备案众创空间服务创业团队情况

(资料来源：根据《中国科技统计年鉴》历年数据整理计算)

2018—2020 年，长三角地区入统国家备案众创空间当年服务初创企业数高于京津冀地区，但初创企业当年获得投融资总额低于京津冀地区。2020 年，长三角地区入统国家备案众创空间当年服务初创企业 865 个，获得投融资总额 46.13 亿元；而京津冀地区入统国家备案众创空间当年服务初创企业 473 个，获得投融资总额 206.82 亿元，分别约是长三角地区的 0.55 倍、4.48 倍（见图 5 - 63）。

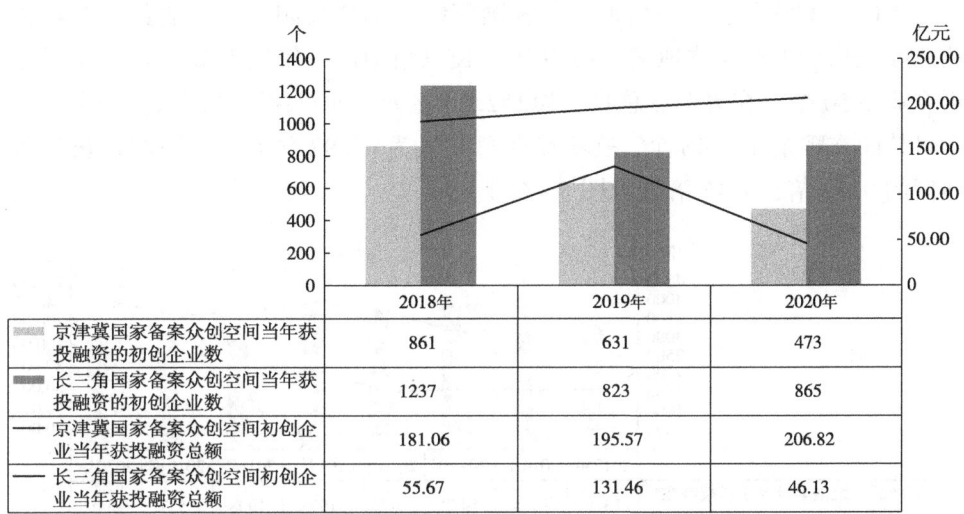

图 5 - 63　2018—2020 年京津冀与长三角国家备案众创空间服务初创企业情况

（资料来源：根据《中国科技统计年鉴》历年数据整理计算）

5. 京津冀地区国家大学科技园基本情况

2013—2020 年，除个别年份外长三角地区入统大学科技园数、孵化基金总额高于京津冀地区。2020 年，长三角地区入统国家级大学科技园数 35 家，科技园孵化基金总额为 16.12 亿元；而京津冀地区入统国家级大学科技园 19 家，科技园孵化基金总额为 1.73 亿元，分别为长三角地区的 0.54 倍、0.11 倍（见图 5 - 64）。

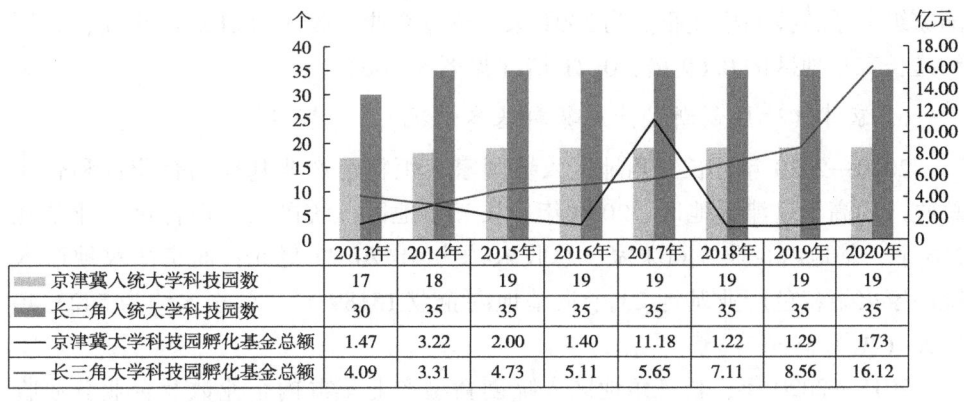

图 5 - 64　2013—2020 年京津冀与长三角国家级大学科技园基本情况

（资料来源：根据《中国科技统计年鉴》历年数据整理计算）

2013—2020 年，长三角地区入统国家级大学科技园在孵企业数、在孵企业总收入均高于京津冀地区。2020 年，长三角地区入统国家级大学科技园在孵企业 2950 个，在孵企业总收入为 142.86 亿元；而京津冀地区入统国家级大学科技园在孵企业 1548 个，在孵企业总收入为 65.92 亿元，分别约是长三角地区的 0.52 倍、0.46 倍（见图 5 - 65）。

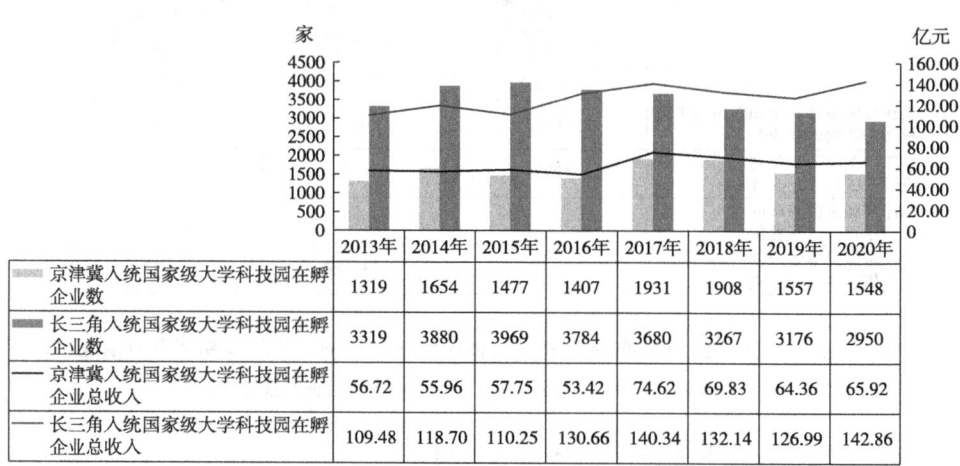

	2013年	2014年	2015年	2016年	2017年	2018年	2019年	2020年
京津冀入统国家级大学科技园在孵企业数	1319	1654	1477	1407	1931	1908	1557	1548
长三角入统国家级大学科技园在孵企业数	3319	3880	3969	3784	3680	3267	3176	2950
京津冀入统国家级大学科技园在孵企业总收入	56.72	55.96	57.75	53.42	74.62	69.83	64.36	65.92
长三角入统国家级大学科技园在孵企业总收入	109.48	118.70	110.25	130.66	140.34	132.14	126.99	142.86

图 5 - 65 2013—2020 年京津冀与长三角国家级大学科技园在孵企业情况

（资料来源：根据《中国科技统计年鉴》历年数据整理计算）

2013—2020 年，长三角地区入统国家级大学科技园累计毕业企业数、毕业企业总收入均高于京津冀地区。2020 年，长三角地区入统国家级大学科技园毕业企业为 4487 家，毕业企业总收入达 1010.93 亿元；而京津冀地区入统国家级大学科技园毕业企业为 3091 家，毕业企业总收入为 210.30 亿元，分别约是长三角地区的 0.69 倍、0.21 倍（见图 5 - 66）。

6. 京津冀地区创新型产业集群基本情况

2010—2020 年，长三角地区入统国家火炬特色产业基地的企业数和企业总收入均高于京津冀地区。2020 年，长三角地区入统国家火炬特色产业基地 216 个，基地内企业 64063 家，总收入约为 61470.02 亿元；而京津冀地区入统国家火炬特色产业基地 23 个，基地内企业 15189 家，总收入约为 5423.40 亿元（见图 5 - 67）。

2018—2020 年，长三角地区入统创新型产业集群内企业数及企业营业收入均高于京津冀地区。2020 年，长三角地区入统创新型产业集群 17 个，产业集群内企业 5343 家，企业营业收入 13788.37 亿元；而京津冀地区入统创新型

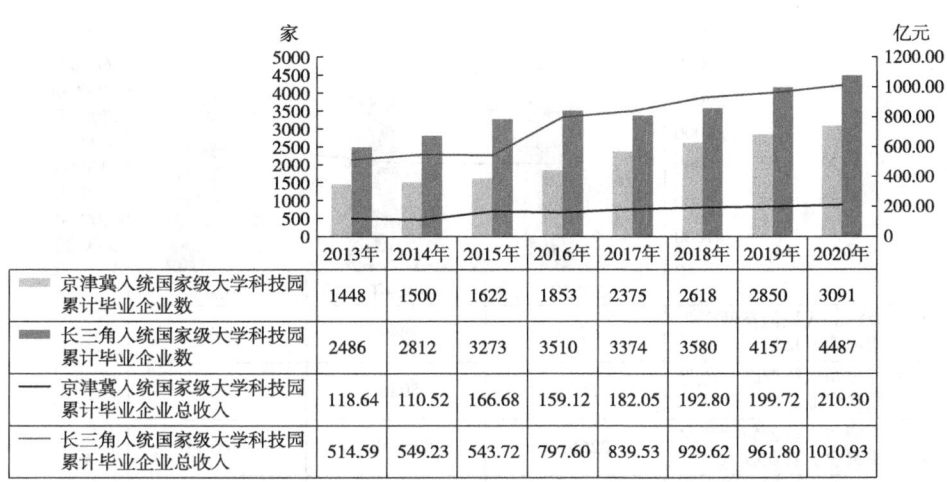

	2013年	2014年	2015年	2016年	2017年	2018年	2019年	2020年
京津冀入统国家级大学科技园累计毕业企业数	1448	1500	1622	1853	2375	2618	2850	3091
长三角入统国家级大学科技园累计毕业企业数	2486	2812	3273	3510	3374	3580	4157	4487
京津冀入统国家级大学科技园累计毕业企业总收入	118.64	110.52	166.68	159.12	182.05	192.80	199.72	210.30
长三角入统国家级大学科技园累计毕业企业总收入	514.59	549.23	543.72	797.60	839.53	929.62	961.80	1010.93

图 5 – 66　2013—2020 年京津冀与长三角国家级大学科技园累计毕业企业情况

（资料来源：根据《中国科技统计年鉴》历年数据整理计算）

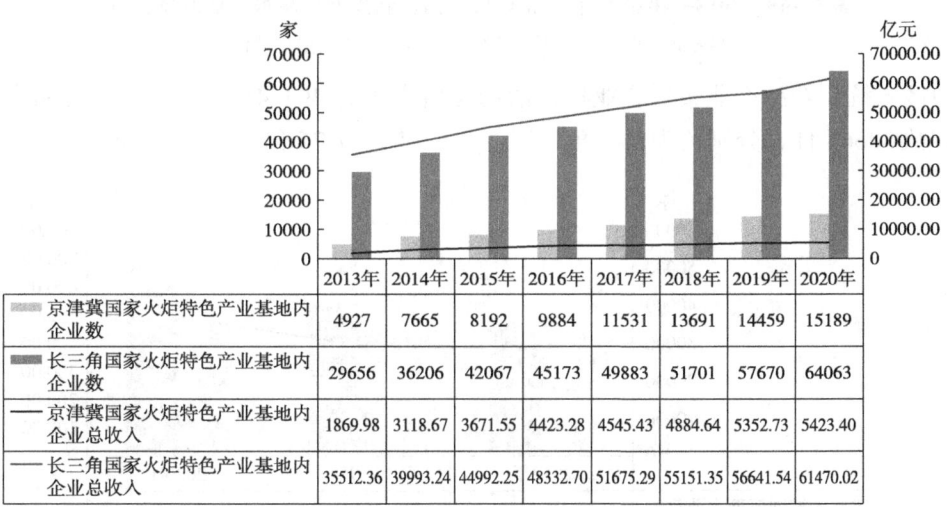

	2013年	2014年	2015年	2016年	2017年	2018年	2019年	2020年
京津冀国家火炬特色产业基地内企业数	4927	7665	8192	9884	11531	13691	14459	15189
长三角国家火炬特色产业基地内企业数	29656	36206	42067	45173	49883	51701	57670	64063
京津冀国家火炬特色产业基地内企业总收入	1869.98	3118.67	3671.55	4423.28	4545.43	4884.64	5352.73	5423.40
长三角国家火炬特色产业基地内企业总收入	35512.36	39993.24	44992.25	48332.70	51675.29	55151.35	56641.54	61470.02

图 5 – 67　2013—2020 年京津冀与长三角国家火炬特色产业基地基本情况

（资料来源：根据《中国科技统计年鉴》历年数据整理计算）

产业集群 10 个，产业集群内企业 3561 家，企业营业收入 9700.12 亿元，分别约为长三角地区的 0.59 倍、0.67 倍和 0.70 倍（见图 5 – 68）。

2018—2020 年，长三角地区入统创新型产业集群企业科技活动经费支出及有效发明专利数均高于京津冀地区。2020 年，长三角地区入统创新型产业集群企业科技活动经费支出 680.01 亿元，有效发明专利 50582 件；而京津冀

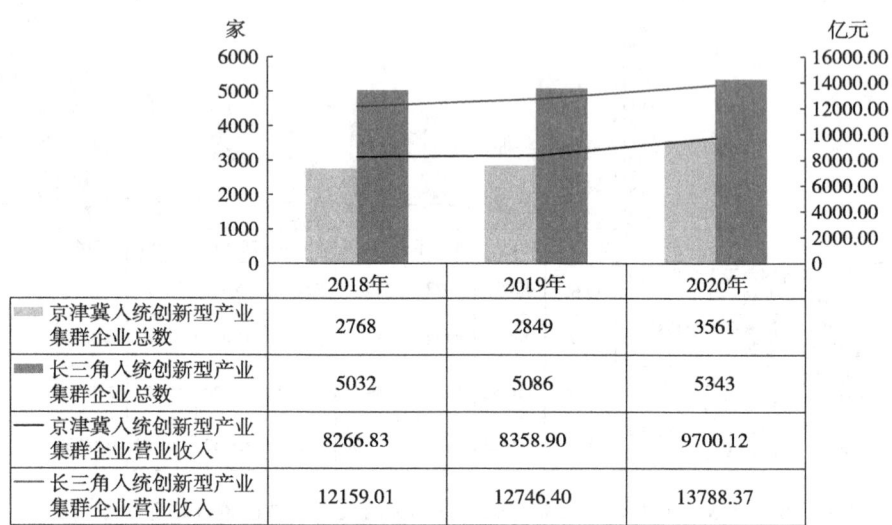

	2018年	2019年	2020年
京津冀入统创新型产业集群企业总数	2768	2849	3561
长三角入统创新型产业集群企业总数	5032	5086	5343
京津冀入统创新型产业集群企业营业收入	8266.83	8358.90	9700.12
长三角入统创新型产业集群企业营业收入	12159.01	12746.40	13788.37

图 5 - 68　2018—2020 年京津冀与长三角创新型产业集群企业基本情况

（资料来源：根据《中国科技统计年鉴》历年数据整理计算）

地区入统创新型产业集群企业科技活动经费支出为 494.41 亿元，有效发明专利数 38664 件，分别约为长三角地区的 0.73 倍、0.76 倍（见图 5 - 69）。

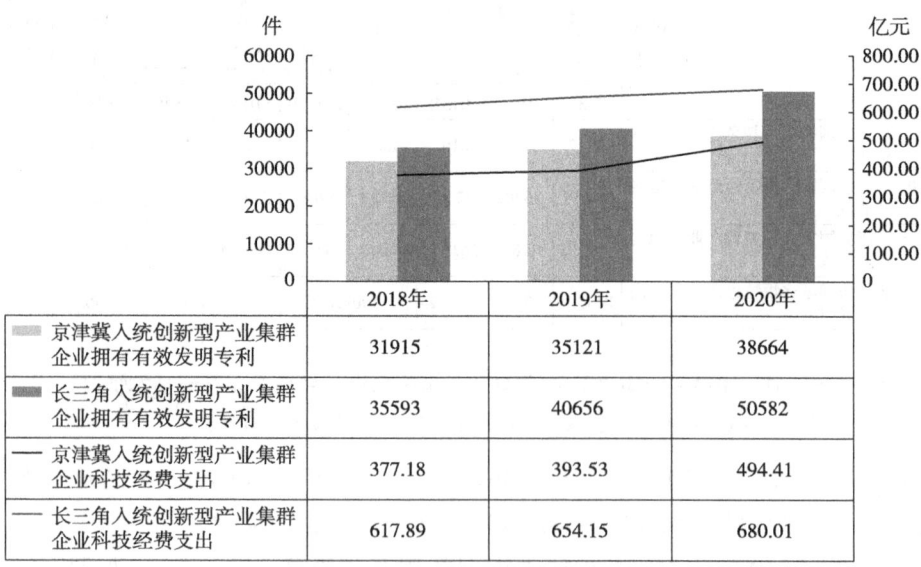

	2018年	2019年	2020年
京津冀入统创新型产业集群企业拥有有效发明专利	31915	35121	38664
长三角入统创新型产业集群企业拥有有效发明专利	35593	40656	50582
京津冀入统创新型产业集群企业科技经费支出	377.18	393.53	494.41
长三角入统创新型产业集群企业科技经费支出	617.89	654.15	680.01

图 5 - 69　2018—2020 年京津冀与长三角创新型产业集群企业科技活动情况

（资料来源：根据《中国科技统计年鉴》历年数据整理计算）

7. 京津冀地区技术转移示范机构基本情况

2013—2020 年，长三角地区国家技术转移示范机构法人机构数及机构人员数均高于京津冀地区。2020 年，长三角地区国家技术转移示范机构法人机构 107 家，机构人员 21453 人；而京津冀地区国家技术转移示范机构法人机构 77 个，机构人员 5508 人（见图 5 – 70）。

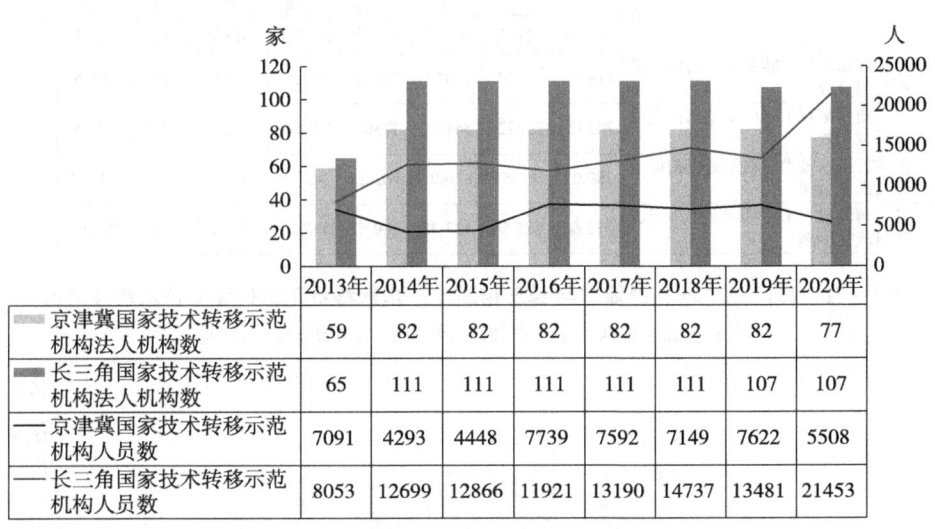

	2013年	2014年	2015年	2016年	2017年	2018年	2019年	2020年
京津冀国家技术转移示范机构法人机构数	59	82	82	82	82	82	82	77
长三角国家技术转移示范机构法人机构数	65	111	111	111	111	111	107	107
京津冀国家技术转移示范机构人员数	7091	4293	4448	7739	7592	7149	7622	5508
长三角国家技术转移示范机构人员数	8053	12699	12866	11921	13190	14737	13481	21453

图 5 – 70 2013—2020 年京津冀与长三角国家技术转移示范机构基本情况

（资料来源：根据《中国科技统计年鉴》历年数据整理计算）

2013—2020 年，长三角地区国家技术转移示范机构促成项目成交数高于京津冀地区，除个别年份外成交金额低于京津冀地区。2020 年，长三角地区国家技术转移示范机构促成项目成交 44095 项，促成项目成交金额为 261.94 亿元；京津冀地区国家技术转移示范机构促成项目成交 22815 项，促成项目成交金额为 478.75 亿元，分别约为长三角地区的 0.52 倍、1.83 倍（见图 5 –71）。

8. 京津冀地区生产力促进中心基本情况

2013—2020 年，长三角和京津冀地区入统生产力促进中心及年总服务收入呈下降态势。2020 年，长三角地区入统生产力促进中心 161 个，年总服务收入为 5.83 亿元，分别较 2013 年下降了约 7.88%、3.99%；京津冀地区入统生产力促进中心 99 个，年总服务收入为 3.63 亿元，分别较 2013 年下降了约 13.35%、13.35%（见图 5 –72）。

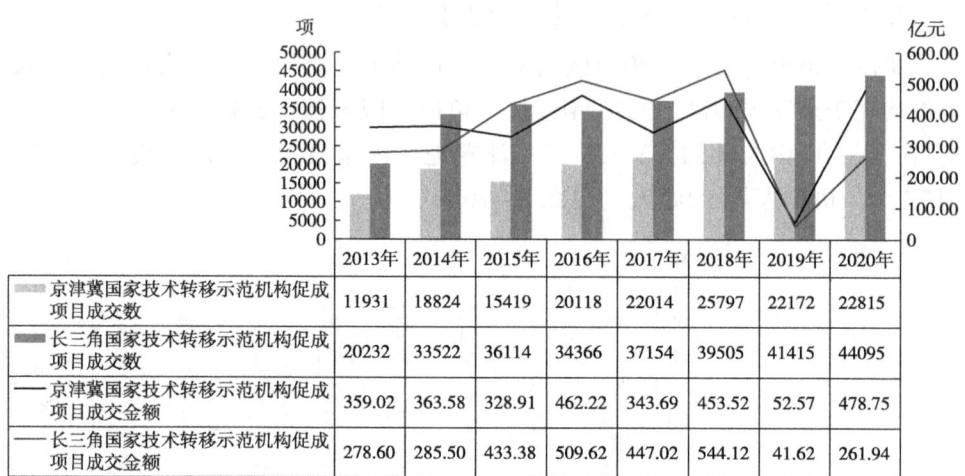

	2013年	2014年	2015年	2016年	2017年	2018年	2019年	2020年
京津冀国家技术转移示范机构促成项目成交数	11931	18824	15419	20118	22014	25797	22172	22815
长三角国家技术转移示范机构促成项目成交数	20232	33522	36114	34366	37154	39505	41415	44095
京津冀国家技术转移示范机构促成项目成交金额	359.02	363.58	328.91	462.22	343.69	453.52	52.57	478.75
长三角国家技术转移示范机构促成项目成交金额	278.60	285.50	433.38	509.62	447.02	544.12	41.62	261.94

图 5-71　2013—2020 年京津冀与长三角国家技术转移示范机构促成技术转移情况

（资料来源：根据《中国科技统计年鉴》历年数据整理计算）

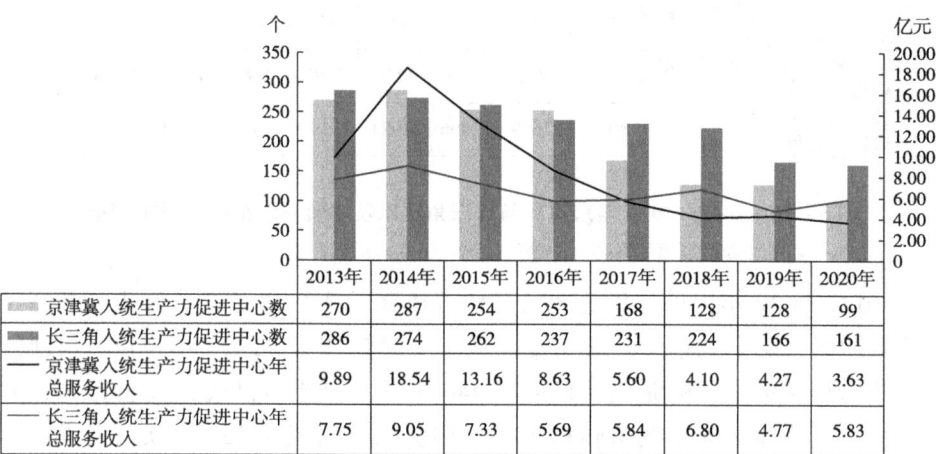

	2013年	2014年	2015年	2016年	2017年	2018年	2019年	2020年
京津冀入统生产力促进中心数	270	287	254	253	168	128	128	99
长三角入统生产力促进中心数	286	274	262	237	231	224	166	161
京津冀入统生产力促进中心年总服务收入	9.89	18.54	13.16	8.63	5.60	4.10	4.27	3.63
长三角入统生产力促进中心年总服务收入	7.75	9.05	7.33	5.69	5.84	6.80	4.77	5.83

图 5-72　2013—2020 年京津冀与长三角生产力促进中心基本情况

（资料来源：根据《中国科技统计年鉴》历年数据整理计算）

三、小结

（一）三大区域经济发展情况比较

2010—2020 年，从人口总量来看，三大区域中长三角地区人口数量最多，分别约是京津冀地区、长三角地区的 2.09 倍、3.03 倍；从人口密度来看，三大区域中粤港澳地区人口密度最高，分别约是京津冀地区、长三角地区的 2.90 倍、2.20 倍。

从 GDP 总量来看，长三角地区 GDP 规模最大，分别约是京津冀地区、长三角地区的 2.43 倍、1.94 倍；从人均 GDP 来看，粤港澳地区最高、长三角次之、京津冀最低，粤港澳地区人均 GDP 分别约是长三角地区、京津冀地区的 1.80 倍、1.55 倍。

从财政收入来看，长三角地区最高、粤港澳次之、京津冀最低，长三角地区财政收入分别约是京津冀地区、粤港澳地区的 2.15 倍、1.74 倍；从财政收入占 GDP 比重来看，长三角地区低于京津冀地区和粤港澳地区，分别低约 1.49 个、1.35 个百分点；从财政支出来看，长三角地区财政支出水平最高，分别约是京津冀地区、粤港澳地区的 1.94 倍、2.17 倍；从财政支出占 GDP 比重来看，京津冀地区最高，较长三角地区、粤港澳地区分别约高 4.01 个、5.69 个百分点。

从对外贸易情况来看，粤港澳商品进出口总额最高，分别约是京津冀地区、长三角地区的 5.00 倍、3.32 倍。

（二）京津冀与长三角科技发展情况比较

2010—2020 年，从 R&D 人员数量来看，长三角地区 R&D 人员数约是京津冀地区的 2.45 倍，每万从业人员中 R&D 人员数约是京津冀地区的 1.08 倍。

从 R&D 经费内部支出来看，长三角地区 R&D 经费内部支出约是京津冀地区的 1.96 倍，而研发经费投入强度约较京津冀地区低 0.63 个百分点。

从专利申请和授权情况来看，长三角地区专利申请受理数、发明专利申请受理数分别约是京津冀地的 3.75 倍、2.69 倍；长三角地区专利申请授权数、发明专利申请授权数分别约是京津冀地区的 3.84 倍、1.84 倍；长三角地区发明专利有效数约是京津冀地区的 1.71 倍，而京津冀地区每万人发明专利数约是长三角地区的 1.22 倍。

从技术合同交易情况来看，京津冀地区技术输出合同金额约是长三角地区的 1.98 倍，技术输入合同金额约是长三角地区的 0.96 倍，国外技术引进合同金额约是长三角地区的 0.45 倍。

第六章 科技资源共享流动
促进区域协同创新研究

科技资源是国家创新驱动的战略资源，京津冀是国家区域发展战略布局的重点区域。京津冀协同发展战略的实施根本上要靠创新驱动，科技资源作为创新要素发挥着动力源的作用，为科技创新注入新动能。2014年以来，京津冀协同发展战略从顶层设计到全面实施，协同发展步伐逐渐加快。[①] 三地通过促进科技资源流动和创新主体互动，提升了资源整合能力，非首都功能疏解初显成效，城市空间布局和产业结构得到优化，一体化发展的构建总体呈现合作共赢新局面，人、财、物等创新要素在区域间的流动速度加快，三地区域优势和资源互补性日益明显。但是，京津冀创新驱动高质量发展的整体格局尚未形成，区域间科技资源共享程度低、创新链和产业链对接融合不充分、产业领域重复与竞争并存、功能疏解后缺乏新的经济增长点等问题亟待解决。当前，京津冀协同发展已经进入由虚到实、爬山过坎的关键时期，高质量发展对科技资源有效配置的需求愈加紧迫，急需有效路径来整合提升京津冀科技资源效能、释放创新活力，推进区域协同创新发展。

一、京津冀科技条件资源共享分析

京津冀地区科技创新资源集中、科技创新成果丰硕，但科技资源分布并不均衡，京津冀科技条件资源共享是实现京津冀协同发展这一国家重大战略的重要路径和关键支撑。京津冀科技条件资源共享的基础性工作早在20世纪90年代就已启动，京津冀协同发展作为国家战略启动后科技条件资源要素对接对流成效显著。实践证明，京津冀科技条件资源共享是支持京津冀科技协

---

① 京津冀协同发展战略全面实施构建跨区域双创生态［EB/OL］. 新浪网，2017 – 09 – 22，https：//tech. sina. com. cn/i/2017 – 09 – 22/doc – ifymfcih2466078. shtml.

同创新活动（研究与开发活动）的基础设施和必要因素，通过梳理京津冀科技条件资源共享的发展历程，对近年来亮点工作进行总结，以期进一步促进资源共享推动协同发展。

（一）京津冀科技条件资源共享战略联盟初步形成

20 世纪 90 年代至 21 世纪前 10 年间，国家大力倡导提升北京地区大型仪器装备协作共用，京津冀科技条件资源共享战略联盟初步形成。

科技条件①主要包括科学仪器设备、科学数据与信息、科技规范和标准、生物种质资源及标本等。科技条件资源是一个国家或地区的战略性资源，科技条件资源的数量、质量及管理利用水平直接影响国家或地区科技进步与创新能力。本部分主要分析的是科技仪器设备方面的情况。

改革开放带来科技条件发展的春天。1990—1995 年，中国十大分析仪器主导企业中北京的光学分析仪器、色谱分析仪器等企业，天津的电化学类分析仪器等企业位居其中。国家先后投资建立了天津实验动物研究中心、北京实验动物研究中心等四个实验动物中心，并在北京、天津等有条件的地区和行业相继成立了一批国家分析测试中心，京津冀一大批科技条件类建设蓬勃兴起。为盘活资源实现开放共享，1996 年北京市科委牵头建立起北京地区科学仪器协作共用网，开启服务中央在京科研机构，以及北京市、河北省、山西省等省市科研需求的模式。

科技部于 1997 年 5 月印发了《科研条件发展"九五"计划和 2010 年长远目标纲要》，这是中国首次制定全国科技条件长远发展规划。5 月，科技部、国家教委等五部门共同出资 1300 万元建立北京科学仪器协作共用基金，运用该项资金建立并试点运行北京科学仪器装备协作共用网，提升了北京地区大型仪器装备协作共用、资源共享水平。1997 年，科技部、国家教委共同制定《北京科学仪器装备协作共用资金管理暂行办法》和《北京科学仪器装备协作共用资金管理实施细则（试行）》，作为北京地区科学仪器协作共用网运行依据，北京科学仪器协作共用网开始面向社会提供服务，承担对外服务项目 1160 项。2000 年，北京地区科学仪器协作共用网对外服务区域覆盖北京、天津、河北等 20 多个省市，为三地的区域协同发展注入了科技生命力。

科技部在科学仪器共用试点的基础上，启动了京津冀地区科研条件协作

---

① 赵伟，王弋波，白晨，杨行. 国家科技条件资源指数的国际比较分析［J］. 情报工程，2017，3（6）：71–80.

网，以加强区域性科技资源合作，在实现跨地区资源共享方面迈出了新一步。其间，北京、天津与河北省都出台了关于科研仪器、实验室管理使用及开放共享等方面的实施办法，资源共享有章可循①，跨区域资源共享取得实质性推进。

2004 年，科技部、国家发改委等四部门联合制定发布《2004—2010 年国家科技基础条件平台建设纲要》（以下简称《纲要》），这是中国首次从国家层面发布的科技条件建设的纲领性文件，是中国科技资源走向合理配置的重大举措。《纲要》将大型科学仪器、设备共享平台作为建设重点。2005 年9 月，由北京市科委主办的"全国部分省市大型仪器协作共用网运行机制改革研讨会"召开。科技部、教育部领导就成立"京津冀科技条件资源共享战略联盟"的可行性具体方案初步达成了共识。

为贯彻落实《纲要》精神，2006 年 3 月，北京市科委联合天津市科委、河北省科技厅等六单位的大型仪器管理部门，在全国大型科学仪器协作共用网项目实施中，承担共建环渤海区域大型科学仪器设备共享平台。11 月，科技部发布《国家"十一五"科学技术发展规划》，大型科学仪器设备共享平台列入科技基础条件平台建设重点任务。2007 年 11 月，全国大型科学仪器协作共用网开通运行。全国大型科学仪器协作共用网包括环渤海、长三角等七大区域。采取国家、区域、省市三级科技资源开放服务的模式，充分发挥中心城市的示范辐射作用，其中北京、天津、河北等六省市环渤海区域大型科学仪器协作共用网完成了资源整合和网站搭建工作，京津冀科技条件资源共享战略联盟初步形成。

（二）京津冀科技条件资源对接对流实现新突破

自 2009 年以来，三地科技资源共享呈现新态势，并具有两个特色：一是科技条件平台建设，二是协同机制的创新。具体体现在科技创新券的实施、企业间的先行对接等。

1. 科技条件平台建设

2009 年，北京市开始建设首都科技条件平台。首都科技条件平台是首都区域创新体系建设的重要支撑，也是提升首都科技地位与影响的重要战略举

---

① 李峰，张贵，李洪敏. 京津冀科技资源共享的现状、问题及对策 [J]. 科技进步与对策，2011，28（19）：48-51.

措。北京市科委投入 5800 万元，撬动了 76.3 亿元科技条件资源，促进 264 个国家（北京市）重点实验室和工程中心，13112 台（套）10 万元以上大型仪器设备向全社会开放，通过与高校、科研机构、中央企业、领域促进机构、区政府合作建设了包括中科院、北大、清华、航天科工等在内 27 家研发实验服务基地，军民融合、新材料、生物医药等 12 个领域中心，以及 14 个区工作站构成的三大服务主体，重点整合仪器设备、科技成果、科技人才三大科技资源开放共享和对接服务，构建了科技资源服务企业创新的渠道。建成"小核心、大网络"的工作体系和科技资源开放服务体系，实现了对在京高校院所企业科技资源的有效整合、高效运营和市场化服务，形成了科技资源整合促进产学研用协同创新的"北京模式"。① 2016 年，共有 1.03 万家企业享受到首都条件平台的各类服务，实现服务合同额达 22.34 亿元，其中京内 12.03 亿元，京外 10.29 亿元，在服务企业不同层次创新需求的同时，也提升了首都创新的内生动力。2019 年，共促进首都地区 882 个国家级（市级）重点实验室、工程中心等 4.65 万台（套）仪器设备向社会开放共享，为企业提供测试检测、联合研发等服务合同额超过 20 亿元。2020 年共有 1.2 万余家企业享受到平台各类服务，签订合同额 45.09 亿元，合同实现额 27.51 亿元。

在北京内部建设的同时还积极对外推动资源共享服务。北京市科委积极与其他地区科技主管部门或市政府联合共建"首都科技条件平台区域合作站"，推动首都科技资源服务相关省市和地区。自 2013 年以来，相继在贵阳、内蒙古、天津、银川、重庆、河北、黑龙江七个省市建立了首都科技条件平台区域合作站，积极推动平台科技资源服务京津冀协同发展并延伸至全国。

2013 年 12 月，北京市科委与天津市科委达成共识，首都科技条件平台京津合作站成立。聚集首都科技资源与天津共同搭建科技创新和技术转移长效合作渠道。发挥首都地区资源优势，积极支持天津市航空航天、石油化工等产业发展，支持两地协同创新。自建站以来，两地积极开展资源对接和项目合作，2014 年，首都科技条件平台成员单位共服务天津企业 320 家，签订联合研发、委托开发、检验测试、技术转移等服务合同总额 6105.47 万元，年度合同实现额 3092.72 万元。

京津冀协同发展国家战略启动后，三地合作逐步升级。2014 年 8 月，京

---

① "北京模式"催动首都科技资源流向市场［EB/OL］. 科学网，2010 - 03 - 11，https：//news. sciencenet. cn/sbhtmlnews/2010/3/229727. html.

津冀科技管理部门签署《京津冀协同创新发展战略研究和基础研究合作框架协议》，重点就科技资源共享、科技创新一体化等达成合作共识，标志着三地开始从宏观层面整合科技资源，搭建京津冀协同创新战略框架。2014年12月，国务院发布《国务院关于国家重大科研基础设施和大型科研仪器向社会开放的意见》，明确要求制定促进科研设施与仪器开放的管理制度和办法。2015年11月，北京市科委与石家庄市人民政府联合共建首都科技条件平台石家庄合作站。① 针对石家庄特色产业开展技术对接，主要领域有新一代信息技术、生物医药健康等。合作站以石家庄科技大市场为窗口，挖掘河北省企业技术需求，与首都科技条件平台合作，将首都的优质资源引入石家庄，帮助企业解决发展中遇到的技术难题，推动传统产业转型升级，助力京津冀协同创新。

2018年11月，京津冀科技管理部门签署了《关于共同推进京津冀协同创新共同体建设合作协议（2018—2020）》②，协议的合作内容主要是共建创新要素、资源共享平台等四个方面的工作，京津冀科技条件共享发展驶入了"快车道"。积极响应国家科技资源共享和京津冀协同创新精神，天津市政府打造了面向全社会开放的公益性大型科学仪器资源服务平台——天津市大型科学仪器开放共享平台，河北省建设了河北省大型科研仪器设备资源开放共享服务平台，两平台与首都科技条件平台、国家网络管理平台互联互通，京津冀科技资源深度融合。

首都科技条件平台在推动北京地区科技资源开放共享和对外服务的过程中，打造"精准服务包"，对接服务企业创新，助力全国科技创新中心建设。包括：一个品牌——首都科技条件平台服务品牌；两项支持资金——首都科技创新券资金、用于支持为仪器设备开放共享提供服务的实验技术人员的激励资金；六类服务——为企业提供测试检测、合作研发、委托开发、研发设计、技术解决方案或购买新技术新产品（服务）等研发实验服务；"107个细分产业领域服务能力"的功能服务平台，打造了以市场需求为导向，跨单位、跨部门、跨行业、跨区域的科技条件平台，为科技资源与企业需求对接开辟了一条新通道。通过资源共享、供需对接，有效促进了产学研用相结合，以

---

① "首都科技条件平台石家庄合作站"建设加快推进［EB/OL］. 河北新闻网，2015－11－20，http：//sjz. hebnews. cn/2015－11/20/content_5174374. htm.

② 京津冀三地科技部门正式签署《关于共同推进京津冀协同创新共同体建设合作协议（2018—2020）》［EB/OL］. 河北省科学技术厅网站，2018－11－28，https：//kjt. hebei. gov. cn/www/xwzx15/hbkjdt64/168348/index. html.

及企业与实验室的融合，为技术创新、成果转化、人才培养等方面提供了有力支撑。

2. 科技创新券的实施、企业间的先行对接等

（1）协同创新的政策"红包"：京津冀科技创新券

科技创新券是由政府向科技型中小企业和创新创业团队免费发放的权益凭证，主要用于向科技服务机构购买服务。小微企业创新劲头足，但研发能力弱，在需要动用高精尖仪器、高级模型和数据库时经常感叹攀不上高校院所的"高枝"。凭借科技创新券，它们就能敲开高校院所大门，通过购买高水平科技条件服务提升创新能力。

2014 年末北京实施科技创新券制度，主要用于鼓励北京市小微企业及创业团队充分利用北京地区开放实验室的资源开展研发活动和科技创新。2018年，首都科技创新券完成年度全部 6592 万元资金的发放与使用工作，支持了 634 家小微企业和 21 家创业团队的 686 个首都科技创新券项目。新冠肺炎疫情期间，北京市发布了《关于进一步利用首都科技创新券助力企业复工复产的通知》，首都科技创新券新增了 72 家开放实验室，包括 16 家设计创新中心、17 家民营实验室以及 39 家高校院所实验室。2022 年，北京向科技型中小微企业发放最高补贴额为 30 万元的科技创新券。

天津实施科技创新券制度后，首批兑现的科技创新券项目中研发设计类45 项，检验检测类 201 项，进一步提升了企业研发新产品、设计新工艺的创新能力。3 年后，兑现资金 2400 余万元，涉及直接合同成交额 6500 多万元，相当于财政补贴了合同金额的近四成。截至 2021 年 3 月，天津市已累计兑现七批，重点围绕研究开发、检验检测等专业科技服务，支持了一批源自企业科研生产实际需求的服务事项，兑现补贴金额达 3400 余万元，涉及企业直接合同金额超 9000 万元，在帮助企业降低科技创新成本、引导企业加大科技创新投入等方面发挥了积极作用。

河北省 2020 年拓展了科技创新券使用范围，扩大了服务机构数量，简化了审核流程，提高了申领额度，增加了兑付频率，河北升级版科技创新券最高补贴金额为 15 万元。截至 2020 年 3 月，河北省已向科技型中小企业和创新创业团队发放科技创新券 3082 余万元。2021 年，河北省科技创新券创新服务机构突破 2000 家，科技创新券申领企业 711 家、发放 4781 万元，实现兑付2421 万元、助力企业成果转化 1.5 亿元，有效降低了科技型中小企业创新成本。

2018 年 7 月，京津冀三地签署《京津冀创新券合作协议》：京津冀形成了共同认可的、为社会提供开放共享的科技条件服务。这意味着凭借一张电子券，三地科技型中小企业和创新创业团队即可跨区域共享科技资源，满足自身创新创业需求。三地按条件遴选本区域的科技服务资源，形成开放实验室目录，三方互认并纳入各自的目录库。首批 753 家合作实验室已在各自创新券网站上公示，具体包括北京地区 427 家、天津地区 238 家、河北地区 88家。其中，包括来自北京大学、天津大学、中科院等高校院所国家级省部级重点实验室、工程技术中心、企业技术中心、协同创新中心、省部级产业技术研究院及各类新型研发组织等。三地将对各自的创新券项目进行审核确认，以服务合同和服务收支凭证作为兑现依据对本地企业进行资金兑现，即以先垫资后"报销"的方式开展支持。依据协议三地出台各自的管理办法或实施细则，以保障京津冀科技创新券工作开展。三地支持本地企业利用异地科技资源开展测试检测、合作研发、委托开发、研发设计、技术解决方案、专利服务等科技创新活动。据了解，对符合补贴要求的业务合同，每年最高支持额度将达到 48 万元。随着京津冀协同发展的深入，创新券在京津冀已经实现通用通兑，创新服务提供机构范围更是扩大到全国，达到 1700 多家。

（2）科技企业间的先行对接

自京津冀协同发展战略提出以来，中关村国家自主创新示范区的多家企业积极与天津、河北各地开展合作。京津冀协同发展 8 年间，示范区企业在津冀地区设立分支机构 9000 余家①，有效提升了企业技术创新和关键核心技术攻关能力。

2016 年 11 月 22 日，滨海—中关村科技园正式揭牌。北京的创新基因，在位于天津宝坻的京津中关村科技城生根发芽。通过一系列制度架构，京津之间建立了互利"双赢"的利益共享机制，极大地调动了各方积极性。保定、秦皇岛、石家庄、滨海新区、宝坻等在天津、河北，中关村的元素随处可见，形成了一条条从北京辐射到津冀各地的创新带。2016 年 3 月《高新技术企业认定管理办法》颁布实施，京津冀地区符合条件的高新技术企业异地搬迁实现资质互认。② 相关实施细则明确跨认定机构管理区域整体迁移的高新技术企

---

① 中关村指数 2021 发布，国际科技创新中心网络服务平台［EB/OL］．2021 - 12 - 29，https：//www.ncsti.gov.cn/kjdt/xwjj/202112/t20211229_54585.html.

② 国家发展和改革委员会．京津冀协同发展　北京亮出最新成绩单［EB/OL］．https：//www.ndrc.gov.cn/fggz/jgbg/ywgz/201810/t20181030_1207864.html？code = &state = 123.

业可继续享受高企税收优惠政策。

在天津，北京来津经营（或在津投资）企业呈现区域聚集化、行业高端化特征。2020 年 2 月，天津市发展改革委印发《支持重点平台服务京津冀协同发展的政策措施（试行）的通知》，对符合天津产业定位，由北京转移来津项目，对符合要求的职工，实施放宽落户条件、提供医疗保障等六项举措。"天津八条""促进民营经济发展 19 条"等相继出台，承诺制、标准化、智能化、便利化"一制三化"审批制度改革对标世界一流营商环境。目前，中铁物资集团天津公司、长安建设工程等 100 余家优质京企来津落户。2017 年至今，北京企业在津投资项目 4959 个，资金到位额为 7319 亿元，中海油、中石化等一批央企和高科技企业在天津布局。

在河北，从设备、资金、场地的"硬件安装"，到政策、资源、制度的"软件升级"，河北省多措并举，全方位助推协同创新。2020 年，河北高新技术产业和战略性新兴产业对规上工业企业增加值增长的贡献率分别达 15.9%和 23.2%，产业结构进一步优化。截至 2022 年 11 月，已协同发展促 4 万多家京津企业单位落地河北。

2014 年以来，京津冀区域内科技条件等创新资源开放共享力度持续增强，尤其在科技条件平台建设、创新券互联互通等诸多领域取得了突破性进展。京津冀科技条件资源从"硬件"的设备和互联网到"软件"的合作机制对接，协同发展有了质的飞跃。

（三）存在的问题

京津冀科技条件资源协同发展是一项长期而复杂的工作。目前，京津冀地区科技条件资源跨省市流动不畅，区域内科技成果转化和产业化相对薄弱，三地的科技创新能力差距依旧存在。鉴于区域间利益诉求、保护主义等因素的制约，存在以下问题：

一是京津冀科技条件资源协同发展缺乏顶层设计，直接阻碍了资源的有效整合。三地科技部门虽已签署了两轮合作协议，但仍较为松散。如在科技条件平台建设中，对于如何认识新一轮信息化条件下的总体架构，仍然存在不同的认识，致使京津冀科技条件资源共享工作仍任重道远。

二是一些基础性工作没有得到应有的重视或支持。从《中华人民共和国政府信息公开条例》《促进大数据发展行动纲要》中，人们往往将"政府数据开放"界定为政府机构向社会开放政府数据，而将"政府数据共享"界定为政府机构之间的数据①，致使基础科技信息采集、科研数据治理体系建设等仍存在一些问题，使京津冀科技条件平台建设共享开放问题无法取得新的、实质性的进展。②

二、京津冀企业迁入、迁出现状特征分析

京津冀协同发展战略实施 8 年来，在三地全面贯彻落实创新、协调、绿色、开放、共享五大发展理念，出台了一系列改革措施，成效明显。近五年，京津冀地区迎来了一波企业迁出潮，从北京市迁往河北省和天津市的企业数有所提升，大量批发零售和商务服务企业从北京迁往河北，京津冀协同发展和非首都功能疏解取得了明显成效。但是，从北京迁出的高新技术企业多选择南下，而非就近去往津冀，显示出三地间存在产业链不匹配，区域产业发展的协同化和集群化不足，产业生态圈难以形成的困局。为助力京津冀将更多有活力的企业留在本区域，切实发挥出京津冀协同创新发展效应，本节针对近年来京津冀企业的迁入、迁出情况开展现状调查与问题分析，并提出有针对性的对策建议。

（一）京津冀企业迁入、迁出的总体情况

依托京津冀科技资源创新服务平台，使用京津冀企业画像工具，以工商管理部门公布全量企业信息为对象，辅以企查查自行收集匹配的高新企业情况，数据跨度为 2018 年 1 月 1 日至 2022 年 8 月 31 日（下文的数据都是这个时间段），调查京津冀企业迁入、迁出的当前情况。基于北京市科学技术研究院区域创新团队的长期跟踪，结合近期对行业专家、外迁企业相关人员的访谈，开展京津冀企业迁入、迁出的现状分析。

1. 京津冀区域总体呈现企业净流出态势

2018—2022 年，从北京、天津、河北三地迁出的企业共 8292 家，迁入三地的企业共 5934 家，京津冀区域总体呈现企业净流出态势（见表 6 - 1）。

上述京津冀三地的企业迁入总数和迁出总数中，既包括三地与全国除京津冀区域外其他省市间的企业迁移量，也包括京津冀区域内部企业在三地间

---

① 李广乾. 政府数据与政府数据整合 [J]. 中国经济报告，2020（1）：101 - 114.
② 李小燕，徐云霞，苗润莲. 京津冀协同发展中科技条件共享新态势综述 [J]. 天津科技，2020（10）：5 - 9，12.

的迁移量。为更加准确地体现京津冀区域整体与全国其他省市间的企业迁移量，应从三地企业迁入、迁出总数中扣除区域内企业迁移数据（企业在京津冀三地间的迁移情况）。5 年间有 1658 家企业在北京、天津、河北三地间发生迁移，从三地企业迁入、迁出总数扣除区域内企业迁移数后，显示从全国其他区域迁入京津冀的企业有 4276 家，从京津冀区域迁往全国其他区域的企业有 6634 家。

表 6 - 1　2018 年 1 月至 2022 年 8 月全国 31 省份企业迁入、迁出情况

省份	外省迁入该省企业数	该省迁往外省企业数	该省企业净流出数	该省企业净流出排名
广东	5727	11690	5963	1
北京	1749	4443	2694	2
四川	979	1656	677	3
上海	2754	3007	253	4
吉林	265	489	224	5
黑龙江	226	432	206	6
山西	332	512	180	7
新疆	207	385	178	8
辽宁	568	730	162	9
重庆	532	657	125	10
青海	42	160	118	11
西藏	176	287	111	12
陕西	637	705	68	13
内蒙古	123	170	47	14
贵州	322	344	22	15
甘肃	187	201	14	16
宁夏	74	88	14	16
湖南	1756	1759	3	18
天津	1006	936	- 70	19
云南	393	319	- 74	20
广西	700	578	- 122	21
山东	5721	5550	- 171	22
福建	4973	4724	- 249	23
河北	3179	2913	- 266	24
湖北	2089	1805	- 284	25

续表

省份	外省迁入该省企业数	该省迁往外省企业数	该省企业净流出数	该省企业净流出排名
海南	1151	305	−846	26
安徽	3372	2333	−1039	27
河南	3455	2249	−1206	28
浙江	12913	11369	−1544	29
江西	4139	2052	−2087	30
江苏	10594	7493	−3101	31
总数	70341	70341		

注：企业迁入、迁出数包括京津冀三地相互迁移的企业数量。

2. 北京企业净流出，津冀企业净流入

2018—2022 年，北京、天津、河北三地的企业迁入、迁出态势存在差异，北京呈现企业净流出态势，天津、河北则为企业净流入地。

从北京市迁往全国其他省市的企业共 4443 家，迁入北京市的企业为 1749 家，企业净流出 2694 家，在全国 31 个省份中排名第二。广东、北京、四川是全国迁出企业最多的 3 省/市，江苏、江西、浙江则是吸纳外省企业最多的省份。

天津和河北均为企业净流入地。从天津市迁往全国其他省市的企业共 936 家，迁入天津市企业为 1006 家，企业净流入 70 家。从河北省迁往全国其他省市的企业共 2913 家，迁入河北省的企业为 3179 家，企业净流入 266 家。

3. 京津冀企业迁入、迁出活力持续提升

2018—2022 年，北京、天津、河北三地的企业迁入、迁出数均呈上升态势，并于 2021 年前后应迎来峰值，其后上升态势趋于缓和（见表 6 - 2）。

表 6 - 2　　　　　2018 年 1 月至 2022 年 8 月每年

京津冀三地的企业迁入、迁出情况　　　　单位：家

年份	从该地迁出企业数			迁入该地企业数		
	北京	天津	河北	北京	天津	河北
2018	292	34	73	31	80	53
2019	968	77	257	185	158	398
2020	1429	159	712	327	260	915
2021	1324	402	1176	700	327	1191
2022	430	263	695	505	181	623
总数	4443	936	2913	1749	1006	3179

京津冀三地的企业迁出数量在 2018 年后迅速提升。北京在 2020 年达到企业迁出数量峰值，仅该年就流出 1429 家企业。河北、天津则在 2021 年迎来企业迁出峰值，年度企业迁出量分别为 1176 家和 402 家。在企业迁出规模方面，总体上呈现北京最多、天津最少、河北居中的格局（见图 6 - 1）。

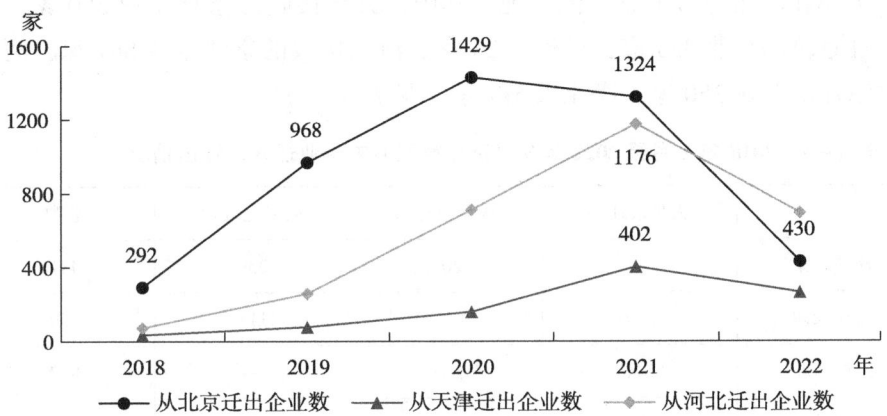

图 6 - 1　2018 年 1 月至 2022 年 8 年京津冀三地企业迁出数量变化

京津冀三地的企业迁入数量在 2018 年后逐渐提升，均在 2021 年迎来峰值。在企业迁入规模方面，总体上呈现河北最多、天津最少、北京居中的格局（见图 6 - 2）。

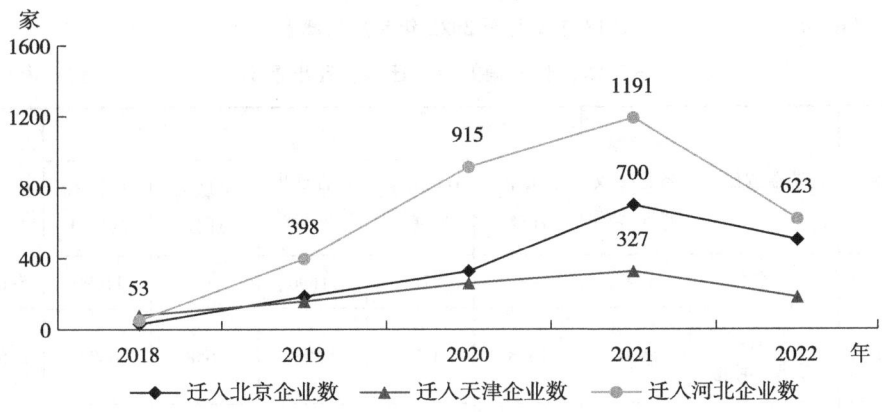

图 6 - 2　2018 年 1 月至 2022 年 8 年京津冀三地企业迁入数量变化

4. 京津冀内部呈现北京企业向津冀流动的态势

2018—2022 年 5 年间，京津冀三地间的企业流动态势以北京向津冀流动为主。在京津冀三地中，北京是唯一的企业净流出地。北京接收的京冀企业441 家，北京迁往京冀的企业983 家，企业净流出542 家。

天津和河北均为企业净流入地。其中，天津接收的京冀企业350 家，天津迁往京冀的企业325 家，净流入25 家。河北接收的京津企业867 家，河北迁往京津的企业350 家，净流入517 家（见表6－3）。

表6－3　2018 年1 月至2022 年8 月京津冀区域内企业迁入、迁出情况

	从北京迁出	从天津迁出	从河北迁出	总数
迁往北京	—	202	239	441
迁往天津	239	—	111	350
迁往河北	744	123	—	867
总数	983	325	350	1658

5. 京津冀区域吸引企业的数量弱于长三角，强于珠三角

将京津冀、长三角、珠三角的区域企业迁入、迁出情况进行对比，显示珠三角的企业净流出数最高，达5963 家。长三角则呈企业净流入态势，从外省迁入长三角的企业达5431 家（见表6－4）。

表6－4　　2018 年1 月至2022 年8 月京津冀、珠三角、长三角的企业迁入、迁出情况　　单位：家

区域	覆盖省份	本区域各省接收企业总数	其中		本区域各省迁出企业总数	其中		本区域企业净流出数
			区域内迁移	从本区域外迁入		区域内迁移	迁往本区域外	
珠三角	广东*	5727	—	5727	11690	—	11690	5963
京津冀	北京、天津、河北	5934	1658	4276	8292	1658	6634	2358
长三角	上海、安徽、浙江、江苏	29633	10375	19258	24202	10375	13827	−5431

注：*香港、澳门的企业迁移数据难以获取，故将珠三角范围限定于广东省。

（二）京津冀企业迁入、迁出的特征分析

1. 京津冀流出企业以中小企业为主

中小企业是从京津冀企业迁出的主力，从京津冀三地迁出的企业共 8292 家，注册资本在 100 万元以下的有 3555 家，在 100 万元至 1000 万元的有 3039 家，共占流出企业总数的 79.52%（见表 6-5）。

表 6-5　　　2018 年 1 月至 2022 年 8 月京津冀迁出企业的注册资本分布及占比

资本	1 万 ~ 100 万元	101 万 ~ 1000 万元	1001 万 ~ 10000 万元	1 亿 ~ 10 亿元	10 亿元以上	总数
北京	1836	1507	868	193	39	4443
天津	292	402	204	34	4	936
河北	1427	1130	311	37	8	2913
总数	3555	3039	1383	264	51	8292
占比	42.87%	36.65%	16.68%	3.18%	0.62%	100%

2. 北京市非首都功能疏解成效明显

在近五年迁出北京的 4443 家企业中，来自科学研究和技术服务业，批发和零售业，租赁和商务服务业，信息传输、软件和信息技术服务业的最多，分别占迁出企业总数的 33.0%、26.9%、12.4% 和 11.3%。其中，批发零售业、租赁和商务服务业的迁出企业共 1750 家，占迁出企业总数的 39.3%。总体来看，近五年北京市呈现的企业净流出态势，发生在全国经济发展减速的宏观背景下，是符合城市发展客观规律的正常现象。外迁企业中，批发零售、商务服务企业、制造业等技术含量较低、污染较为严重的行业企业约有半数，符合北京市优化城市产业结构的发展方针，是非首都功能疏解取得明显成效的力证（见表 6-6）。

表 6-6　　　　　　　北京市企业迁出的行业分布情况

国标行业	全量企业迁出情况		
	企业数（家）	行业占比（%）	排序
科学研究和技术服务业	1465	33.0	1
批发和零售业	1197	26.9	2
租赁和商务服务业	553	12.4	3
信息传输、软件和信息技术服务业	500	11.3	4

续表

国标行业	全量企业迁出情况		
	企业数（家）	行业占比（%）	排序
文化、体育和娱乐业	185	4.2	5
制造业	135	3.0	6
建筑业	85	1.9	7
金融业	73	1.6	8
住宿和餐饮业	65	1.5	9
居民服务、修理和其他服务业	58	1.3	10
房地产业	52	1.2	11
电力热力燃气及水生产供应业	21	0.5	12
交通运输、仓储和邮政业	20	0.5	13
农林牧渔业	14	0.3	14
教育	7	0.2	15
水利环境和公共设施管理业	6	0.1	16
卫生和社会工作	5	0.1	17
采矿业	2	0.0	18
总数	4443	—	—

3. 北京市迁出企业首选江苏，次选河北，京津冀协同成效初显

从 2018 年 1 月至今，从北京迁往外省的企业中有 938 家选择迁往江苏省，占比为 21.11%。有 744 家企业选择去往河北，占比为 16.75%。前往天津的企业有 244 家，在 31 省中排名第七。津冀从北京承接的迁入企业共 988 家，占北京迁出企业总数的 22.24%，显示津冀有序承接了符合两地定位的非首都功能（见表 6 - 7）。

表 6 - 7　　　　　　北京市企业迁出的去向分布

省份	全量企业迁出情况		
	企业数（家）	行业占比（%）	排序
江苏	938	21.11	1
河北	744	16.75	2
浙江	330	7.43	3
河南	320	7.20	4
山东	316	7.11	5

续表

省份	全量企业迁出情况		
	企业数（家）	行业占比（%）	排序
广东	246	5.54	6
天津	244	5.49	7
湖北	208	4.68	8
上海	156	3.51	9
海南	141	3.17	10
安徽	115	2.59	11
四川	106	2.39	12
福建	94	2.12	13
云南	77	1.73	14
辽宁	65	1.46	15
湖南	57	1.28	16
陕西	46	1.04	17
甘肃	40	0.90	18
重庆	36	0.81	19
山西	29	0.65	20
西藏	28	0.63	21
黑龙江	19	0.43	22
吉林	17	0.38	23
内蒙古	17	0.38	23
广西	13	0.29	25
江西	11	0.25	26
宁夏	10	0.23	27
贵州	8	0.18	28
新疆	7	0.16	29
青海	5	0.11	30
总数	4443	—	—

4. 北京迁往津冀企业的技术附加值有提升空间

北京市外迁企业的行业分布格局，随着迁移目的地的不同而存在差异。近五年从北京迁往江苏的 938 家企业中，第一多的是科学研究和技术服务业企业，占比高达 62.58%。第二多的是信息软件服务业，占比为 15.99%。第三多的是批发零售业，占比为 10.02%。

同一时期，北京迁往河北的企业共 744 家，其中，来自科学研究和技术服务业的企业是第一多的，但数量占比仅达 36.69%。第二多的是批发零售业，占比达 29.03%。第三多的是租赁和商务服务业，占比为 9.68%。

北京迁往天津的企业共 244 家，其中，来自科学研究和技术服务业的企业也是第一多的，但数量占比仅为 31.97%。第二多的是租赁和商务服务业，占比为 25.82%。第三多的是批发和零售业，占比为 10.66%。

对比从北京迁往江苏以及迁往津冀企业的行业分布差异，江苏对北京高技术行业企业具有更高的吸引力，津冀在吸引北京高技术附加值企业方面则存在较大的提升空间（见表 6-8）。

表 6-8　　北京市迁往江苏、河北、天津的企业行业分布及其对比

国标行业	迁出企业总况		迁往江苏		迁往河北		迁往天津	
	企业数（家）	企业占比（%）	企业数（家）	企业占比（%）	企业数（家）	企业占比（%）	企业数（家）	企业占比（%）
农林牧渔业	14	0.32	1	0.11	1	0.13	3	1.23
采矿业	2	0.05	0	0.00	0	0.00	0	0.00
制造业	135	3.04	12	1.28	44	5.91	13	5.33
电力热力燃气及水生产供应业	21	0.47	2	0.21	6	0.81	3	1.23
建筑业	85	1.91	13	1.39	10	1.34	5	2.05
批发和零售业	1197	26.94	94	10.02	216	29.03	26	10.66
交通运输、仓储和邮政业	20	0.45	1	0.11	2	0.27	5	2.05
住宿和餐饮业	65	1.46	1	0.11	3	0.40	3	1.23
信息传输、软件和信息技术服务业	500	11.25	150	15.99	66	8.87	23	9.43
金融业	73	1.64	5	0.53	2	0.27	6	2.46
房地产业	52	1.17	2	0.21	13	1.75	4	1.64
租赁和商务服务业	553	12.45	44	4.69	72	9.68	63	25.82
科学研究和技术服务业	1465	32.97	587	62.58	273	36.69	78	31.97
水利环境和公共设施管理业	6	0.14	0	0.00	0	0.00	1	0.41
居民服务、修理和其他服务业	58	1.31	2	0.21	2	0.27	2	0.82
教育	7	0.16	1	0.11	1	0.13	0	0.00
卫生和社会工作	5	0.11	0	0.00	2	0.27	0	0.00
文化、体育和娱乐业	185	4.16	23	2.45	31	4.17	9	3.69
总数	4443	100	938	100	744	100	244	100

（三）京津冀高新技术企业流失的困局

1. 北京市高新技术企业流失严重

近五年北京市有 664 家高新技术企业迁往外地。科学研究和技术服务业，信息传输、软件和信息技术服务业是北京高新技术企业流失的重灾区，分别占流出企业总数的 70.2% 和 22.3%，显示出北京对高技术企业吸引力有所下降（见表 6 - 9）。

表 6 - 9　　　　　北京市高新技术企业迁出的行业分布情况

国标行业	高新技术企业迁出情况		
	迁出企业 数量（家）	迁出企业 占比（%）	迁出企业 排序
科学研究和技术服务业	466	70.2	1
信息传输、软件和信息技术服务业	148	22.3	2
制造业	16	2.4	3
租赁和商务服务业	14	2.1	4
文化、体育和娱乐业	9	1.4	5
批发和零售业	5	0.8	6
建筑业	2	0.3	7
农林牧渔业	1	0.2	8
交通运输、仓储和邮政业	1	0.2	8
教育	1	0.2	8
卫生和社会工作	1	0.2	8
采矿业	0	0.0	12
电力热力燃气及水生产供应业	0	0.0	12
住宿和餐饮业	0	0.0	12
金融业	0	0.0	12
房地产业	0	0.0	12
水利环境和公共设施管理业	0	0.0	12
居民服务、修理和其他服务业	0	0.0	12
公共管理、社会保障和社会组织	0	0.0	12
国际组织	0	0.0	12
总数	664	—	—

超大城市横向比较的结果也印证了北京在竞争高新技术企业时处于弱势。近五年北京市高新技术企业净流出数达600家，占北京市现有高新技术企业总数的1.55%，明显高于同为超大城市的上海、广州和深圳的0.68%、0.59%和0.29%（见表6–10）。

表6–10　　　2018年1月至2022年8月北上广深高新技术企业迁入、迁出情况

城市	该市高新企业总数	迁入高新企业数	迁出高新企业数	高新企业净流出数	流出高新企业占比（%）	高新企业净流出排名
北京	38717	64	664	600	1.55	1
上海	20353	39	178	139	0.68	2
广州	11445	58	126	68	0.59	3
深圳	21569	45	107	62	0.29	4

对于部分全国普遍竞争的高新技术行业，北京市存在企业吸引力不足的窘境。根据企业与专家调研，原因主要有四方面：一是北京市市场饱和，企业竞争极为激烈，开拓新的应用场景比较困难，外迁成为企业寻求新发展空间的手段。二是北京市对高新技术企业提供的优惠政策存在扶持门槛高、补贴金额低、执行欠灵活等情形，与江苏省、浙江省等地相比缺乏竞争力。三是北京市场地、交通、人力等要素成本高昂，中小企业融资环境不友好，企业经营挑战大。四是北京市疫情管理严格，部分业务活动难以开展。

2. 北京市迁出高新技术企业首选长三角，津冀承接北京市高新技术企业能力亟待提升

迁出北京市的高新技术企业在全面衡量地方的基础设施、公共服务、产业生态、营商环境及政商关系后，并未给天津和河北"机会"，而是选择了在长三角落户。从北京流出的664家高新企业中，有502家迁往江苏省，占比高达75.6%，凸显江苏省强大的企业吸引力，遥遥领先其他省份。从北京迁往津冀的高新企业共25家，占流出总数的3.77%，显示京津冀还有很大的高新技术产业合作空间尚待开发（见表6–11）。

表6–11　　　　　　北京市高新技术企业迁出的去向分布

省份	高新技术企业迁出情况		
	迁出企业数量（家）	迁出企业占比（%）	企业迁出排序
江苏	502	75.60	1
海南	36	5.42	2

续表

省份	高新技术企业迁出情况		
	迁出企业数量（家）	迁出企业占比（%）	企业迁出排序
山东	20	3.01	3
广东	18	2.71	4
河北	14	2.11	5
天津	11	1.66	6
安徽	9	1.36	7
浙江	8	1.20	8
湖北	7	1.05	9
上海	6	0.90	10
四川	5	0.75	11
陕西	5	0.75	11
河南	4	0.60	13
湖南	4	0.60	13
江西	4	0.60	13
福建	3	0.45	16
重庆	2	0.30	17
山西	1	0.15	18
吉林	1	0.15	18
黑龙江	1	0.15	18
内蒙古	1	0.15	18
甘肃	1	0.15	18
西藏	1	0.15	18
辽宁	0	0.00	24
云南	0	0.00	24
广西	0	0.00	24
贵州	0	0.00	24
新疆	0	0.00	24
宁夏	0	0.00	24
青海	0	0.00	24
总数	664	—	—

3. 津冀承接北京高新技术企业能力制约的原因

津冀承接北京市高新企业不力，原因是多方面的：首先，北京高端产业和津冀传统产业间呈断裂态势，京津冀区域产业发展缺乏协同机制。天津市和河北省缺乏承接北京市高新技术企业所需的产业配套，北京战略性新型产业的重大研究成果很难在津冀区域落地。津冀传统产业则难以得到高水平的技术指导，缺乏转型升级的方向和突破口，缺乏统一协调的区域产业发展体系。京津冀三地各自为政，津冀两地重点发展的产业方向与北京高度相似，在高端高新产业上相互竞争，亟须建立以跨区域创新链产业链构建融合为目标的系统规划和协同引导机制。

其次，北京"摆不下、离不开、走不远"的高端高新企业疏解不畅。《北京市通州区与河北省三河、大厂、香河三县市协同发展规划》提出，积极推动北京"摆不下、离不开、走不远"产业向通州区与廊坊北三县疏解转移。这些待疏解的企业大多是高端高新企业，具有较高创新能力和市场竞争力，是一些区县 GDP 和地方财政收入的重要来源。在地方政绩考核和利益考量作用下，这些区县疏解工作"不太给力"。

再次，京津冀三地经济社会发展水平和创新水平差异较大，呈现"断崖式"发展，地区间人才资源、基础设施等配套条件差异，导致企业参与京津冀协同创新的积极性不高。而从三地地方政府的各类科技计划专项获资助名单分析看出，高校、科研机构、大型国有企业占比较大，民营企业尤其是中小企业占比较小，即政府对企业参与京津冀协同创新的激励力度也有待提高，仍未确立企业技术创新主体地位。

最后，京津冀在技术转移、知识产权、科技金融等科技服务业领域缺少具有引领作用的龙头科技服务机构，多为中小型科技服务机构，缺少能够跨区域整合资源的凝聚核，导致科技服务业的跨区域协同创新复合体偏少。

总的来说，在国家战略推动下，津冀承接北京市高新技术企业的协同趋势有所加强，取得了一些成效。但不同区域和主体间的协同内在需求和聚合力仍需加强，相关机制有待完善。

（四）促进京津冀更好留住企业的对策建议

1. 深化创新链和产业链融合，推动产业集群化发展

河北、天津承接的北京迁出企业接近企业迁出总数的 1/4，彰显近年来京津冀协同发展取得显著成效。但是，津冀承接的高新技术企业比例偏低，两

地主导产业与北京高新技术产业间存在结构不匹配问题，限制了三地产业链供应链有效协同。有必要以促进区域内产业发展向协同化、集群化演进为导向，推动天津、河北、雄安新区传统产业技术升级，同时提升其承接北京市转化成果的能力，通过项目合作、转化服务平台、产学研合作等途径，尽可能多地挖掘、对接三地成果转化需求，加强京津冀创新链和产业链的融合，形成更加紧密的京津冀协同创新发展整体格局。建议以在京津冀区域打造世界级先进制造集群为目标，加强规划制定工作，提升对区域创新链、产业链布局的引导力度。依托京津冀协同发展领导小组，持续优化京津冀科技成果转化协同推进机制，打破三地高新技术产业政策制定相对孤立、分散甚至存在矛盾的局面，发挥三地科技、工商、税收、财政、产业、金融、人才等政策协同效应。

2. 深化推进京津冀协同发展，完善非首都功能承接格局

建议完善京津冀关于非首都功能疏解的常态化对接机制，加快设计疏解承接利益分享机制，统筹解决疏解承接过程中面临的各类衔接问题和要素配置问题，力争让更多非首都功能疏解到津冀区域内。加强疏解承接动态监测评估，定期开展疏解承接调查研究，及时发现和解决疏解承接过程中出现的新情况、新问题，提高疏解承接效率。综合使用现代疏解手段，采取行政手段与市场手段、法治手段、信息手段相结合的疏解方法，推动各类要素在疏解承接中实现功能重组和优化升级，构建以疏解促提升、以疏解促进高质量发展的局面。推动更大力度模式创新，在津冀有条件的地区，采取合作共建模式，积极承接功能疏解。

3. 完善北京市产业创新生态建设，提升北京作为创新高地的"影响力"

完善北京市创新生态，保障北京市高新技术企业能够获得更好的资本、信息、人才等各类创新资源，提升北京市带动津冀创新发展的能力。建议研究学习江苏省建设营商环境的经验，全方位提升市场主体合法权益的保障力度。建立健全政府统筹推进机制，持续完善优化营商环境改革政策措施，及时协调、解决优化营商环境工作中的重大问题。强化对高新技术企业的金融扶持力度，拓宽融资渠道，健全融资担保体系，完善资本补充机制和风险补偿机制。聚焦软环境建设，建设适应北京市制度和文化环境的技术、企业、资本三方沟通机制。打造多层次人才发展环境。在加大高端人才引进力度的同时，也为高端人才发展需要的其他层次人才留出发展空间，吸引人才体系结构中必不可少的配套型人才，为中小企业发展提供必

要的人力资源。加强京津冀营商环境合作力度，建立重点领域制度规则和重大政策沟通协调机制。

三、高水平推进非首都功能疏解

习近平总书记 2014 年在北京市考察工作时提出要强化首都的"四个中心"定位战略。2015 年 2 月，习近平总书记在中央财经领导小组第九次会议上指出："作为一个有 13 亿人口大国的首都，不应承担也没有足够的能力承担过多的功能。"北京"非首都功能"疏解正式提出。2015 年 4 月，中共中央政治局会议审议通过《京津冀协同发展规划纲要》，提出推动京津冀协同发展是一个重大国家战略，核心是有序疏解北京非首都功能。2016 年、2017 年习近平总书记分别就北京城市副中心、雄安新区规划建设作出重要指示，明确要作为承接非首都功能的重要载体。并指出疏解北京非首都功能、推动京津冀协同发展是历史性工程，必须一件事一件事地去做，一茬儿接一茬儿地干，发扬"工匠"精神，精心推进，不留历史遗憾。2019 年，习近平总书记指出，要紧紧抓住"牛鼻子"不放松，积极稳妥有序地疏解北京非首都功能。要更加讲究方式方法，坚持严控增量和疏解存量相结合，内部功能重组和向外疏解转移双向发力，稳妥有序地推进实施。要发挥市场机制作用，采取市场化、法治化手段，制定有针对性的引导政策，同北京城市副中心、雄安新区协同发力推动疏解。

（一）非首都功能疏解相关政策及成效

1. 非首都功能疏解相关政策分析

国家和京津冀三地出台多个规划文件，指导北京的一般性产业特别是高消耗产业，区域性物流基地、区域性专业市场等，部分第三产业，部分教育、医疗、培训机构等社会公共服务功能，部分行政性、事业性服务机构和企业总部等四类非首都功能[①]在京津冀范围内有序疏解。

北京市先后出台一系列文件推动非首都功能疏解。产业疏解方面，北京市制定了《关于加快推进劣势及不符合首都功能定位的国有企业退出工作的

---

① 有序疏解北京非首都功能是战略核心 [EB/OL]. 新华网，2015 – 08 – 23，https：//www. chinanews. com/gn/2015/08 –23/7483790. shtml.

指导意见》《北京市新增产业的禁止和限制目录》等文件，明确向外疏解的六大类重点行业和具体名录。

2016年，北京市、天津市和河北省联合印发《关于加强京津冀产业转移承接重点平台建设的意见》，指出要聚焦建设一批重点承接平台。天津市先后发布《天津市承接非首都功能的工作意见》《天津市承接非首都功能精准发力意见》《关于进一步深化对接全面加强承接非首都功能有关工作的通知》等。2019年，天津市为推动非首都功能承接制定了七大举措。河北省发布《关于加强京冀交界地区规划建设管理的实施方案》等一系列政策文件，提出加强承接非首都功能的具体举措。其他地方也出台了相关文件落实京津冀协同发展战略，积极承接非首都功能。

为进一步赋予雄安新区更大的改革自主权，2019年，国家出台了《关于支持河北雄安新区全面深化改革和扩大开放的指导意见》，在9个方面提出了支持雄安新区发展建设的35个指导意见，其中有6条涉及承接北京非首都功能。2021年，国务院印发了《关于支持北京城市副中心高质量发展的意见》，要求到2025年城市副中心承接北京非首都功能疏解和人口转移取得显著成效。目前，主要承接地包括作为北京市"一核两翼"重要组成部分的河北省雄安新区、北京城市副中心，天津市滨海新区、河北省唐山市曹妃甸临港工业区、北京大兴国际机场临空经济区等。

2. 非首都功能疏解取得阶段性成果

京津冀各城市立足于区域整体功能定位，充分发挥自身区域优势和比较优势，承接北京非首都功能疏解。北京定位是"四个中心"（全国政治中心、文化中心、国际交往中心、科技创新中心），天津是"一基地三区"（全国先进制造研发基地、北方国际航运核心区、金融创新运营示范区、改革开放先行区），河北是"三区一基地"（全国现代商贸物流重要基地、产业转型升级试验区、新型城镇化与城乡统筹示范区、京津冀生态环境支撑区）。

北京非首都功能疏解，充分发挥"一核"的辐射带动作用，持续增强与津冀协同联动。北京从聚集资源求增长到疏解功能谋发展，是史无前例的转折。北京城市"瘦身健体"取得了阶段性成效，主要体现为：北京首都非核心功能加快向外疏解，首都核心功能相关行业稳定增长，北京成为全国首个减量发展的超大城市。

京津冀三地积极推进民生领域补"短板"、强弱项，基本公共服务均等化水平持续提高。医疗协作日益紧密，教育合作逐步深化。全面落实三地人力资源服务区域协同地方标准，实现三地专业技术人才职称资格互认、高端外国人才办理来华就业手续和审查结果互认。京津冀重点领域和重点地区建设取得显著进展，京津冀 GDP 总量增加了 44.9%。

（二）北京："瘦身健体" 成为全国首个减量发展超大城市

1. 北京非首都疏解积极稳妥有序

2014 年，北京非首都功能有序疏解大幕开启，中央和北京市重大改革创新举措频频落地。北京明确在两个方面下功夫——控增量和疏存量，控制增量被定位为第一步。北京市出台第一版《新增产业的禁止和限制目录》，全市禁限新增产业占国民经济行业分类的比例由 32% 提高至 55%，城六区禁限比例统一提高至 79%。这份全国首个以治理 "大城市病" 为目标的产业指导目录，对明显不符合首都城市战略定位的行业关上了大门控制增量。一年内6900 家企业没 "出生"，东西城的 "批发和零售业" 降幅达到 45%，朝阳区、海淀区、丰台区、石景山区四区的 "居民服务、修理和其他服务业" "批发和零售业" 降幅均在 20% 以上。2015 年，北京动物园服装批发市场（以下简称"动批"）、大红门等批发市场的商户开始搬迁，向河北省廊坊市永清县、保定市白沟新城等地疏解。北京市陆续出台了全国力度最大的差别水价、差别电价政策，运用价格杠杆引导高耗水、高耗能企业调整转型、有序退出。2016年末，北京市常住人口为 2172.9 万人，增量同比减少 16.5 万人，城六区常住人口比 2015 年下降 3%，实现了由升到降的拐点。

自北京开展第一轮 "疏解整治促提升" 专项行动以来，党中央、国务院批复《北京城市总体规划（2016—2035）》，明确到 2020 年，北京要率先全面建成小康社会，疏解非首都功能取得明显成效，"大城市病" 等突出问题得到缓解。2017 年调整疏解 "动批"、大红门、天意等批发市场，清理淘汰一般性制造业企业 1300 余家，超 2 亿平方米违法建筑拆除。"十三五" 期间，北京有序推进非首都功能疏解，空间布局、经济结构和人口规模得到优化提升。出台实施了《关于严格控制北京市域范围内新增项目审批的暂行规定》，累计承接疏解项目 4000 余个。不断完善北京人口调控机制，2020 年北京常住人口为 2189.3 万人，控制在 2300 万人以内的目标顺利完成。

2. 北京非首都功能疏解向纵深推进

"十四五" 规划初期，北京非首都功能疏解迈入新阶段，疏解对象、疏解逻辑等都发生很大变化，中央和各地方统筹考虑、系统谋划、协同推进，高水平推进非首都功能疏解。

在党中央坚强领导下，各有关方面共同努力，制订实施北京市非首都功能疏解方案，进一步明确重点任务和工作时间表，加快构建疏解激励约束政策体系。北京市开展第二轮"疏解整治促提升"专项行动，坚持严控增量与疏解存量相结合，内部功能重组与向外疏解转移双向发力，集中疏解任务基本完成。

北京实施第四版新增产业禁限目录，不予办理新设立或变更登记业务累计近2.4万件。第四版新增产业禁限目录明确了北京市新增产业和功能的底线，对非首都功能增量进行清单式严格管理。

北京市印发了《〈北京市城市更新行动计划（2021—2025）〉的通知》，与疏解整治促提升专项行动紧密配合，抓住疏解北京非首都功能"牛鼻子"，进一步完善城市空间结构和功能布局，建立良性的城市自我更新机制，实现存量空间资源提质增效。北京海淀区东升科技园等的"蝶变"，使北京"腾笼换鸟"华丽转身，为首都先进制造业特别是高新技术产业的发展腾出了更大空间。

人口结构调整是疏解非首都功能、缓解北京"大城市病"的重要举措。随着部分产业外迁和优化，北京市中心城区常住人口占比由2015年的59.3%下降到2020年的50%左右，北京人口和城乡建设用地连续4年、建筑规模连续3年减量。总体来看，首都功能核心区、城市功能拓展区人口规模下降，城市发展新区、生态涵养发展区人口规模上升。北京减少110平方千米的建设用地。

通过疏解，北京不断优化公共服务资源布局。北大附中、北师大附中等优质教育资源在津冀建设分校，北京电影学院、北京大学等4所高校新校区如期投用；在医疗领域，重点推进京张、京承、京保等医疗卫生合作，北京22家市属医院积极与天津、河北开展医疗合作，天坛医院、友谊医院等15个市属医院向外布局，核心区三级医院床位累计疏解2200余张，2021年核心区三级医院外地患者较2019年同期减少约186万人次。

功能疏解的"减法"，换来经济结构和空间结构优化的"加法"。北京对创新要素的投入与日俱增：北京每年从全球各个地方招揽英才，对英才到北京干事创业提供方方面面的支持；"动批"疏解转型为北京金融科技与专业服务创新示范区核心区，宝蓝·金融创新中心用"动批"3%的面积创造了整个"动批"经济效益的总和；2021年，朝阳区新增9家跨国公司地区总部，总数增至 138 家，约占全市的 70%。

目前，非首都功能疏解进入中央单位和相关地区协同发力关键期。随着京津冀协同发展进入新阶段，三峡集团总部回迁湖北、中国船舶集团总部迁驻上海、中国电子集团总部"花落"深圳，8 家大型中央企业总部迁址或选址京外落户，显示出中央企业总部搬离北京的步伐提速，北京非首都功能疏解向纵深推进。有关高校和医院的疏解工作稳步实施，一批具有标志性和影响力的疏解项目有序启动，形成良好的示范效应。

北京成为全国第一个减量发展的超大城市，自两轮"疏解整治促提升"专项行动实施后，疏提并举，首都城市发展方式实现深刻转型。北京首都功能显著增强、协同发展实现历史性突破。"瘦下来"的北京聚合新动能、促高质量发展，综合实力显著增强。2021 年，北京全年地区生产总值突破 4 万亿元大关，人均地区生产总值达 18.4 万元，居全国首位，成为全国首个减量发展的超大城市。

3. 城市副中心：承接疏解、错位发展，集聚优质要素资源

城市副中心在承接北京非首都功能疏解中承担着重要使命，与雄安新区各有分工，错位承接非首都功能疏解。2018 年，《北京城市副中心控制性详细规划（街区层面）（2016—2035）》正式颁布，紧紧围绕对接中心城区功能和人口疏解，规划提出要发挥疏解非首都功能的示范带动作用。2019 年，北京市级机关第一批 35 个部门、165 个单位正式迁入城市副中心办公。2020 年第七次全国人口普查结果显示，第一批行政事业单位搬迁成效已经显现出来。通州全区常住人口为 1840295 人，与 2010 年第六次全国人口普查的 1184256 人相比，增加了 656039 人，增长 55.4%，年平均增速为 4.5%。也就是说，每年平均有 6 万人左右到通州来。2021 年末通州常驻人口占比升至 8.4%。

2021 年，国务院印发了《关于支持北京城市副中心高质量发展的意见》，提出要推进功能疏解，开创一体化发展新局面，有序承接中心城区非首都功能疏解，加快建设通州区与北三县一体化高质量发展示范区，到 2025 年，城市副中心北京市级党政机关和市属行政事业单位搬迁基本完成。"十四五"时期，副中心将全面完成行政办公区二期建设，按计划副中心剧院、图书馆、博物馆三大建筑 2022 年底基本完工，2023 年末具备开放条件，副中心站综合交通枢纽 2024 年末具备通车条件，届时将是北京唯一连接两大国际机场的铁路综合枢纽，也是副中心唯一连接京津冀和城市中心区的换乘枢纽。

2021年9月，首师大附中通州校区、副中心政务服务中心投用，环球主题公园盛大开园，12月北大人民医院通州院区正式开诊。北京中心城区的多所优质中小学校入驻副中心，首师大附中、黄城根小学等都建立了通州校区，计划2023年末建成的中国人民大学通州新校区可容纳学生2万余人，这将对北京中心城区重点高校的疏解起到示范带头作用。城市副中心积极改善营商环境、引导优质要素资源集聚，加快推动中央企业二级、三级企业、北京市属国企、国内企业、跨国企业总部等优质资源搬迁入驻。

城市副中心加快建设通州区与北三县一体化高质量发展示范区。当前，北三县与北京通州区一体化高质量发展进入实质化推进阶段，承接北京非首都功能疏解、产业转移、公共服务延伸全面提速，多领域成效显著。

（三）天津：积极承接、全力服务北京非首都功能疏解

天津在承接北京非首都功能疏解方面有独特优势：天津区位优势明显、产业完备、政策优惠，运营成本比北京较低，在天津自主研发基础上还能借助京津两地大院大所和高校资源升级技术。

2016年，天津滨海—中关村科技园挂牌成立，园区利用北京中关村和天津滨海新区创新政策叠加优势，积极承接高新技术企业转移和重大科技成果转化，截至2020年底，园区新增注册企业2109家，注册资本金752.469亿元。滨海新区营商环境不断优化，2021年5月首个"京津通办"自助服务厅在滨海新区政务服务中心投用，厅内设有北京政务服务自助服务终端2台，179项北京政务服务事项和200项天津政务服务事项可通过自助终端24小时自助办理，打破地域阻隔和信息壁垒，实现了"京津通办"新突破，为企业群众跨省异地办事提供便捷化服务，提升了政务服务能力；在教育和医疗方面，中国核工业大学落户滨海新区，滨海新区与清华大学附属小学共建临港实验小学、与北师大附中共建十二年制学校；京津冀异地就医普通门（急）诊实现直接结算，京冀执业医师在滨海新区实行了多机构备案，一项项民生福祉让滨海人幸福满满。政策体系不断完善优化，"造血"功能不断壮大，搭建起集创新创业、市场、金融、技术、人才、校企合作、国际互通于一体的企业服务平台。2021年，滨海新区承接非首都功能疏解投资2800亿元，并加快引进北京项目。

天津市初步形成了以滨海新区、武清区和宝坻区为主要承载地，各区有力支撑的产业承接新格局。京企多因滨海新区、武清区等优惠政策、便捷的

交通和区位优势疏解而来，超六成京企认为自身发展较好或向好，超八成京企对天津营商环境的总体评价较高。

天津多举措承接北京非首都功能。天津市对落户到天津滨海中关村科技园和宝坻京津中关村科技城、符合天津产业发展定位的北京转移来津项目制定六项措施，在备受关注的落户、购房方面均出台最新规定。优惠的落户政策，吸引着大量"北漂"扎根天津。符合天津产业发展定位的北京转移来津项目，其职工符合"海河英才"行动计划落户条件的，直接办理落户等，天津出台的落户政策，在年龄和学历上不断降低门槛。

天津市大力发展会展经济、培育建设国际消费中心城市、建设区域商贸中心城市，作为北京非首都功能疏解的重要承接地之一，天津商贸城项目承接了北京"动批"、大红门等数千家一级优质批发商户外迁升级，累计承接北京商户3700余家，成为华北地区最大的男装批发集散地。商户顺利搬迁与快速融入，离不开协同发展的政策支持和天津方方面面的倾力服务。天津商务委主动上门服务，就子女教育、落户、购房、税收等方面问题向企业介绍政策、答疑解惑，能够解决的问题立即督办。

天津在对接、融入、服务上升级加力，主动服务北京非首都功能疏解，积极促进创新资源合理流动，推动协同创新共同体建设，初步形成定位清晰、分工明确、开放共享、协同一体的协同创新格局。一是推动创新要素跨区域流动共享，实现了三地大型科学仪器设备资源开放共享，实现了专业技术人员职称资格互认等。二是促进三地投融资协同共享，与京冀建立互相衔接的创新券合作机制，初步建立了多层次区域金融支撑体系。三是深入推进区域要素市场一体化、投资贸易便利化等改革，136项个人服务和企业生产经营高频事项实现"跨省通办"。

天津坚持保障和改善民生，推进基本公共服务共享。一是推进医疗资源共建共享，着力完善医疗服务联动协作机制。深化三省市异地就医住院、门诊直接结算等方面合作，全市千余家医院实现京津冀异地就医医保门诊联网直接结算。二是促进教育资源协同共享，积极对接北京协和医学院等重点院校，完善学科建设、人才培养、成果转化等方面合作机制。天津与京冀构建职业教育协同发展共同体，成立商贸、信息安全等十余个跨区域特色职教集团（联盟）。三是深化"通武廊"区域教育合作，推动基础教育服务均等化先行先试。完善京津冀教育协同发展定期会商机制，构建京津冀职业教育协同发展共同体。

（四）河北：有效承接，全力打造北京非首都功能疏解首选地

1. 河北全域承接、多点发力、全面协同

河北紧紧抓住非首都功能疏解的历史性机遇，提出自觉服从京津冀协同发展大局，发掘用好京津辐射带动作用，努力使河北成为承接疏解首选地。

2015 年，河北新发地的开业启动承接北京非首都功能疏解。2018 年，北京数家花卉市场开始疏解腾退，河北新发地也在承接中迎来应有的收获，成为全省承接北京非首都功能疏解的引领示范项目。河北新发地园区内经营品种覆盖全球 54 个国家和地区，市场辐射范围达 13 个省市自治区，实现交易量 800 万吨、交易额达 410 亿元。

河北承接北京非首都功能疏解有力有效。集中打造"1 + 5 + 4 + 33"重点承接平台体系，举办京津冀产业转移对接会等重大对接活动，统筹雄安新区等承接布局，疏解空间格局逐步优化，加快推进曹妃甸、渤海新区、正定新区等承接平台建设。首钢等一大批疏解项目落户河北，以北京现代汽车沧州工厂为代表的一批先进制造业疏解项目落户河北。河北基本公共服务共建共享，取得实质性进展。首都医科大学宣武医院与河北医大一院合作共建国家区域医疗中心正式挂牌，20 多名北京的全国知名专家随即入驻，河北患者在石家庄就能挂上顶级专家号。河北省石家庄市政府与首都儿科研究所附属儿童医院共建首都儿科研究所附属儿童医院石家庄医院。京津冀高校优质课程共享，优势科研资源开放，中小学教师互派，河北累计上千名骨干校长教师到京津优质学校跟岗培训。

河北通过实施科技英才"双百双千"工程，累计引进来自京津的产业创新创业团队 109 个，引进京津科技型中小企业创新英才 1604 名，有效壮大了"人才雁阵"，实现了科技人才引进来。

深化协同发展重点领域率先突破，拉动效应不断显现。在新型城镇化和城乡统筹示范区方面，河北新型城镇化率已达到 61.1%；2022 年上半年全省承接 5000 万元以上京津转移新开工项目 270 个，总投资达 1494 亿元。疏解地的推力、承接地的拉力、汇聚成京津冀三地产业协作的强大合力。2022 年上半年，河北承接京津转入单位 2779 家。[1]

廊坊打造现代商贸物流发展高地，商贸物流业呈现出良好的发展态势。

---

① 河北全力打造北京非首都功能疏解首选地 [EB/OL]. 河北省人民政府网站，2022 – 08 – 02.

廊坊抢抓疏解北京非首都功能机遇，举全市之力发展现代商贸物流产业。2022 年以来，廊坊共签约商贸物流产业项目 31 个、总投资 340 亿元，在建项目 27 个、总投资 210 亿元。廊坊临空经济区作为全国唯一一个跨省级行政区划建设的临空经济区，能充分发挥北京大兴国际机场航空枢纽作用。目前，在建项目 40 个，累计完成固定资产投资 285.1 亿元，同比增长 17.8%；一般公共预算收入 8.5 亿元，同比增长 158.2%。

保定市着力打造承接北京非首都功能疏解的战略支点，建设国际医疗基地和国家区域医疗中心。2021 年 3 月，68 家医疗卫生机构与京津 85 家医院、高等院校、科研院所开展了超过 150 项深度合作。北京儿童医院托管保定儿童医院成效显著，五年来门诊和手术人次分别增长 2.4 倍、2.87 倍。保定市积极谋划以肿瘤治疗为主的国际医疗基地，建设京津冀医疗服务保障区。

2. 雄安新区聚焦非首都功能疏解取得突破性进展

2017 年设立雄安新区，雄安新区是疏解北京非首都功能的集中承载地。党中央和国务院批复《河北雄安新区规划纲要》，提出雄安新区要通过承接符合新区定位的北京非首都功能疏解，积极吸纳和集聚创新要素资源。2020 年《河北雄安新区启动区控制性详细规划》颁布，明确 2022 年的建设目标包括京冀密切协作，完善承接疏解政策，确保首批北京非首都功能疏解项目落地。从 2020 年进入承接北京非首都功能疏解和大规模建设同步推进的发展阶段。

随着非首都功能疏解空间格局的加快构建，雄安新区从规划阶段转入大规模建设阶段。北京市"十四五"规划纲要明确提出了"推动非首都功能向雄安新区转移""支持部分中央在京行政事业单位、总部企业、高等学校等向雄安新区有序转移"等内容。针对率先启动的高校、医院、央企总部等非首都功能疏解项目，京津冀协同发展领导小组制定具体实施办法，进一步明确年度重点工作和时间表、路线图，成熟一个、实施一个，成熟一批、实施一批。雄安新区加快推进 120 多个重大项目建设，高峰时期有 20 多万名建设者在紧张有序施工。

雄安新区积极营造良好承接环境，为确保疏解项目和人员"来得了、留得住、发展好"，雄安新区筑巢引凤，持续提升软硬环境吸引力。在启动区市政基础设施建设现场，各项工作全面展开，作为率先建设重点区域和承接北京非首都功能疏解的高质量样板，公共服务设施、生态绿谷等项目建设正抓紧推进，启动区地上地下"五位一体"基础配套设施建设基本成型。作为新区承接非首都功能疏解和北京先期入驻企业的职住一体综合园区，雄安商务服务中心投入使用。新建成的启动区规划展示中心,为疏解对象提供注册、供地、审批、建设等"一站式"综合服务。

承接疏解组织机构体系逐步健全。新区成立了党工委、管委会主要负责同志为组长的承接疏解保障工作领导小组,设立承接高校、医院、企业总部疏解三个专班,健全"指挥部+管委会+工作专班+综合服务中心"疏解服务机制,实行"一个项目、一个领导、一个班子、一套方案、一跟到底"的协调服务机制,切实增强承接疏解工作力量。

承接北京非首都功能疏解配套政策体系不断完善。按照成熟一项、出台一项的节奏,制定承接北京非首都功能疏解实施意见,加快住房、薪酬、社保、医保、人才等"一揽子"配套政策制定,出台积分落户、居住证实施办法等,增强新区对北京非首都功能的吸引力。

疏解企业落户服务质量不断优化。新区围绕高效服务企业落户,在严格执行新区产业鼓励类目录、产业禁限类目录两个清单的同时,为符合产业定位的北京投资来源企业开辟"绿色通道",设立承接疏解服务窗口,并全面推行企业开办全程网上办理,升级企业开办"一窗通"平台等,有力地保障了疏解项目落地工作的开展。

公共服务保障水平不断提升。北京市支持新区"三校一院""交钥匙"项目,"三校"项目全部交付,"一院"一期主体结构封顶,为新区高水平公共服务奠定了坚实的基础。同时,一批市政基础、公园绿化、商业办公等设施项目加快实施,优良的疏解承接环境正逐步形成。65所京津冀知名医疗卫生机构与雄安三县48家医疗卫生机构、乡镇卫生院结对帮扶,雄安新区医疗保障和公共卫生服务能力快速提升。

一批重点疏解转移项目有序落地。首批标志性疏解项目加快在新区落地,从2022年起,部分在京部委所属高校、医院和央企总部启动分期分批向新区疏解。北京科技大学、北京交通大学等4所在京部属高校明确率先在雄安新区规划建设新校区;雄安新区首批在京部委所属医院疏解项目全面开工建设,雄安宣武医院北京投资部分建成并开诊运营;中国星网、中国中化、中国华能首批3家疏解中央企业总部完成项目供地并有序启动建设程序,中央企业在新区设立分支机构等120余家。

(五)非首都功能疏解当前存在的问题

以一般制造业和物流市场为主体的非首都功能疏解渐进尾声,新一轮非首都功能疏解即将开启，高水平推进非首都功能疏解难度加大，疏解面临更加复杂的"多方博弈"难题。

当前主要存在以下五点问题。

一是非首都功能的疏解是一个长期、综合性的工程，需要做好顶层设计的疏解。需要做好与周边承载地的对接，更要及时解决疏解承接存在的"卡壳"问题。如新城及非首都功能承载地建设不健全、大城市周边新城建设大多需要一定的时间等。

二是非首都功能疏解涉及利益体比较多需加强统筹。北京行政区内分布众多中央企业及事业单位，非首都功能疏解涉及中央、地方、央企、民企、本地居民等众多利益，在实际操作中一定要谨慎决策，不能因解决一个问题而带来更多问题。①

三是北京资源环境压力依然较大。人口集中，单中心格局发展情况难以在短期内改变。北京公共资源建设与承接地资源建设差距大，北京区域功能与人口不协调。北京区域功能与人口匹配度不强，职住不均衡、"潮汐"的往返生活方式依然突出。北京集体建设用地成为低端产业和外来人口聚集地。

四是尽管河北承接非首都功能疏解有了明显进展，但对标打造现代化新型首都圈、形成中国经济发展新支撑的协同发展目标要求仍有一定差距，典型体现在京津冀经济总量在全国位势逐步下降，作为三地发展程度最低的河北承接能力不足，主要体现在以下四个方面：承接基础较弱、承接能力较低、承接平台不强、承接保障不足。②

四、科技资源共享流动促进京津冀协同创新建议

科技资源共享联动是一项复杂的系统工程。科技资源包括科技财力资源、科技人力资源、科技物力资源、科技信息资源四个方面③，又涉及科技创新、经济、社会等多个领域④，人才、资金、设备、科研院所企业等主体、关联机

---

① 王德利，许静，高璇. 京津冀协同发展背景下北京非首都功能疏解思路与对策 [J]. 经济研究导刊，2019（9）.

② 冯鸿雁，朱云飞. 北京非首都功能疏解与河北承接对策研究 [J]. 当代经济管理，2022，1（44）.

③ 周寄中. 科技资源论 [M]. 西安：陕西人民教育出版社，1999.

④ 孙艳艳，李梅，张红，苗润莲. 基于创新生态系统的区域创新服务平台资源体系构建研究 [J]. 中国科技资源导刊，2020，52（3）：1 - 8.

制、创新环境等都是科技创新体系的要素①②，各组成要素形成一个具有层次性密切联系的系统③，直接参与技术创新活动，并对创新成果的形成起决定作用。通过对科技资源重点要素的分析，从科技条件资源共享、企业区域流动、非首都功能疏解几方面总结京津冀协同中存在问题，提出科技资源共享流动促进区域协同创新的建议。

（一） 京津冀科技资源创新服务存在问题分析

1. 三地科技资源分布不均衡，资源共享需要加强

京津冀是中国科技资源最丰富的地区之一，坐落着上百所大学和上千家科研院所，聚集了 3 万多家高新技术企业，有力地推动了地方创新发展。但是，长期以来京津冀三地科技资源空间分布不均衡、配置利用不充分等问题普遍存在④，开放共享程度相对较低，不能满足创新驱动要素需求。科技资源在空间上没有形成聚核效应，跨省市流动不畅，地区间资源配置具有明显的分化与极化特点，资源闲置与供给不足现象并存。从目前发展情况来看，京津冀已逐步推进科技资源条件共享，但省（市）际科技资源共享的深度与广度都远未达到预期目标。由于缺乏区域整体资源的配置思路，有些地方存在大量同质的基础科技资源但利用效率不高，而有些地区需要大量资金和高层次人才的高端精密仪器却无法满足，存在资源使用低效和供给不足的双重矛盾；条块分割的限制、相关人才及激励机制的缺失也阻碍了真正意义上科技资源的开放共享，造成了资源共享服务功能、服务质量较低，影响了区域科技创新的效率。⑤

2. 产业链不完整，创新能力梯度差异明显

科技资源是科技服务业的基础性资源。北京市科技服务业规模和水平全国领先，而天津、河北两地科技服务业相比北京还有较大差距，三地落差明

---

① 刘玲利. 科技资源要素的内涵、分类及特征研究 ［J］. 情报杂志，2008，27 （8）：125 - 126.

② 贺德芳，唐玉立，周华东. 科技创新政策体系构建及实践 ［J］. 科学学研究，2019，37 （1）：3 - 10.

③ 董明涛，孙研，王斌. 科技资源及其分类体系研究 ［J］. 合作经济与科技，2014 （19）：28 - 30.

④ 李梅，苗润莲，张岸，孙艳艳. 基于 GIS 的京津冀科技资源数字地图服务平台构建 ［J］. 现代情报，2017 （6）：172 - 177.

⑤ 李峰，张贵，李洪敏. 京津冀科技资源共享的现状、问题及对策 ［J］. 科技进步与对策，2011，28 （19）：48 - 51.

显，从近五年的北京企业迁出数据分析，迁出最多的是科技服务业，但不是流入河北天津，而是大量落户到江苏等地，这也反映出京津冀区域内科技服务能力差异明显，跨区域协同度不高，三地间创新环境、产业基础能力存在梯度差异，影响了创新主体的流动选择；科技成果市场化和创新服务联动机制不完善，导致成果转移转化不力、不顺，供需对接不畅和跨区域创新服务能力整体薄弱，制约着要素流动和创新能力支撑，成为制约京津冀协同发展、全国科技创新中心建设的主要"瓶颈"。中国长三角与珠三角也存在不同程度的科技资源不均等现象，但由于行政区划相对开放和市场活力深厚等原因，产业协同发展态势较好。

3. 非首都功能疏解成效明显，但新的经济增长点尚未形成

北京市紧紧扭住疏解非首都功能这个"牛鼻子"，疏字当头，保障首都功能，在减量中倒逼集约高效。截至 2020 年 6 月，全市不予办理的工商登记业务累计达 2.32 万件，退出一般制造业企业 2827 家，疏解提升市场、物流中心 786 个，教育、医疗等公共服务资源布局得到了优化。但在疏解的同时，一方面新的适合北京发展的经济增长点尚未形成，功能疏解与经济增长的困境显现；另一方面津冀承接能力不足，一般制造业企业疏解津冀承接不足、高端高新制造业企业疏解不畅、环京制造业升级困难、京津冀产业整体外流等现实矛盾日益凸显。

雄厚的科技资源禀赋和投入并没有带来对应的创新驱动能力和经济产出。面对区域创新发展需求，如何将北京科技资源规模大、水平高的显著优势，转化成刺激京津冀地区高质量发展的动力，为京津冀区域经济发展营造新的增长点，成为京津冀协同创新的关键所在。

（二）科技资源共享联动促进京津冀协同创新建议

1. 创新体制机制建设，推动区域科技资源共享

建设完善的科技资源共建共享机制，是京津冀创新资源活化和价值创造的必由之路。近年来，三地开展了一些改革探索。例如，2018 年修订的《首都科技创新券资金管理办法》启动了京津冀创新券试点，主要支持三地企业利用异地科研设施与仪器开展研发和科技创新活动。京津冀通过遴选形成互认开放实验室目录，实现了三地科技创新券互认互通。在利好政策的推动下，北京向河北的技术输出有所增强，2019 年河北吸纳北京技术合同成交额达到214 亿元，较 2017 年增长了 41%。

尽管取得了一定进步，但挑战依然严峻。其中，尤以北京市创新资源潜力的释放最为困难。2019 年北京流向津冀的技术合同成交额为 282.80 亿元，仅占流向外省市成交总额的 9.86%，另有 90% 流向津冀之外区域，进一步健全科技资源共建共享机制的需求越显急迫。

一是推动地方性科技资源共享的体制机制建设，持续深化京津冀三地创新资源的开放合作。拓展国有科技资源经营权与所有权分离政策的适用范围，将科技成果、专家人才等国有科技资源也纳入首都科技创新券的补贴范围，进一步激活北京市国有科技资源的增值潜力。强化科技成果登记和公开，对政府资助关联成果进行全覆盖式登记，对非财政资助成果协助其办理登记，在保障国家安全和市场秩序的前提下，登记的科技成果信息及时向社会公开发布。① 推动地方性科技资源共享的体制机制建设，明确科技资源共享体系权限，划分资源共享的行政管理权限和资源本身的行政管理权限，破除科技资源共享的机制障碍。

二是建立科技资源共享市场规范，利用市场力量整合区域科技资源。制定京津冀科技资源共享的相关标准；建立京津冀科技资源共享的信用机制和安全机制；构建京津冀科技资源共享的市场监管机制和调控机制。三地应充分发挥市场优势，创新科技资源共享模式，多渠道推动资源共享：通过科研合作聚集跨学科、跨地域科技资源，实现资源利用的互补，获取科技资源的"乘数效应"；科技资源共享要打破传统模式，建立以开放服务为主、市场化差别化收费为辅的运行模式，通过合作提高科技资源的共享效率。

三是创新科技资源服务模式，突破空间约束。运用"互联网＋"、大数据的新技术新产品，建立统一开放的公共数据共享和开放平台体系，推进京津冀大型仪器设备、科技信息、科技人才等资源共享公用，打造成国家级科技资源共享示范区，例如，通过建立大型设备共享联盟，推动搭建京津冀"科技资源共享信息平台"等；鼓励社会各类创新主体相互合作交流，引导资源要素跨区域流动，实现科技资源供给侧结构性改革，提高京津冀科技资源利用效率。

2. 深化京津冀创新链和产业链的融合，合力打造区域性创新生态圈

企业、高校、科研院所是科技资源的三大主体，是科技创新主体，由于历史、经济、政治等原因，京津冀企业、高校、科技机构等创新主体呈现

---

① 向宁，苗润莲. 京津冀协同七年，转化难成一痛点 [N]. 中国科学报，2021－8－25（003）.

"大集聚、小分散"空间分布特征，大量资源集聚在京津地区，河北与京津相比规模和水平存在较大差距①，导致科技资源整合、协同联动存在障碍，影响了科技资源的配置效率。

一是加快形成科技资源空间网络布局。空间优化配置的关键是提高区域全要素生产率、优化科技资源的空间配置、增强重点地区空间集聚效率。通过建立适宜的全要素生产力形成的制度环境和政策微调机制，缩小三省市间的差距，尤其是河北地区通过改善技术市场交易、基础设施、人才流动等方面的政策，提高潜在全要素生产率，提升空间集聚动力，为科技资源存量增值和结构优化提供保障；推动科技创新资源在京津冀地区不同创新主体、不同创新领域和不同地区的合理分配和重组②，促进跨区域科技资源共享利用、创新要素布局和生产力布局相匹配，虚实结合优化京津冀科技资源空间结构，加快形成分工协作、联系紧密的协同创新空间网络布局。

二是深化区域创新链、产业链融合。加大对产业链布局的引导力度，结合京津冀三地的发展目标和条件禀赋，组织开展专项研究，选择重点发展的产业集群，以此提出重点创新链、产业链在三地的布局方案，助推河北省、雄安新区提升成果转化承接能力，促进京津冀传统产业转型升级；同时，按照创新链和产业链构建理论，分析链条缺失环节，通过兼并重组、分支机构设立、共建科研机构等方式形成复合主体，合理配置上下游中小企业等缺失资源，实现跨区域链条构建，推动京津冀高端高新产业集群形成。③ 本着优势互补原则，完善产业链条，促进产业链和创新链协同发展，让创新主体间资源共享，迅速形成集聚效应，提升创新资源效率。

三是提升京津冀科技资源与产业融合发展能力。以促进区域内产业发展向协同化、集群化演进为导向，形成科技资源与产业协同化、集群式发展格局，提升天津市和河北省承接北京市转化成果的能力和载体，推动北京重大研究成果在津冀区域落地，推动津冀传统产业转型升级；完善京津冀区域内科技研发、成果转化和产业化链条，实现创新链与产业链的深度融合，建立

---

① 李梅，毛维娜，童爱香.京津冀区域科技资源配置对比分析 [J].中国科技资源导刊，2020，52（1）：101-108.

② 鲁继通.京津冀科技创新效应与机制保障研究 [M].北京：经济管理出版社，2017：32.

③ 孙艳艳，苗润莲，李梅，张红.京津冀创新生态系统资源整合模式、路径和机制研究 [J].中国科技论坛，2020（6）：112-122.

以企业为主体、市场为导向的产学研合作技术创新体系①，形成区域性创新生态圈，充分发挥北京产学研的辐射带动作用，推动三地创新主体、创新平台、科技成果和信息、技术、人才等科技资源要素的共享流动，培育产业发展新动能。

3. 建设创新成果转化需求精准对接机制，拓展北京作为创新高地的"辐射圈"

科技成果转移转化是京津冀科技资源市场配置的重要环节，参与主体包括科研院所、科技企业、资本方、科技服务机构、公共管理者等，通过盘活科技成果，推进技术、资金、人力等科技资源的有效整合，发挥技术进步对生产力的提升作用。近年来，科技成果市场化虽取得显著成效，但存在创新主体内在动力不足，对接渠道不畅，以及河北承接、孵化能力相对薄弱等问题，影响着跨区域成果转化与产业化。建议从科研项目组织机制改进和创新平台建设、市场化推进方面，围绕京津冀科技成果转化需求的精准对接，开展新机制的设计应用和试点示范。

一是要完善京津冀三地重大科研项目协调机制。为支持北京高水平成果在天津、河北、雄安新区转化，落实《国务院办公厅关于改革完善中央财政科研经费管理的若干意见》，建议整合三地科创财政资源，设立"京津冀科技创新合作专项"，鼓励需求挖掘和对接的下沉化，采用"订单式立项""揭榜挂帅"等方式，面向京津高精尖技术应用、河北省传统产业升级的需求指导科研项目立项。改进和创新传统创新联合体的组织机制，支持龙头企业承担科技创新"出题者""答题者"和"应用者"的相关职责，联合政府为重大科技创新提供工程化和产业化场景，龙头企业可有效整合不同创新主体或科研机构中的分散化创新资源，以需求牵引科技发展，形成可持续的资源整合和创新突破，加速科技成果与产业需求深度融合。②

二是推动各类创新平台共建，鼓励各类创新主体开展异地合作。在雄安新区、河北·京南国家科技成果转移转化示范区开展先行先试改革，促进天津、河北、雄安新区传统产业技术升级，通过项目合作、转化服务平台、产学研合作等途径，挖掘对接三地成果转化资源与需求，承接北京优质创新资源疏解转移和科技成果转化。鼓励京津冀研发机构、企业等创新主体联合开

---

① 邢玉冠，杨道玲. 基于大数据的京津冀协同发展战略进展与成效分析 [J]. 经济师，2022，(3)：8－10.

② 戴建军，田杰棠，熊鸿儒. 组建创新联合体急需新机制 [J]. 科技中国，2022（11）：1－4

展共性技术攻关和先进技术应用场景建设，在人才培养、成果转化等方面开展全方位战略合作，共同推动新技术新产品迭代升级、示范应用，提升成果产业化水平。①

三是健全技术创新市场导向机制，加快人才、资本和技术交易市场一体化进程。建立以市场为导向的跨区域产学研用科技成果产业化资源平台，整合、重组三地科技资源要素信息，促进供需双方的精准对接。完善科技成果资本化专业化服务体系，整合资本、科技和人才等各类科技资源要素，市场决定、政府引导、社会响应，真正发挥市场对技术研发方向、路线选择、要素配置的导向作用。② 同时三地要营造宽松开放的环境，打破各地政策办法孤立、分散甚至矛盾的状态，发挥区域内科技、工商、税收、财政、产业、金融、人才等政策的协同效应。

4. 持续创新疏解机制，推动功能疏解向要素辐射带动升级

北京通过疏解非首都功能，推动非首都功能资源向津冀乃至相邻省份外溢，向内缓解压力、向外释放动力，成为全国第一个减量发展的城市。建议完善津冀非首都功能承接格局，推动功能疏解向要素辐射带动升级。

一是优化科技资源要素配置，提升京津冀产业承接能力。统筹解决疏解承接过程中面临的各类衔接问题和科技资源要素配置问题，在津冀打造一批有效承接北京"摆不下、离不开、走不远"的非首都功能疏解的"微中心"，推进非首都功能疏解优先在一定空间内"聚集化、链条式、集中化"布局；适当输出北京优质公共服务资源，提升河北综合基础和服务支撑能力，增强津冀对非首都功能的承接能力。借鉴北京景山学校、人大附中等优质教育资源向通州和廊坊北三县布局，以及开展医联体建设的做法，北京向"微中心"适当输出教育、医疗、科技等公共服务资源，提高"微中心"对高端人才的吸引力，以人才汇聚创新企业、科技成果、金融资本等科技资源，提高对各类非首都功能转移的吸引力。

二是推动功能疏解向要素辐射带动升级，推动创新链、产业链、供应链"三链联动"，打造京津冀产业协同新高地。③ 在疏解承接中创新模式和手段，

① 向宁，苗润莲. 京津冀协同七年，转化难成一痛点 [N]. 中国科学报，2021 – 08 – 25 (003).

② 向宁，王佳见，苗润莲. 北京市推进科技成果资本化的现状、问题与对策 [J]. 全球科技经济瞭望，2021，36 (6)：19 – 25.

③ 邢玉冠，杨道玲. 基于大数据的京津冀协同发展战略进展与成效分析 [J]. 经济师，2022 (3)：9 – 10.

用新技术新理念推动科技资源要素实现功能重组和优化升级；鼓励北京在津冀两地发展飞地经济、异地产业园区、服务外包基地，探索京津冀三地在重大项目、产业转移、共建园区和产业化基地的共建共享，形成优势产业集聚和产业链上下游环节联动的合力，提升京津冀区域产业协同发展能力。推动企业疏解与产业升级并举，在转移的同时推动企业转化利用先进科技成果实施生产工艺、设备的改造升级，实现技术升级、产品升级与环保升级，同时综合考虑创新资源支撑、产业基础，打造区域创新型产业集群和产业协同新高地，形成创新链、产业链、供应链融合，功能定位明晰的京津冀区域产业分工与协同发展格局。

第七章　京津冀协同创新案例研究

一、科技冬奥推动京津冀协同发展

北京 2022 年冬奥会和冬残奥会（以下简称冬奥会）是全球最具影响力的综合性冬季体育赛事之一。北京、张家口携手举办北京 2002 年冬奥会是实施京津冀协同发展战略的重要举措。科技力量为冬奥会的筹办和举办提供了有力支撑，也对京津冀经济社会高质量发展发挥了积极作用。在冬奥会筹备与举办期间，大批科学技术被应用到基础设施、生态环境、民生服务等方面，带动京张两地交通基础互联互通、生态环境联防联治、产业发展互补互促、公共服务共建共享，助力京津冀协同发展战略实施取得了积极进展。

（一）科技冬奥助力京津冀基础设施建设

举办大型体育比赛，不仅要有高规格的体育比赛场馆，也要有高度发达的交通通信等配套设施。2015 年以来，京津冀交通通信等基础设施得到很大改善。

1. 京津冀交通基础设施提质升级

北京与张家口等地大量路网基础设施建成，京津冀地区路网的通行能力和服务质量不断提高，推动京张两地交通互联互通。京张高铁开通运营，京礼高速全线贯通，连通北京冬奥会三大赛区。北京地铁 11 号线西段于 2021 年底通车，服务于北京冬奥会首钢赛区和首钢滑雪大跳台场馆。张家口建成京张高铁崇礼铁路、太锡高铁太崇段，建成张承高速和京礼高速，建成国道承塔线、6 条省道、4 条县道、14 条乡道、259 条村道，建设张家口南、太子城高铁站、崇礼北、崇礼南客运交通枢纽，四纵三横一环的立体交通网络已经形成。随着京张高铁和京礼高速通车，北京延庆区正式进入"首都半小时经济圈""生活圈"，交通实现了质的改变。在北京冬奥会的带动下，区域交通干线逐步织密，综合性交通枢纽逐步建成，区域交通基础设施体系更加完善，不仅满足了奥运保障需求，也为冬奥之后区域长期可持续发展提供了有力支撑。[①]

2. 先进技术应用提升交通基础设施服务质量

京张高铁开启了世界智能铁路的先河。京张高铁广泛应用了云计算、大数据、物联网、移动互联、人工智能、北斗导航等高新技术，实现了高铁移动装备、固定基础设施及内外部环境间信息的全面感知、泛在互联、融合处理、主动学习和科学决策，让火车出行更加方便快捷、节能环保、安全可靠。京张高铁北京清河站至延庆站最短仅需 26 分钟，北京清河站至张家口太子城站最短仅需 50 分钟，提升了张家口的经济可达性。

先进技术应用保障道路基础设施服务质量。北京冬奥会在优化赛区内外的交通路网时，应用了大量先进技术，增强了道路的安全性、通过性以及环保性，提升了京津冀路网整体科技含量，带来了道路服务质量的提升。如松闫路首次使用了在沥青混凝土中添加 DTC 相变融冰雪材料的技术，有效规避了传统析盐融雪剂对道路及自然环境造成的危害，用科技手段打造一条"缓积雪、抑凝冰"的绿色冬奥会线路。同时，安装了 96 套弯道盲区预警系统，为驾驶者标出清晰的弯道轮廓线。

3. 5G 网络提升通信基础设施

京津冀重点围绕北京冬奥会进行 5G 部署，稳步推进以冬奥会相关场所为重点的通信基础设施建设，制定并实施了《北京赛区通信基础设施专项规划》《延庆赛区通信基础设施专项规划》《2022 年冬奥会张家口赛区水电气信及其他配套设施建设规划》。三地信息化主管部门签署《京津冀信息化协同发展合作协议》，加强冬奥会信息服务保障协作，共推 5G 网络在北京和张家口赛区建设。开通京张高铁沿线 4G 和 5G 网络系统，升级完成张家口地区广播电视有线网络；针对新建场馆及交通干线进行了集群通信补充覆盖，完善了城市管理指挥调度体系。[②]

北京冬奥会场馆实现了 5G 全覆盖，北京及延庆赛区建设了 31 个 5G 宏基站，建设了国家高山滑雪中心、国家雪车雪橇中心、延庆奥运村 3 套 5G 室内分布系统，在京张高铁、京礼高速等重要交通线路建设 81 个 5G 基站，实现

---

①② 北京 2022 年冬奥会和冬残奥会区域发展遗产报告（2022）编写团队. 北京 2022 年冬奥会和冬残奥会区域发展遗产报告（2022）[R].

了对赛区及周边 5G 信号全覆盖。截至 2021 年 8 月，张家口市建成 5G 基站 1363 个，实现了对机场、京张高铁等重要交通枢纽及主城区、冬奥崇礼赛区等 5G 网络热点地区有效覆盖，成功入选全国首批 5G 建设试点城市。同期，北京市 5G 基站达到了 3.2 万个，用户超过 600 万，实现了五环内和城市副中心市内外信号的连续覆盖，五环外重点区域的精准覆盖。[①] 北京在以 5G 和千兆宽带网络为代表的数字基础设施建设上取得了明显进展，截至 2022 年 4 月底，北京 5G 基站累计达 5.4 万个，每万人拥有 5G 基站数 25 个，居全国首位，实现 52 个市级重点商圈和市内重点景区 5G 网络全覆盖。北京市获评全国首批"千兆城市"，具备千兆网络服务能力的 10G PON 端口数达 29.3 万个。

（二） 科技冬奥加速京津冀生态环境改善

冬奥会的筹办加速了京张地区的空气治理进度，空气质量明显改善。冬奥会期间，北京市、张家口市 PM2.5 平均浓度分别为 36 微克/立方米和 22 微克/立方米，同比分别下降 56.1% 和 50%；京津冀及周边地区 PM2.5 平均浓度为 52 微克/立方米，同比下降 20%。北京市和张家口市森林覆盖率分别由 41.6% 和 37% 增长至 44.4% 和 50%；北京市污水处理率由 87.9% 提高到 95%，张家口市地表水优良水质断面占比由 70% 提高到 100%。北京冬奥会积极秉承可持续理念，坚持生态优先、资源节约、环境友好，在场馆规划、建设、运行和赛后利用全过程中，按照绿色建筑标准建设或改造场馆和设施，在用电、制冷等方面使用高科技手段，成为首个真正实现碳中和的奥运赛事。

1. 最大限度利用现有场馆和设施实现减排

北京冬奥会积极打造低碳场馆，建设超低能耗场馆示范工程，推动场馆低碳节能改造，加强场馆运行能耗和碳排放智能化管理，努力实现所有场馆达到低碳节能标准。通过各项场馆建设的减排措施，建设期实现减排 5.9 万吨二氧化碳。

国家游泳中心搭建了可移动、可转换的场地结构，应用装配式快速拆装技术和调平动态监测技术，支持"水立方"在保留水上功能基础上变身冬奥

---

① 北京 2022 年冬奥会和冬残奥会城市发展遗产报告（2022）编写团队. 北京 2022 年冬奥会和冬残奥会城市发展遗产报告（2022）［R］.

会冰壶和轮椅冰壶场馆，创新性实现"水冰转换"，成为世界上首个在泳池上架设冰壶赛道的奥运场馆。依靠智慧控制系统，水立方可实时监测和控制场馆内的温度、湿度、PM2.5 浓度等方面的数据变化，实现场馆内"同室不同温"。五棵松体育馆通过提前制冰，铺设符合国际标准的冰面，在冰面上铺设一层隔绝温度、湿度的"冰被"，6 小时可以实现水冰转换。国家体育场基于数字孪生技术、5G、人工智能技术推动多源数据的融合，打造以数字孪生为统一可视化平台的智能建筑集成系统，实现对场馆的可感、可视、可控、可决策。国家速滑馆、五棵松冰上训练中心、首都体育馆主馆及短道速滑训练馆、五棵松冰球训练馆 4 个冰上场馆都采用了二氧化碳跨临界直接制冷技术，碳排放量接近于零，这是首次在满足冬奥会比赛要求的多功能、超大冰面滑冰馆采用二氧化碳制冷技术，4 个冰上场馆合计可减少约 900 吨二氧化碳排放，与传统制冷方式相比，可实现节能 30% 以上。[①]

2. 高质量推进绿色新场馆建设

一是制定绿色建筑标准，高质量建设低碳场馆。所有新建冰上场馆和非竞赛场馆均按照国家绿色建筑三星标准建设，新建雪上场馆均按照新制定的《绿色雪上运动场馆评价标准》执行。国家跳台滑雪中心、国家越野滑雪中心、国家冬季两项中心、云顶滑雪公园 4 个竞赛场馆，均获得绿色雪上运动场馆三星级设计评价标识。在所有新建场馆建设能源管控中心，实时监测电、气、水、热力的消耗情况，提升场馆运行能耗和碳排放智能化管理水平。通过各项场馆建设的减排措施，建设期实现减排 5.9 万吨二氧化碳。

二是充分利用可再生资源，建设低能耗场馆。国家速滑馆屋面采用国内最大跨度的单层双向正交马鞍形屋面索网结构，屋面重量仅有传统屋顶的 1/4，极大地节约了材料。外立面幕墙使用超白双银低辐射半钢化夹胶中空玻璃，玻璃夹胶层为先进的 SGP 胶片，中间中空层充入惰性气体，可以起到保温的作用。张家口冬奥村采用了钢结构预制拼装技术，在实现同等功能的前提下，有效节约了建筑材料；冬奥村还运用大数据对场地运营阶段的环境、生态、能源消耗等进行精细化管理，有效降低了碳排放。

3. 构建低碳交通运输服务体系

依托京礼高速、京张高铁等交通线路，应用智能化交通系统和管理措施，

---

① 北京 2022 年冬奥会和冬残奥会经济遗产报告（2022）编写团队. 北京 2022 年冬奥会和冬残奥会经济遗产报告（2022）［R］.

构建低碳交通运输服务体系，提升交通精细化管理水平。

一是规模化应用清洁能源车辆。围绕"氢能出行"开展制、储、运、加氢全供应链关键技术研发，开展进一步出行优化和冬奥会环境适应性攻关。氢能发动机已装配在公交、物流等不同车型。并制定"北京赛区内，主要使用纯电动、天然气车辆；在延庆和张家口赛区内，主要使用氢燃料车辆"的配置原则，使用汽车、巴士等赛事交通服务用车 4145 辆，其中，节能与清洁能源车辆在小客车中占比为 100%，在全部车辆中占比为 85.84%，为历届冬奥会最高。

二是智能化管理提升交通运行效率。搭建"交通资源管理系统"，实现赛时交通服务车辆的实时监控、车辆调度、数据分析等功能，加快交通疏导速度，及时推送服务班车班次信息，提前做好行程规划，提高交通服务的精准度，进一步提高交通运输效率，降低能耗水平。

三是京张高铁实现跨赛区高效转运。作为北京冬奥会的配套工程，京张高铁线路在项目设计和建设中，重点突出"智能""绿色"元素。车站利用智能大脑系统，实时监控分散在车站各处的设备运行情况，同时根据车站客流变化，对照明、空调等设施进行按需调控，实现节能减耗。

4. 技术创新实现低碳能源供应

张北的绿色电力通过 500 千伏柔性直流电网（目前，世界上电压等级最高、输送容量最大的直流电网），创新性地将张北地区的绿色清洁电能引入北京。建立跨区域绿电交易机制，通过绿电交易平台，赛时将实现奥运史上首次所有场馆 100% 使用绿色电力，满足北京冬奥会测试赛和正式比赛用电需要并提供可再生能源保障，使北京冬奥会成为奥运历史上第一个 100% 使用绿色清洁能源的冬奥会，实现碳减排 32 万吨。[1] 工程大幅提升北京地区清洁能源消费比重，每年可向北京等地区输送清洁电量约 225 亿千瓦时，约占目前北京市全年社会用电量的 1/10，折合标煤 780 万吨、减排二氧化碳 2040 万吨，不仅推进了京津冀经济社会绿色高质量发展，也探索出了一条可复制、可推广的绿色能源共享发展新路径。

5. 注重生态环境保护与修复

坚持生态优先，实施生态环境保护措施，对户外场馆和周边区域实施生

---

[1] 北京 2022 年冬奥会和冬残奥会经济遗产报告（2022）编写团队. 北京 2022 年冬奥会和冬残奥会经济遗产报告（2022）［R］.

态恢复项目，降低对赛区周边生态系统的扰动。

一是突出绿色设计，最大限度地保护生态。云顶滑雪公园充分考虑原有山形地貌特点，"U"形槽、坡面障碍技巧、平行大回转、障碍追逐赛道为原有雪道改建，在改建过程中，基本实现土石方挖填平衡，减少了对原有地形、地貌的改变。国家跳台滑雪中心采用"局部山体切削面的生态再造格宾支撑体系"，对切削后的碎石和土壤进行筛选，组合填充到格宾网箱中，形成支护体系，再种植合适的植被，实现生态恢复目标。国家高山滑雪中心吸收民间"干栏式"建筑特点，将钢结构以点状支撑方式在山体建设架空平台，不仅体现了"环境弱介入"特点，还提高了工程效率和质量。① 山地新闻中心场馆北部被山体覆盖，南部以"层层退台"方式设计，最大限度地契合原有地形，实现建筑与自然景观有机融合。

二是制订和实施强制性的奥林匹克生态补偿计划，全面推行"无痕山林"理念，在场馆邻近区域开展生态修复项目，实行"先补偿后占用、先补偿后建设"，赛区周边新增林地面积将远超出场馆建设占用林地的面积，尽可能不砍伐树木，进行移栽或原址保护。延庆赛区共计完成 214 万平方米的生态修复工作，共种植 5.75 万株乔木，30.4 万株灌木，进行了 214 万平方米草灌播种。

三是打造海绵赛区，实现水资源循环利用。张家口赛区竞赛场馆全部设计建造了雨水、地表水、融雪水收集系统，共建设 53 万立方米的蓄水池，实现了夏季绿化灌溉，冬季造雪的双利用模式，降低了跨区域调水需求。同时，采用节水环保型造雪设备，节水量达到 20%。

（三）科技冬奥促进京津冀产业经济发展

北京冬奥会为京津冀地区冰雪产业带来重大发展机遇。一方面是加强冰雪运动装备自主研发能力，带动了冰雪产业、冰雪经济的升温，支撑了"带动 3 亿人参与冰雪运动"目标的实现；另一方面奥运科技带来了产业技术创新，推动了相关研发成果高技术示范应用②，培育了冰雪装备、氢能、大数据、低碳环保、冰雪旅游等高新技术产业，形成了新的产业经济增长点，为京津冀区域发展注入新动能。冰雪经济带动了京津冀众多产业的发展，也对

---

① 苗润莲、童爱香. 北京冬奥：科技助力碳中和［N］. 光明日报，2022 - 01 - 27（9）.
② 让"科技冬奥"成果惠及"美好生活". 人民冰雪·冰雪科技谈［N］. 2022 - 03 - 04，ht-tps：//www.163.com/dy/article/H1KUF8R80529S95E.html？f = post2020_dy_recommends.

后冬奥时代的京津冀经济社会高质量发展发挥了积极作用。

1. 推动京津冀冰雪产业技术创新

在北京冬奥会的推动下，一系列政策出台以推动冰雪运动及相关产业发展。2016 年 8 月，国家发展改革委、国家体育总局、教育部、国家旅游局 4 部门联合发布了《冰雪运动发展规划（2016—2025）》，对冰雪运动发展作出了总体部署，从顶层设计打破区域、部门的空间壁垒，"创新发展冰雪装备制造业"，挖掘京津冀产业集群"在冰雪服装、装备制造的潜力"，扶持拥有自主品牌的冰雪装备制造企业发展。2019 年 5 月，工信部等 9 部门联合印发了《冰雪装备器材产业发展行动计划（2019—2022）》，提出"到 2022 年，冰雪装备器材产业年销售收入超过 200 亿元，年均增速在 20% 以上"，"初步形成具备高质量发展基础的冰雪装备器材产业体系"的目标。在此基础上，北京、天津、河北三地出台了一系列与冰雪运动和冰雪产业相关的政策和规划，河北省的张家口、石家庄、承德、廊坊、邢台等地分别出台了各自的冰雪产业发展规划。[①]

发力冰雪装备研发制造，国产冰雪装备取得新突破。中国冰雪产业发展较晚，冰雪装备制造产业较为薄弱、科技创新水平较低，为了突破解决冰雪运动的"卡脖子"技术，国家重点研发计划"科技冬奥"重点专项设立 8 项冰雪装备制造项目，牵头单位北京 4 家、河北 3 家，集中优势资源开展压雪车、造雪机、滑雪板、冰刀、冰鞋研发和相关公共检测技术及标准研究。研发出短道速滑防护垫、高效造雪机、石墨烯冰刀、高品质变温保暖滑雪服等新产品，推动了国产替代并在北京冬奥会得到了应用；开展仿真冰场、VR/AR 模拟滑雪滑冰设备和冰雪智慧场馆建设关键技术攻关，研发了沉浸式智能滑雪训练器、仿真冰壶等，为冰雪运动推广普及提供科技支撑。数十项冰雪装备器材领域的新技术、新产品在北京冬奥会测试赛或正赛中落地应用和展示，有多项核心关键技术在多支国家队日常训练和比赛中得到实际应用。[②]

国产 SG400 压雪车、中国雪蜡车、红旗钢架雪车、造雪机等冰雪运动装备在冬奥会赛场亮相，填补了中国同类冰雪装备制造的相对"空白"。SG400 压雪车作为国产首台高端大马力压雪机车，价格也仅是进口压雪车的 2/3，后

---

① 王佳见，苗润莲，于怡鑫，张红. 冬奥背景下京津冀冰雪装备制造产业发展研究［J］. 科技智囊，2022（5）：15 - 22.

② 张敏，李梅，张红. "科技冬奥"技术赋能冰雪产业高质量发展——基于冰雪装备器材视角［J］. 科技智囊，2022（5）：2 - 7.

期维保费用也将节约 1/3 左右①，其批量化投产将突破当前世界压雪车市场几乎被德国和意大利两家企业垄断的格局。红旗钢架雪车的问世宣告中国雪车装备长期以来由国外品牌垄断的历史从此终结，真正让雪车装备的整条"生命线"牢牢把握在自己手中。② 张家口市宣化宏达冶金机械有限公司研发出造雪机旋转支架，大大提高了造雪效率；衡水市的河北百一橡胶制品有限公司在压雪车履带等方面已取得部分专利；航天科技集团与中国一汽集团联合研发制造的第二代国产雪车已于 2021 年 9 月正式交付国家体育总局冬运中心，实现了国产雪车从无到有的突破。

冰雪制造业集聚发展。冰雪产业正成为拉动区域协同发展的新引擎，京津冀三地依托各自资源禀赋，在冰雪产业协同发展方面开展广泛深入合作，竞赛装备器材、辅助训练装备、维护保障设备等一批核心关键技术实现突破，促进京张冰雪运动场馆和器材装备的更新换代。③ 张家口打造科技冬奥"双创"示范基地，获批国家新型工业化产业示范基地（冰雪装备产业基地），冰雪产业链条在京津冀地区蓬勃发展，正在成为区域发展新业态。一批冰雪装备制造园区和重大项目建设加速，张家口高新区和宣化区建设了两个占地3000 多亩的冰雪产业园。其中，高新区冰雪运动装备产业园重点发展滑雪服、滑雪板、滑雪鞋等个人轻装备生产，造雪机、压雪车、索道等重型装备制造。宣化冰雪产业园重点发展冰雪装备与个人器材制造、场馆规划设计、模拟训练设施、质量检验检测。④ 截至 2021 年末，张家口市累计引进冰雪产业项目109 个，覆盖冰雪装备研发制造、冰雪运动体验等多个领域，总投资达到 556亿元，其中已有 51 个项目投产运营。河北省一批本土装备制造企业进入了冰雪装备市场，如廊坊市固安道沃机电有限公司，此外，奥地利多贝玛亚集团、法国 MND 集团、美国卡沃斯公司等一批知名冰雪装备公司也在此落户。

2. 氢能产业加速发展

在北京冬奥会的推动下，氢能产业快速发展，氢燃料汽车加速示范应用。目前，京张尤其是张家口已形成产业链齐全、具备一定发展潜力的氢能产业

① 李代姣，信贺宁. "北京冬奥，你好！"压雪车诞生记［EB/OL］.（2021 - 08 - 15），http：//report. hebei. com. cn/system/2021/08/03/100734003. shtml.

② 张敏，李梅，张红. "科技冬奥"技术赋能冰雪产业高质量发展——基于冰雪装备器材视角［J］. 科技智囊，2022（5）：2 - 7.

③ 李刚，罗大林. 北京冬奥会与我国冰雪运动的发展［J］. 冰雪运动，2017，39（1）：12 - 14.

④ 北京 2022 年冬奥会和冬残奥会区域发展遗产报告（2022）编写团队. 北京 2022 年冬奥会和冬残奥会区域发展遗产报告（2022）［R］.

发展格局。

北京冬奥促进氢能相关政策出台与落地实施。北京冬奥会"绿色奥运"理念的提出，让氢能产业进入各方视野，北京冬奥氢能应用的具体需求催生相关部门政策措施的出台。2015年11月北京冬奥会"绿色奥运"理念提出以前，中国没有专门的氢能产业规划政策；2016年以后国家对氢能产业支撑发展的政策数量急速增加，2020年为6个，2021年为8个。2016年以前国家政策主要由国务院及国家发展改革委发布，内容为总体方向指导性质；2016年以后氢能相关政策的发布部门增多，国家能源局、生态部、工信部、财政部等各部委均有发布，内容涉及氢能产业链的具体环节。[①]北京冬奥氢能应用场景给政策的制定提供了明确的"试验田"，有助于政策更加具体地落地，北京冬奥氢能应用效果及问题和经验总结也为长期氢能政策制定提供了参考。2022年11月25日《北京市氢燃料电池汽车车用加氢站发展规划》颁布，确保冬奥会重大示范项目，推动重点区域氢能产业示范引领，房山区将联合天津、河北，以京津冀协同为基础，发挥氢能资源优势，围绕北京形成多渠道一体化氢能供应链；海淀区、北京经济技术开发区将充分发挥科技成果转化能力，打造全国领先的氢能产业核心技术创新轴；延庆区、昌平区成为北部重点示范区，大兴区成为南部重点示范区，形成天津、河北多点覆盖的氢燃料电池汽车产业新应用形态。

北京冬奥促进氢能应用多项关键技术创新与突破。北京冬奥绿色低碳场景，催生出诸多氢能国产技术与应用创新需求。为此，国家、地方及有关部门均设立了相关科研项目，直接推动技术研发与创新突破，国内企业也积极投入北京冬奥氢能建设中。北京冬奥手持氢能火炬"飞扬"是世界上第一款可广泛应用的量产版、轻量化氢能火炬[②]，采用自主研制的氢能燃烧减压控制设备，解决了氢火焰可视性、氢安全利用、燃烧稳定性等问题。开展氢能源汽车研发与集成技术，完成关键零部件及核心技术突破，并实现100%国产化。北京冬奥研发的国产氢能源汽车实现20%坡度路面每小时15千米匀速行驶、−35℃极寒条件下低温冷启动、85%以上整车热电联供能量转化率等性能指标。开展氢能加注关键技术研发，多个氢能汽车加氢站采用了70MPa氢

---

　　① 毛卫南，李堂军，苗润莲，向宁. 北京冬奥氢能应用成效及后奥运时代我国氢能产业发展研究［J］. 全球科技瞭望，2022（10）：69−76.

　　② 袁燕军，王熙. 北京冬奥会科技冬奥产业布局及建议［J］. 科技导报，2022，40（2）：107−112.

能加注系统技术，集合自主研发的 70MPa 氢系统集成技术，实现 70MPa 下氢能汽车与加注系统的集成与加注，缩短了加注时间，提高单站日最大加注能力，北京冬奥期间修建的中国石油金龙综合能源服务站加氢能力达到 60~100 辆氢能大巴/日。同时，在加氢站安全领域，搭建了"智慧站控及安全监控系统"平台，为加氢站故障技术分析及监测加氢过程安全提供保障。

冬奥促进京津冀完善氢能产业链。科技冬奥通过开展全球最大规模的氢燃料电池汽车及氢能基础设施的示范应用，突破"氢能出行"制—储—运—加—用的全产业链关键技术和安全保障技术，实现了氢能和氢燃料电池汽车"从 1 到 100"的规模化应用和产业化突破，支撑京津冀氢能全产业链布局。在技术研发上，清华大学、北京交通发展研究院、福田汽车股份有限公司、亿华通科技股份有限公司、北京市产品质量监督检察院等单位均进行了相关氢能技术研发，促进研发端技术发展。2019 年 2 月，张家口市人民政府、北京清华工业开发研究院联合成立氢能与可再生能源研究院，进行氢能关键技术研究、技术成果转化和市场推广，提高氢能技术研发能力。在制氢产业上，北京燕山石化、河北石化、张家口海珀尔等企业新建、新增多个氢气制造项目，保障冬奥用氢，推动了制氢端产业化；在储氢装备与氢能装备制造方面，北京天海氢能装备、石家庄安瑞科等企业参与北京冬奥 70MPa 储氢系统应用项目研发，大大提升了高压储氢设备制造技术能力；在氢能应用上，氢燃料电池汽车是氢能的重要应用场景之一。[1] 2008 年北京夏奥会期间，3 辆氢燃料电池汽车运行，并建成中国首座车用加氢站，开启了氢燃料电池汽车"从 0 到 1"的示范；北京冬奥会开启了北京氢能产业发展新篇章，示范运行了超 1000 辆氢能源汽车，其中氢燃料客车达 820 多辆。[2][3]

推动京津冀氢能产业协同发展。冬奥会"以用促进"，创新氢能应用场景来带动氢能产业链各环节的技术突破和基础设施建设，为建设京津冀氢能示范城市群奠定了良好基础。北京市政府与国家电力投资集团就绿电进京和氢能交通达成共识，通过北京冬奥会氢能交通示范应用推动延庆区氢能产业发展。延庆区与国家电力投资集团下属中国电力国际有限公司签署《绿色氢能战略合作框架协议》，从体制机制上首创"政府+电网+发电企业+用户侧"

---

① 毛卫南，李堂军，苗润莲，向宁. 北京冬奥氢能应用成效及后奥运时代我国氢能产业发展研究 [J]. 全球科技瞭望，2022（10）：69-76.

② 孙艳艳，廖贝贝. 冬奥场景驱动下的北京国际科创中心建设路径 [J]. 科技智囊，2022（5）：8-15.

③ 刘进亮. 氢能产业分析及发展对策 [J]. 一重技术，2022（1）：68-72.

共同参与的四方协作机制，共同规划建设延庆氢能产业园，围绕绿色氢能产业开展装备研发、生产、技术应用及培训，加快绿色氢能产业化步伐。张家口市围绕"制取、储运、加注、应用"环节，打造国内一流的氢能装备制造基地和产业集群，打造望山示范园区氢能装备研发制造园、桥东区氢装备产业园制造基地、空港经济开发区氢燃料电池研发制造基地、南山园区氢燃料电池汽车整车生产基地、宣化区氢燃料大巴物流车制造基地等氢能装备制造基地。

3. 数字技术成为区域数字经济新引擎

数字媒体、人工智能、虚拟现实、数字孪生、5G、AR 等 200 多项新型数字化技术成果在北京冬奥场馆建设、体育、智慧医疗、智慧交通、智慧城市等方面得到应用。后冬奥时代，产业数字化成为大势所趋，数字技术赋能产业发展，冬奥数字化科技成果从冬奥会赛场走向区域发展的"应用场"，推动京津冀区域数字化转型。

冬奥会数字技术突破性应用。国际奥委会主席巴赫表示："北京冬奥会是有史以来数字化参与程度最高的一届冬奥会。"在比赛场馆建设运营方面，数字化协同辅助设计技术应用于实现场馆与赛道高难度建造施工，实现雪车雪橇赛道竞技型人工剖面赛道精细建造、国家高山滑雪中心、国家游泳中心等场馆建设。在赛事运行中，数字孪生技术开发的冬奥会赛事活动规划与运行设计仿真系统（VSS）首次应用于冬奥，用于北京冬奥会 12 个竞赛场馆和 4 个非竞赛场馆（主媒体中心、北京冬奥村、延庆冬奥村、张家口冬奥村），以及赛事筹备规划与运行设计工作。北京冬奥会核心系统信息数字化"100%上云"，实现统一门户、应用集成和数据集成，实现"零故障""零差错"，创造了百年奥运史上的第一个"云上奥运"。

在比赛转播方面，8K 超高清视频、"云转播"技术取得突破性应用。北京冬奥采用具有自主知识产权的 AVS3，是全球首个已推出的面向 8K 及 5G 产业应用的视频编码标准，AVS3 8K 广播级超高清编码器和解码器的综合性能达到业界领先水平；"云转播"技术实现 OBS 直播信号全面上云，成果应用于内容分发网络（CDN）全链路信号传输。全新 5G 切片"黑科技"运用于京张高铁 5G 网络定制化方案和高铁 4K 高清业务场景，克服山体地形复杂、信号损耗巨大等难题，确保直播通道畅通无阻，实现了高清演播室用户与其他用户的精准隔离。此外，数字人民币、360 度互动观赛、高清摄像与 AI 评分、赛场环境数字化模型等技术广泛应用于北京冬奥智慧服务、观众体验、比赛裁决、气象安全等场景。

推动产业化发展。一方面，针对冬奥的室外高山赛道、山区盲点等复杂场景和多种电磁干扰，研究无线信号传输的特殊属性，开发可靠的全频段电磁干扰监测与分析设备，形成融技术、设备、网络和应用为一体的综合性解决方案，突破了低温大风和冰雪天气等条件下设备稳定运行关键技术，助力5G产业发展；另一方面，为5G技术提供5G云转播、超高清直播、5G智慧观赛、智慧指挥调度、"5G＋北斗"智能车联网、智慧医疗、智能造雪机、京张高铁运行等应用场景，加速5G技术及相关产业的规模化、商业化进程。

张家口市大力发展大数据产业，积极吸引北京高科技企业将大数据中心落户张家口，培育数字经济新引擎，重点打造张北云计算基地、创坝、冰雪数据产业园、京北数谷、信息安全基地等产业园，引进业内龙头企业落户怀来，秦淮装备制造产业园在宣化签约落地。在产业链应用侧，逐步形成张北云计算产业基地、怀来大数据产业基地等多个产业园区。[①] 张家口国际互联网数据专用通道开通并投入使用。张家口市大数据产业获得迅猛发展，截至2021年6月，张家口市投入运营数据中心12个，投入运营服务器达87万台，签约一批大数据企业，累计签约投资达上千亿元。张家口市把发展数字经济作为推动创新、绿色、高质量发展的重要举措，作为全国5G发展的首批试点城市，大数据产业引领了相关产业快速升级，促进了张家口市现代产业新体系的构建，日益成为推动支柱产业和传统产业转型升级、经济提质增效的新引擎。

4. "冰雪＋产业"逐步形成，京张体育文化旅游带建设初见成效

（1）冬奥效应带动相关产业快速增长，办奥和区域发展双丰收。冬奥会期间，北京延庆和崇礼充分发挥滑雪运动基础设施完备的优势，体育用品制造业和体育服务业全面升级。安踏2019年正式成为国际奥委会官方体育服装供应商，截至2022年底成为率先与国际奥委会合作的中国体育运动品牌。河北定州华天体育用品公司成为北京冬奥会短道速滑防护垫国内唯一供应商。石家庄铁道大学风工程团队自主设计研发了张家口赛区云顶场馆群的两处防风网，此前仅有欧洲一家企业能够生产。大量中国本土企业集中亮相，围绕冰雪装备制造、冰雪运动、冰雪旅游、冰雪人才培养、冰雪现代服务京津冀

---

① 京2022年冬奥会和冬残奥会区域发展遗产报告（2022）编写团队. 北京2022年冬奥会和冬残奥会区域发展遗产报告（2022）［R］.

逐渐形成互补互促的产业体系，"冰雪＋"产业逐步形成。

冬奥场馆赛后实现场馆四季运营，北京、延庆、张家口三个赛区的冬奥冰雪场馆资源将联动发展，借助京张高铁、京礼高铁等快速交通线路，让冬奥场馆赛后利用融入地区整体发展。冰雪产业与相关产业深度融合，带动了赛事经济、冰雪运动健身、冰雪运动培训教育、冰雪运动旅游等健身休闲业态的发展。《2022中国冰雪产业发展研究报告》显示，中国冰雪产业蓬勃发展，市场规模由2015年的2700亿元增长到2021年的5788亿元，较2020年增长51.88%，2022年中国冰雪运动产值达到8000亿元，2025年将达到1万亿元，占整个中国体育总产值的1/5，其中北京贡献12%的冰雪旅游客源，居全国首位。崇礼冰雪产业发展直接或间接带动3万多人就业，冷资源成为热经济，"冰雪＋"效应初显。冬奥会创造的区域协同发展新模式将从大型赛事向赛事经济、会展经济、体育经济、旅游经济持续辐射，为区域协同发展注入新活力、新动力。

（2）京张体育文化旅游带建设取得新进展。京张体育文化旅游带规划建设，不仅极大地拓展了冬奥文化遗产效应的辐射范围，还将奥运资源优势持续转化为地区经济发展的新动能，新科技成果与冬奥业态深度融合，新产业、新业态、新模式等创新成果不断涌现，推动京冀以一种新型协同发展模式实现由地域共同体向经济社会共同体的价值跃迁。

在奥运筹办之初，国家就策划了京张文化旅游带的建设与应用，京张双城致力于打造体育文化旅游融合的区域协同发展之路。2016年《京津冀旅游协同发展行动计划（2016—2018）》正式提出延庆、张家口共建京张体育文化旅游带。2020年"协同建设京张体育文化旅游带"写入《北京市国民经济和社会发展第十四个五年规划和二〇三五年远景目标的建议》中。2021年"加快建设京张体育文化旅游带"分别写入文化和旅游部、河北省、延庆区"十四五"规划。2022年1月文化和旅游部、国家发展改革委、国家体育总局联合印发了《京张体育文化旅游带建设规划》，京张体育文化旅游产业融合发展进入了高质量发展的阶段。[①] 河北省印发了《京张体育文化旅游带（张家口）建设规划》，出台的《推进京张体育文化旅游带建设实施方案》，提出建设张家口成为奥运场馆赛后利用国际典范、国际冰雪运动与休闲旅游胜地、全民健身公共服务体系建设示范区、体育文化旅游产业融合发展样板、京津冀绿

---

① 金元浦．后冬奥时代，如何利用好北京冬奥遗产［N］．光明日报，2022－05－18．

色发展示范区的五个定位。延庆围绕冬奥遗产利用制订三年行动计划，引入国际雪车联合会赛事等高端体育赛事，丰富高山滑雪等旅游度假功能，推动大众雪场与高端民宿、旅游景区等联动互补，打造国际一流四季旅游度假目的地。

三赛区依托冬奥场馆及配套基础设施，充分利用人文历史、生态资源优势，积极推进京张体育文化旅游带建设。在北京赛区主要场馆中，6 个 2008 年北京奥运设施通过全新技术和可重复利用材料进行改造升级，拓展原有场馆冬季运动功能，打造了"双奥场馆"综合利用典范。延庆区推进冬奥、世园、长城三张金名片联动发展，构建了绿色旅游交通系统和智慧旅游服务系统，试点综合性游客中心，打造精细化旅游服务管理新模式，提升旅游综合服务水平。2016—2020 年延庆地区旅游收入累计达到 323 亿元，同比增长 30.3%。张家口拥有中国最大的雪场集群之一，冬奥赛区所在地崇礼区，2015 年以来已经建成了国际标准雪道 169 条，其中 15 条获得国际雪联认证，拥有 7 个大型滑雪场，成为国内著名的高端滑雪聚集区和"冰雪运动之城"。张家口市被评为中国十佳冰雪旅游城市，崇礼区被《纽约时报》评选为 2019 年全球 52 个值得前往的旅游目的地之一，冰雪旅游成为京张文化旅游带沿线地区的新亮点与新增长点。

（四）科技冬奥赋能区域城市公共服务水平提升

冬奥会的筹办和举办不仅带动了城市基础设施升级、生态环境改善、经济水平提升、冰雪产业快速发展等方面，也推动了区域整体公共服务水平的提升，极大地促进了主办城市（北京、张家口）及相关区域（延庆、首钢等）的高质量发展，优化了京张地区城市建设、文化医疗等公共服务。

1. 加速智慧城市建设进程

冬奥会筹办加速了各赛区加速智慧城市建设，探索出适合自身特点的智慧城市发展路径。作为北京冬奥会三大赛区之一，延庆不仅为智慧冬奥注智赋能，还着力打造全方位、立体式的城市信息化综合服务体系，实现重点区域、主要道路 5G 网络全覆盖，推进了千兆固网的建设，带动了智慧北京建设的城乡联动布局。崇礼区围绕冬奥筹办和滑雪旅游胜地管理需求，大力推进智慧崇礼建设，集成现代化信息技术，融合区域内基础设施、交通、旅游、政务、消防等多方数据，推进资源共享，打造政府管理高效、居民生活便捷、游客服务到位的绿色智慧小镇。张家口市借势冬奥打造了一张智慧城市新名片——"幸福张家口"App，市民及游客可以实现一号通行，实现住房服务、医疗健康、防疫专区、交通旅游、就业创业等近百项城市服务事项一网通办。开通"张家口冬奥景区智慧旅游服务平台"，科技助力智慧旅游服务。京礼高速在交通环境感知、车路协同示范以及隧道安全运行等多个方面创新研发应用，实现自动气象感知、可变光照明和车路协同全自动驾驶等一系列新功能。在车路协同方面，依托全路布设的车路协同系统，京礼高速首次在北京实现了高速公路编队自动驾驶商业化应用测试，为未来驾驶者体验"车路协同"的全新智能出行奠定了基础。

北京借助冬奥会加快数字基建顶层设计和构建，在实战中完善健全了"城市大脑"。2021年北京智慧城市2.0建设全面启动，"网、图、云、码、感、库、算"与大数据平台"七通一平"数字城市底座基本成型，市级90.2%、区级81.8%的政务事项实现"一网通办"。海淀区构建起"海淀冬奥大脑"，实现保障任务高效、有序运转。这些智慧化城市运行指挥系统的建设，不仅为冬奥会期间的平安稳定提供了支撑，也满足了当地新型城市信息化基础设施建设需求，促进了城市智慧运行体系的完善和城市治理水平的提升，加速了中国新型智慧城市建设步伐。

2. 城市无障碍环境建设

北京冬奥会所有场馆按照国际标准和要求建设无障碍设施，赛区城市无障碍设施不断改造升级。依托冬奥筹办，北京、张家口出台无障碍环境建设专项行动规划，在城市道路、公共交通、公共服务场所和信息交流等方面大力推进无障碍环境建设，先进的信息智慧技术带动和支撑无障碍、便捷生活服务体系进入新的发展阶段。北京市全域缘石坡道基本实现全覆盖，"断头路"明显减少，初步形成连贯的无障碍交通出行体系，"无障碍温度"渗透于城市生活的方方面面。张家口市持续加强盲道、缘石坡道，无障碍电梯、卫生间、车位、标识，接待和服务区域低位设施的改造，使残疾人参与社会生活的条件更加便利。

3. 促进京张医疗文化服务协同发展

在公共医疗领域，以冬奥会医疗保障为支撑，北京教育、医疗等优质资源辐射带动，京张地区医疗、文化等公共服务实现共建共享，公共服务均等化进程加快。北京市发挥自身医疗优势，支持医疗资源对外援助服务、加强培训交流、共建合作医院，实施一系列有利于医疗资源整合共享的服务政策。如北京大学第三医院（以下简称北医三院）全面接管崇礼区人民医院，建成北医三院崇礼院区，探索区域医疗合作新模式，实现了优质医疗资源的共享，对各地医联体体系内资源分配与协同服务作出了先期示范，北医三院崇礼院区牵头开展国家区域医疗中心建设，有效整合了京津冀优质医疗卫生及教育资源。延庆区新建延庆区医院（冬奥医疗保障中心）不仅为赛事提供了全方位的医疗保障，也大幅提升了区域医疗水平，2015—2019 年，延庆区执业医师人数增加了 26.9%。张家口市加快医疗服务体系建设，推进多个新建及维护项目（包括停机坪项目），不断提升区域整体医疗救治水平。张家口市 8 家医院成为北京冬奥会定点医院，3 家医院成为航空医疗救护联合试点医院。2015 年以来，张家口市各级各类医疗卫生计生机构、医院实有床位数量和执业医师（助理）人数保持稳定的同时，服务质量不断提升。

在体育文化设施方面，冬奥会所有场馆和设施的建设都坚持"场馆两栖两用"的理念，场馆赛后全部对外开放，国家速滑馆全冰面设计可以同时容纳 2000 人上冰；国家雪车雪橇中心在滑道下方 1/3 处、比较缓的地方留出大众体验出发区；首钢滑雪大跳台平赛结合，在设计之初就考虑到赛后利用，在非赛事雪飞天可迅速转变为服务公众的体育主题公园、文娱活动举办地等。北京冬奥公园成了市民亲近自然运动健身休闲赏景的热门打卡地，2022 年 9 月 29 日开园一周年累计接待游客突破百万余人次，新首钢地区成为首都城市复兴新地标。依托国家跳台滑雪中心、国家冬季两项中心等场馆，北京将与张家口市共同建设奥林匹克公园，围绕冬奥会场馆等标志性建筑一批奥林匹克公园、奥运主题博物馆建成，成为展示奥运文化、中国文化、冰雪文化的重要窗口，成为城市文化服务载体，满足广大市民多样化、多层次、多方面的精神文化需求。

（五）科技冬奥推动区域发展的启示

北京冬奥会是推动京津冀协同发展的重要抓手，新技术、新成果的大量应用既为京张地区交通、环境、产业、公共服务等领域的协同发展带来新动力，也带动了区域产业结构调整优化和经济社会环境的高质量发展，科技冬奥计划的实施从机制联动、资源流动、产业提升、可持续发展等方面有力地推进了京津冀协同发展战略的落地。

1. 跨区域、跨部门协同联动是科技冬奥高效运行的机制保障

北京冬奥会涉及北京和河北两地与北京、延庆、张家口三个跨省市赛场，更涉及城市体育旅游、卫生健康、交通公安等数十个领域。面向冬奥会这一

跨层级、跨地域、跨部门的国际赛事科技保障的重大战略需求，党中央高瞻远瞩，加强顶层设计，中央和举办地合力形成了跨区域、跨部门、跨领域协作联动体系，高效统筹协调科技冬奥各项工作。从申办成功初期，科技就被纳入高层决策体系，科技部作为北京冬奥会科技支撑保障工作的牵头负责部门，与北京冬奥组委、国家体育总局、北京和河北属地部门以及国务院有关部门共同构建科技冬奥领导小组和工作小组，各司其职、密切配合，形成跨部门跨层级跨区域协作的科技冬奥工作顶层机制，以及分工协作、集约效能的组织协调联动机制，充分发挥了北京和河北两地在共建重大赛场设施、共办奥运盛事中的主体性作用，保障了科技冬奥工作的顺利实施，促进了京津冀科技资源统筹、科技信息共享和创新成果落地，建立起了资源整合、信息共享、标准统一、联合行动机制的跨区域合作机制，为成功举办精彩、非凡、卓越的奥运盛会提供了重要的科技支撑，为京津冀协同创新提供了机制保障。

2. 协同创新是实现重大技术攻关突破的关键支撑

习近平总书记在党的二十大报告中指出："以国家战略需求为导向，集聚力量进行原创性引领性科技攻关，坚决打赢关键核心技术攻坚战。""科技冬奥"组织实施是政府、用户、企业、高校院所等多元主体参与的创新合作系统工程，围绕赛事筹办的技术"短板"及关键核心技术，组织各方力量联合攻关，按照共同凝练科技需求、共同设计研发任务、共同组织项目实施"三个共同"原则，推进重点领域关键核心技术创新突破；采用政府主导、用户牵头、产学研协同创新思路，以重点专项为载体搭建了国家级和省级开放创新协作平台，促进政府、研发机构、制造商、业主用户等多元主体共同参与，完善科技研发到科技创新再到科技成果转化的完整链条，实现科技管理部门、科技供给方、科技需求方的紧密融合。在创新投入方面，科技冬奥重点专项总经费达 42.6 亿元，其中，中央财政科研经费投入 14.2 亿元，带动地方、企业等科研配套投入 28.4 亿元，并与同期的北京市、河北省设立的地方性科技专项形成创新资源配置互补。① 在实施方面，"科技冬奥"领导小组和专家委员会，跨部门、跨区域推动科技冬奥工作，与赛区业主单位调研建设需求，与相关高校、科研院所及企业会商了解科技需求和科技成果，围绕 5G 共享、氢能出行、零排供能、智慧京张高铁、智慧医疗等深入研究和推进赛区建设。

① 刘荣霞、李梅、徐斌. 新型举国体制下"科技冬奥"重点专项组织管理模式及实施成效[J]. 科技中国，2022（8）：7－13.

科技部和国家体育总局签订了《科技部　国家体育总局关于建立"科体协同"工作机制的合作协议》，国家体育总局研究提出冰雪运动科技、装备、器材等参赛领域科技需求，并积极推动项目成果在国家队训练和比赛中落地应用。从区域战略层面协作到创新主体、用户的融合行动，汇聚各方力量，形成科技创新支撑冬奥各项工作的强大合力，真正实现了协同创新、联动发展、互惠共赢的新格局，真正使中国已有的科技智力资源优势变成创新优势。

下一步，及时总结"科技冬奥"经验，紧紧围绕提高自主创新能力这个中心环节，调动政府、企业、科研院所、大专院校等各类科技创新主体形成京津冀城市群协同创新网络，逐步建立政产学研用结合的技术创新体系，打造科技创新与区域发展紧密结合的模式，发挥科技创新对可持续发展的巨大推动作用。

3. 创新资源要素共享流动是推进区域协同发展的动力源

京张共办冬奥会促使北京的智力、教育、科技资源向张家口等地辐射，加快了创新资源共享和要素流动，推进了区域优势互补和联动发展，对京津冀北部地区共同发展起到重要的促进作用。两地三赛区场馆业主、民营企业围绕冬奥筹办难题和场景应用需求，通过跨区域合作优化地区分工开展项目实施，实现优势互补，有效整合了各种创新要素。冬奥会科技保障的战略需求促使北京河北有效整合了科技资源、土地、技术、人才、数据等创新要素，激发了创新活力，提高了区域科技创新能力。

发挥国际科技创新中心的人才、技术等优势，北京的研发力量积极参与张家口赛区建设，大量科技成果向河北转化，推动区域间主体间的互动。据统计，共有50多个国家级项目在张家口场馆落地应用，其中，很多由北京的机构承担，而在河北"科技冬奥"重点专项中30%以上的项目由北京地区机构参与研发。例如，清华大学和河北工程大学合作开展了国家重点研发计划"竞技型人工剖面赛道精细建造技术研究"，这是中国首次完成符合奥运比赛标准的跳台赛道设计与建造，成功应用于国家跳台滑雪中心、首钢滑雪大跳台中心、雪车雪橇中心，突破了世界性工程难题；[①] 北京气象局携手河北省气象局构建了冬奥气象"百米级"预报技术体系，使冬奥会的气象保障首次实现了"百米级分钟级"预报，气温预报平均绝对误差由 2.8℃ 减小到 1.5℃ 以

---

①　孙艳艳，廖贝贝. 冬奥场景驱动下的北京国际科创中心建设路径 [J]. 科技智囊，2022（5）：8－15.

内，平均风速预报准确率由10%提升至90%以上，核心技术完全实现自主可控，精细化程度达到国际领先水平。

另外，冬奥会市场开发签约数十家赞助企业开展赛事服务，促进了京津冀地区人流、物流、信息流、资金流、技术流的顺畅流动和深度融合，优化了科技资源在区域内合理配置，推动了区域一体化发展。

4. 场景示范是加速新技术成果推广应用的有效手段

奥运会历来是先进技术的秀场，奥运会这一高关注度、高显示度的场景应用为大量新技术提供了入场机会。从两地三赛区所有场馆及连接场馆的道路实现5G全覆盖，到冬奥气象预测系统实现"百米级"精准气象预报，数字媒体、智能通信、人工智能、虚拟现实、数字孪生、智慧医疗、智慧交通、智慧城市等，500多家单位、超万名科研人员共同参与、联合攻关，形成了多元主体共同参与的庞大合作网络，促成200余项技术成果在北京冬奥会和冬残奥会上落地应用，还吸引了一大批优秀企业、潜力企业带着新技术、新成果参与协同创新网络中，促进了技术迭代和成果应用。首先，冬奥会作为显示度高、展示性强、参与体验感好的新场景，为推广应用人工智能、5G、云计算等新技术提供了广阔的展示舞台，促进了新技术发展、企业腾飞和新产业成型，催化和助推了产业快速培育发展，推动新技术成果应用引领产业升级。其次，通过技术转移的深入发展，推动了京张地区产业升级和分工协作。例如，氢燃料汽车研发在北京，生产在张家口，北京和张家口两地超过700辆冬奥会服务氢燃料车均搭载亿华通发动机系统，超500辆车辆搭载金士顿空压机，支撑冬奥会交通服务。又如，地铁11号线西段——"冬奥支线"作为北京地铁首列"北京研发、河北转化"制造的列车，整车采用以太网控车的先进技术，引领智能地铁列车国内先进水平，彰显出"北京研发、河北转化"的技术创新优势、产业协同优势，将带动京冀两地上下游产业链协同发展、共赢发展。

下一步，应该充分发挥重大活动应用场景对先进技术应用的推动作用，推广央地区域协同成果转化新模式，总结典型应用示范和产业转化的好经验，深入挖掘产业化潜力。例如，"5G＋8K"、沉浸式观赛、虚实融合技术等已经向全世界验证了中国"5G＋8K"科技水平和产业能力，催化和助推了产业快速培育发展，应该通过央地协同共建国家超高清电视应用创新实验室等方式，推动高清视频产业相关企业培育和优质资源集聚，构建超高清视听产业生态链，并进一步开展技术延伸发展，推动在商业、娱乐、医疗等多个行业扩展应用。此外，由于奥运会授权许可、疫情、稳定性等原因，部分未在奥运会推广应用的创新成果，今后可充分挖掘未应用成果产业化潜力，充分发挥地方和市场作用，进一步开放智慧城市、民生等领域应用场景，在市场化过程中加速技术迭代升级，推动奥运成果产业化。

5. 全产业链协同是破解区域不平衡发展的重要推手

京津冀协同 9 年来，交通环境协同成效显著，但是产业协同发展滞后，这一直是区域协同难以解决的问题。科技冬奥为三地产业互联提供了契机，京津冀三地发挥各自在冰雪产业中的优势，整合产业资源，形成分工明确、布局合理的产业体系，以充分发挥产业集聚效应。[①] 京津两地利用自身高校、科研院所和人才优势，重点开展冰雪装备的技术研发和自主创新[②]，河北省利用雪场资源丰富、制造业企业庞大的基础，广泛调动社会力量投资冰雪装备器材领域，打造一批冰雪装备特色产业园区，支持和引导企业开展技术研发和成果落地转化，引导企业进行产品质量提升和名优品牌培育，形成集冰雪装备研发、设计、制造、检测、流通、仓储于一体的冰雪装备器材制造产业基地和产业集群。张家口建成冰天雪地国家级科技企业孵化器和零度、雪之谷国家级众创空间等，孵化培育一批冰雪产业高新技术企业和科技型中小企业。河北宣工等传统企业转型，开展高附加值冰雪装备研发制造，河北宣工牵头与相关高等院校合作开发的室外大中型压雪车研制的 SG400 压雪车，是中国首台高端大马力压雪车，打破国外在该领域的技术和价格垄断，性能达到国际先进水平，将行业带入了压雪车产品升级换代的新阶段。爱尚家公司为冬奥会提供多款石墨烯智能发热产品，在极寒特种加热设备等领域扩展出新的市场增长点。张家口乘冬奥会东风构建起了冰雪企业发展新生态，提升了京津冀冰雪产业研发设计、生产制造、现代服务等全产业链发展水平，不仅助推了当地冰雪传统产业转型升级，而且引领带动了中国冰雪产业高质量发展。[③] 这种大型场景带动区域产业链联动发展的模式也将为其他产业协同发展提供借鉴。

---

① 李军基、郑会娟、刘志欣. 京津冀体育产业协同发展研究 [J]. 当代体育科技，2018，8 (2)：158－159.

② 王佳见、苗润莲、于怡鑫、张红. 冬奥背景下京津冀冰雪装备制造产业发展研究 [J]. 科技智囊，2022 (5)：15－22.

③ 陈松、徐菲璠. "中国制造2025" 战略视域下我国冰雪装备制造业发展路径研究 [J]. 中国学校体育（高等教育），2017 (1)：6－9，18.

二、京津冀地区碳达峰与碳中和问题研究

京津冀地区不仅是中国经济增长的重要一极，也是中国能源消费和二氧化碳排放高度集中的区域。以传统制造业为主的产业结构和以煤炭、石油等化石能源为主的能源结构，都决定京津冀地区二氧化碳排放量较大。地区二氧化碳排放量约占全国二氧化碳排放总量的11%，单位GDP和人均二氧化碳排放量均高于全国平均水平。在"双碳"目标下，京津冀地区是实现碳达峰与碳中和、促进经济社会绿色发展转型的关键和重点区域，研究其碳中和问题具有重要的现实意义。

（一）京津冀地区二氧化碳排放现状

据中国碳核算数据库（CEADs）中京津冀三地省级清单中《能源清单》（1997—2019）数据，整理分析京津冀地区二氧化碳排放基本情况。得出结论：1997—2019年，京津冀地区二氧化碳总量波动增加，年均增长约5.96%，约占全国二氧化碳排放量的11%，高于同期GDP占全国比重为1~2个百分点。京津冀地区单位GDP二氧化碳排放量和人均二氧化碳排放量均高于全国平均水平。

1. 京津冀地区二氧化碳排放现状

1997—2019年，京津冀地区二氧化碳排放总量呈波动增加态势。2019年，京津冀地区二氧化碳排放量约为1161.86百万吨，较1997年增长了约2.57倍。京津冀地区二氧化碳排放量占全国比重呈波动态势，约为11%，高于同期GDP占全国比重为1~2个百分点。与京津冀地区相比，长三角地区二氧化碳排放量呈波动增长态势，2019年达峰值，约为1786.98百万吨；二氧化碳排放量占全国比重也呈波动态势，约为18%，低于同期GDP占全国比重为6~7个百分点（见图7-1）。

1997—2019年，京津冀地区单位GDP二氧化碳排放量呈下降态势，但远高于全国平均单位GDP二氧化碳排放强度，除2000年外也高于长三角地区单位GDP二氧化碳排放量。2019年，京津冀地区单位GDP二氧化碳排放量约为1.38吨/万元，较1997年下降约70.27%；约是长三角地区单位GDP二氧化碳排放量（1.11吨/万元）的1.24倍，是全国平均单位GDP二氧化碳排放量（0.99吨/万元）的1.39倍（见图7-2）。

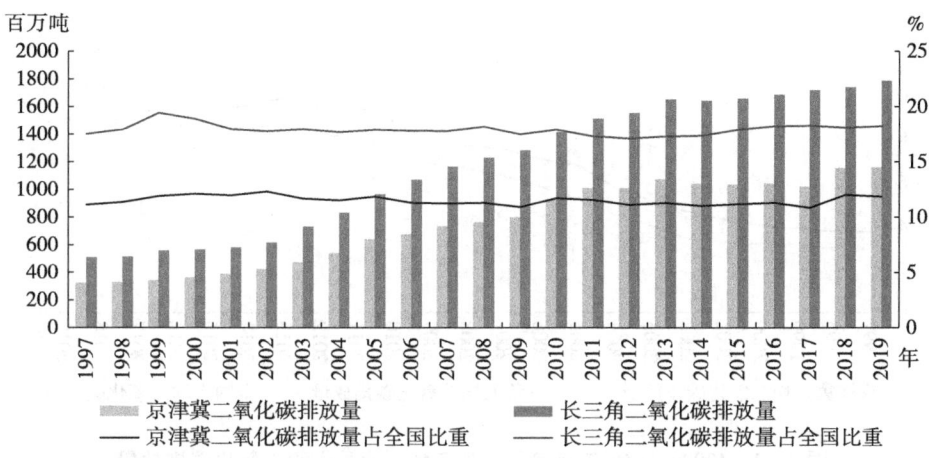

图 7 – 1 1997—2019 年京津冀与长三角二氧化碳排放量及占全国比重

[资料来源：根据中国碳核算数据库（CEADs）数据整理计算]

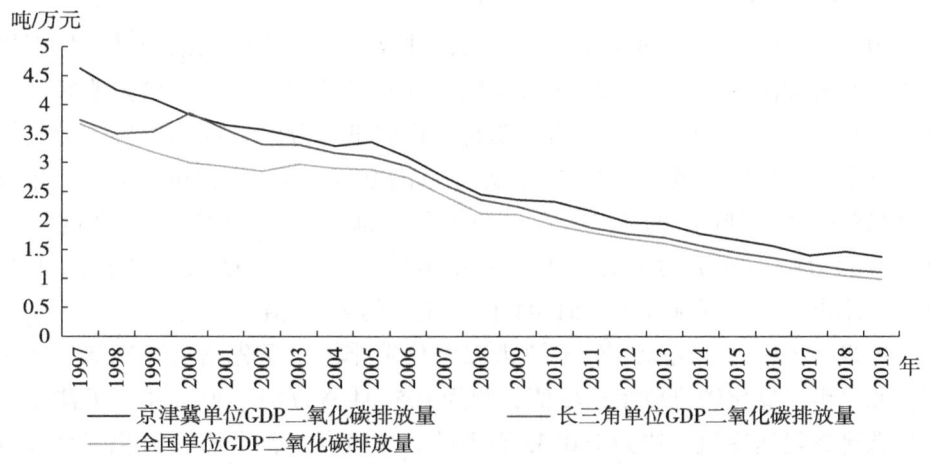

图 7 – 2 1997—2019 年京津冀、长三角、全国单位 GDP 二氧化碳排放量

（资料来源：根据二氧化碳排放量和 GDP 数据计算）

1997—2019 年，京津冀地区人均二氧化碳排放量高于长三角地区和全国平均水平，且呈增长态势。2019 年，京津冀地区人均二氧化碳排放量约为10.54 吨/人，约是长三角地区人均二氧化碳排放量（8.99 吨/人）的 1.17倍，约是全国平均水平（7.00 吨/人）的 1.51 倍。1997—2019 年，京津冀地区人均二氧化碳排放量年均增长约 4.83%。2019 年，京津冀地区人均二氧化碳排放量较 1997 年增长了约 2.82 倍（见图 7 – 3）。

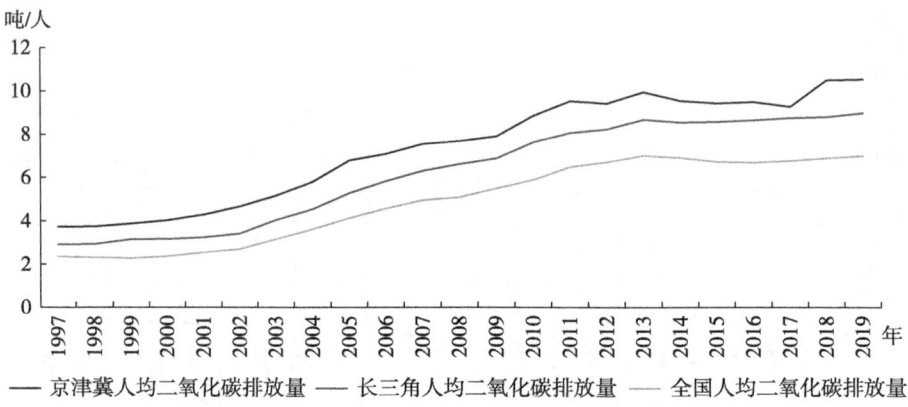

图 7 - 3　1997—2019 年京津冀、长三角、全国人均二氧化碳排放量

（资料来源：根据二氧化碳排放量和人口数据计算）

2. 京津冀三地二氧化碳排放现状

1997—2019 年，京津冀地区二氧化碳排放区域不均衡现象严重，且不均衡程度有所加深。其中，河北省二氧化碳排放量最大，约占京津冀地区排放量的 70% 左右。2019 年，河北省二氧化碳排放量约为 914.21 百万吨，分别约是北京市二氧化碳排放量（89.18 百万吨）的 10.25 倍、天津市二氧化碳排放量（158.47 百万吨）的 5.77 倍；1997 年，河北省二氧化碳排放量约为212.08 百万吨，分别约是北京市二氧化碳排放量（61.92 百万吨）的 3.43 倍、天津市二氧化碳排放量（51.41 百万吨）的 4.12 倍。

1997—2019 年，北京市、天津市二氧化碳排放量呈先增后降态势。2010 年，北京市二氧化碳排放量达峰值，约为 105.04 百万吨；2012 年，天津市二氧化碳排放量达峰值，约为 160.33 百万吨；2019 年，河北省二氧化碳排放量达峰值，约为 914.21 万吨。1997—2019 年，北京市、天津市二氧化碳排放量占地区比重呈波动下降态势，河北省则呈动态增长态势。2019 年，北京市二氧化碳排放量占地区比重分别约为 7.68%、13.64%，分别较 1997 年下降约11.35 个、2.16 个百分点；天津市、河北省二氧化碳排放量占地区比重约为78.68%，较 1997 年增长 13.51 个百分点（见图 7 - 4）。

1997—2019 年，北京市、天津市、河北省的单位 GDP 二氧化碳排放量呈下降态势，且北京市单位 GDP 二氧化碳排放量在京津冀地区最少，河北省单位 GDP 二氧化碳排放量最多。2019 年，北京市单位 GDP 二氧化碳排放量约为 0.25 吨/万元，分别约相当于天津市、河北省单位 GDP 二氧化碳排放量的

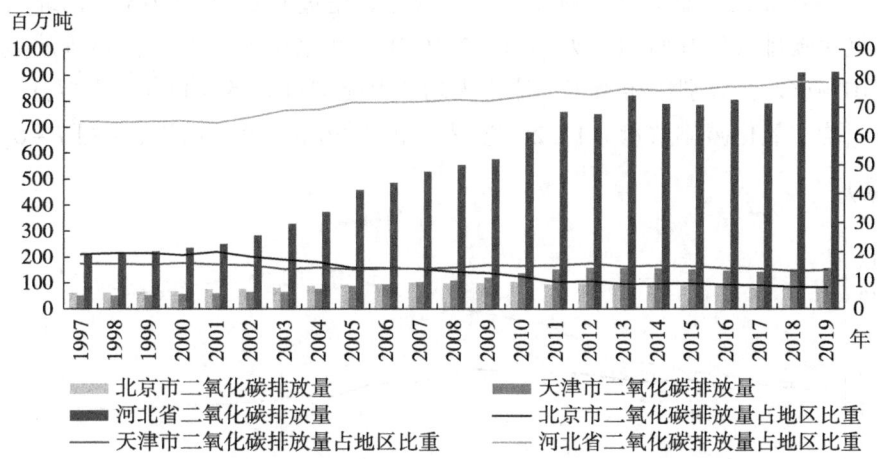

图 7 - 4   1997—2019 年京津冀三地二氧化碳排放量及占地区比重

[资料来源：根据中国碳核算数据库（CEADs）数据整理计算]

1/5、1/10。1997—2019 年，京津冀三地单位 GDP 二氧化碳排放量年均分别减少约 10.55%、5.66% 和 3.56%（见图 7 - 5）。

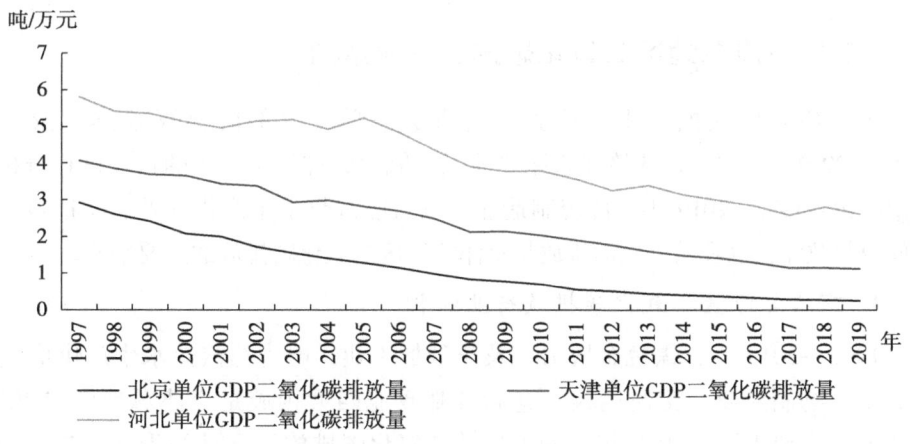

图 7 - 5   1997—2019 年京津冀三地单位 GDP 二氧化碳排放量

（资料来源：根据二氧化碳排放量和 GDP 数据计算）

1997—2019 年，北京市人均二氧化碳排放量呈下降态势，而天津市和河北省人均二氧化碳排放量则呈增长态势。其中，北京市人均二氧化碳排放量年均降低约 0.92%，天津市、河北省人均二氧化碳排放量年均分别增长约 3.47%、6.23%。1997—2014 年，京津冀三地中天津市人均二氧化碳排放量最高，2005 年河北省人均二氧化碳排放量开始超过北京市，2015 年河北省人均二氧化碳排放量开始超过天津市。2019 年，北京市人均二氧化碳排放量约为 4.07 吨/人，分别约相当于天津市人均二氧化碳排放量（11.44 吨/人）、河北省人均二氧化碳排放量（12.28 吨/人）的 0.36 倍、0.33 倍（见图 7-6）。

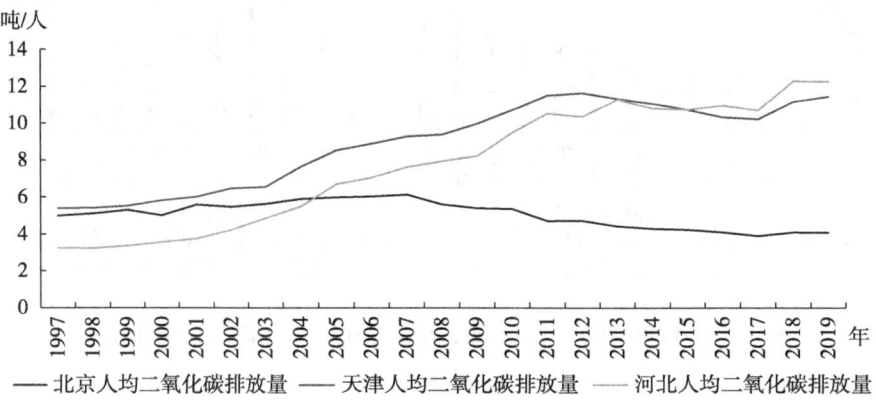

图 7-6 1997—2019 年京津冀三地人均二氧化碳排放量

（资料来源：根据二氧化碳排放量和人口数据计算）

（二）京津冀地区二氧化碳排放行业结构

依据 CEADs 数据库中京津冀三地省级清单《分部门核算碳排放清单》（1997—2019）数据，筛选整理京津冀地区二氧化碳排放量较大的行业进行分析。得出结论：1997—2019 年，传统制造业、电力蒸汽热水生产供应业、交通运输、仓储及邮政业，以及城市生活排放是京津冀地区二氧化碳排放的主要来源。

1. 京津冀地区二氧化碳排放行业结构

1997—2019 年，黑色金属冶炼及压延加工业，电力蒸汽热水生产供应业，非金属矿物制品业，交通运输、仓储及邮政业四大领域是京津冀地区二氧化碳排放的主要来源。2019 年，四大领域二氧化碳排放量合计约为 989.77 百万吨，约占京津冀地区二氧化碳排放总量的 85.19%。

其中，2019 年京津冀地区黑色金属冶炼及压延加工业二氧化碳排放量约为 460.38 百万吨，较 1997 年增长了 7.42 倍；占地区二氧化碳排放量的比重约为 39.62%，较 1997 年增长了 22.81 个百分点。电力蒸汽热水生产供应业二氧化碳排放量约为 429.62 百万吨，较 1997 年增长了 2.31 倍；占地区二氧化碳排放量比重约为 36.98%，较 1997 年下降了 2.87 个百分点。非金属矿物制品业二氧化碳排放量约为 44.98 百万吨，较 1997 年增长了 1.04 倍；占地区二氧化碳排放量比重约为 3.87%，较 1997 年下降约 2.89 个百分点。交通运输、仓储及邮政业二氧化碳排放量约为 54.79 百万吨，较 1997 年增长了 4.46 倍；占地区二氧化碳排放量比重约为 4.72%，较 1997 年增加了 1.63 个百分点（见图 7 - 7）。

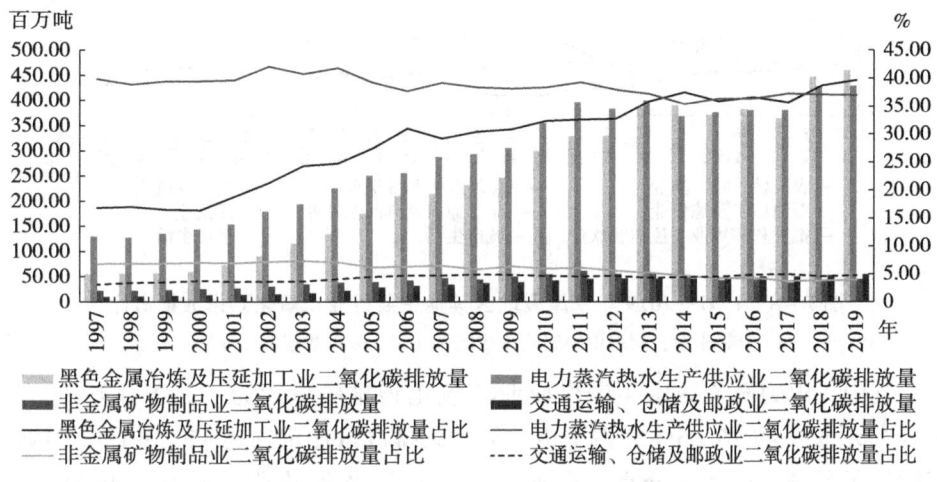

图 7 - 7　1997—2019 年京津冀地区主要行业二氧化碳排放量及排放量占比

[资料来源：根据中国碳核算数据库（CEADs）数据整理计算]

此外，1997—2019 年，农、林、牧、渔业，煤炭开采和洗选业，食品制造业，石油加工及炼焦业，化学原料及制品制造业，建筑业，批发和零售业、住宿餐饮业，城市生活，乡村生活二氧化碳排放量占地区二氧化碳排放总量比重呈下降态势。2019 年各行业二氧化碳排放量占地区比重分别约为 0.38%、2.74%、0.06%、1.02%、0.77%、0.76%、2.93% 和 2.50%，分别较 1997 年下降约 0.61 个、2.75 个、2.20 个、0.87 个、1.55 个、0.49 个、2.25 个和 2.64 个百分点。1997—2019 年，建筑业二氧化碳排放量占京津冀地区二氧化碳排放总量比重基本保持在 0.50% 上下（见图 7 - 8）。

2. 北京市二氧化碳排放行业结构

1997—2019 年，电力蒸汽热水生产供应业，交通运输、仓储及邮政业，以及城市生活三大领域是北京市二氧化碳排放量的主要来源。2019 年，北京市三大领域二氧化碳排放量合计约为 72.89 百万吨，较 1997 年全市二氧化碳排放量（25.36 百万吨）增长约 1.87 倍，占全市二氧化碳排放量（89.18 万吨）的比重约为 81.73%，较 1997 年增长约 40.76 个百分点。

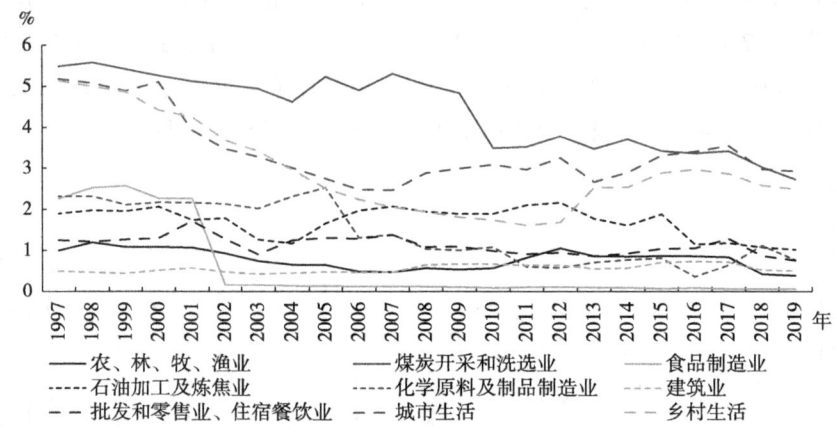

图 7-8 1997—2019 年京津冀地区其他主要行业二氧化碳排放量占比

[资料来源：根据中国碳核算数据库（CEADs）数据整理计算]

其中，电力蒸汽热水生产供应业二氧化碳排放量约为 31.92 百万吨，较 1997 年增长了约 76.65%，占全市二氧化碳排放量比重约为 35.80%，较 1997 年增长了约 6.61 个百分点。交通运输、仓储及邮政业二氧化碳排放量约 27.00 百万吨，较 1997 年增长了约 6.65 倍，占全市二氧化碳排放量比重约为 30.28%，较 1997 年增长了约 24.57 个百分点。城市生活二氧化碳排放量约 13.96 百万吨，较 1997 年增长了 2.71 倍，占全市二氧化碳排放量比重约为 15.65%，较 1997 年增长了 9.58 个百分点（见图 7-9）。

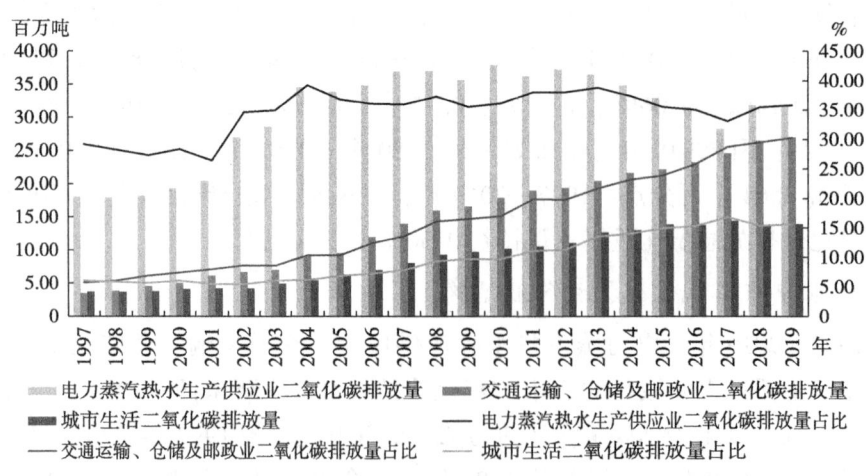

图 7-9 1997—2019 年北京市主要行业二氧化碳排放量及排放量占比

[资料来源：根据中国碳核算数据库（CEADs）数据整理计算]

1997—2002 年，北京市黑色金属冶炼及压延加工业二氧化碳排放量占全市比重快速增加，峰值约为 23.76%，之后呈快速下降态势，2019 年约为 0.03%，较 2002 年峰值下降 23.73 个百分点；1997—2019 年，农、林、牧、渔业二氧化碳排放量占北京市二氧化碳排放量比重呈下降态势，2019 年占比约为 0.19%，较 1997 年下降约 0.51 个百分点；非金属矿物制品业、普通机械制造业、交通运输设备制造业二氧化碳排放量占比呈下降态势，2019 年占比分别约为 1.80%、0.21% 和 0.63%，分别较 1997 年下降约 4.05 个、7.11 个、0.75 个百分点；建筑业，批发和零售业、住宿餐饮业二氧化碳排放量占比呈增长态势，2019 年占比分别为 1.18%、2.74%，分别较 1997 年增长约 0.33 个、2.30 个百分点；农村生活二氧化碳排放量占全市二氧化碳排放量比重呈减少态势，2019 年占比约为 1.40%，较 1997 年减少约 3.19 个百分点（见图 7 - 10）。

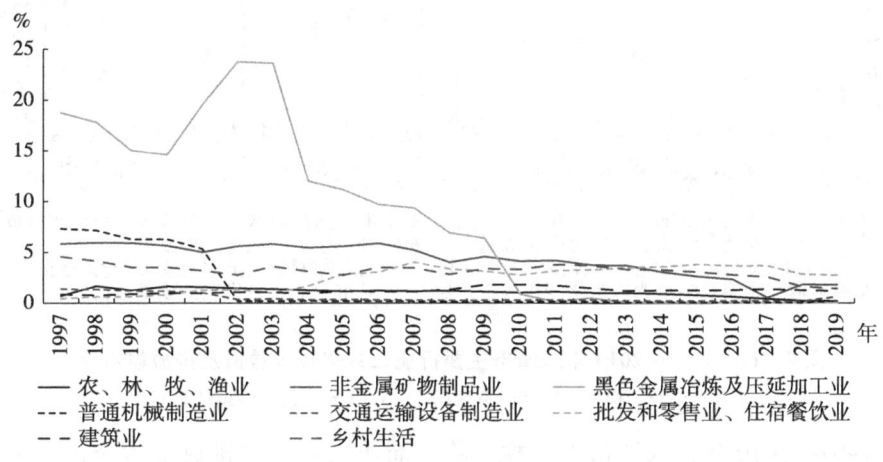

图 7 - 10　1997—2019 年北京市其他主要行业二氧化碳排放量占比

[资料来源：根据中国碳核算数据库（CEADs）数据整理计算]

3. 天津市二氧化碳排放行业结构

1997—2019 年，电力蒸汽热水生产供应业，黑色金属冶炼及压延加工业，交通运输、仓储及邮政业，城市生活四大领域是天津市二氧化碳排放量的主要来源。2019 年，天津市四大领域二氧化碳排放量合计约 131.23 百万吨，较 1997 年增长了约 3.40 倍，占全市比重约 82.81%，较 1997 年提高了 24.78 个百分点。

其中，黑色金属冶炼及压延加工业二氧化碳排放量约为 46.83 百万吨，

较 1997 年增长了 6.57 倍，占全市二氧化碳排放量比重约为 29.55%，较 1997
年增加了 17.53 个百分点。电力蒸汽热水生产供应业二氧化碳排放量约为
67.83 百万吨，较 1997 年增长了 2.66 倍，占全市二氧化碳排放量的比重约为
42.80%，较 1997 年增加了 6.79 个百分点。交通运输、仓储及邮政业二氧化
碳排放量约为 8.78 百万吨，较 1997 年增加了 1.98 倍，占全市二氧化碳排放
量的比重约为 5.54%，较 1997 年下降了约 0.20 个百分点。城市生活二氧化
碳排放量约为 7.79 百万吨，较 1997 年增长了 2.56 倍，占全市二氧化碳排放
量的比重为 4.92%，较 1997 年增长了 0.67 个百分点（见图 7 - 11）。

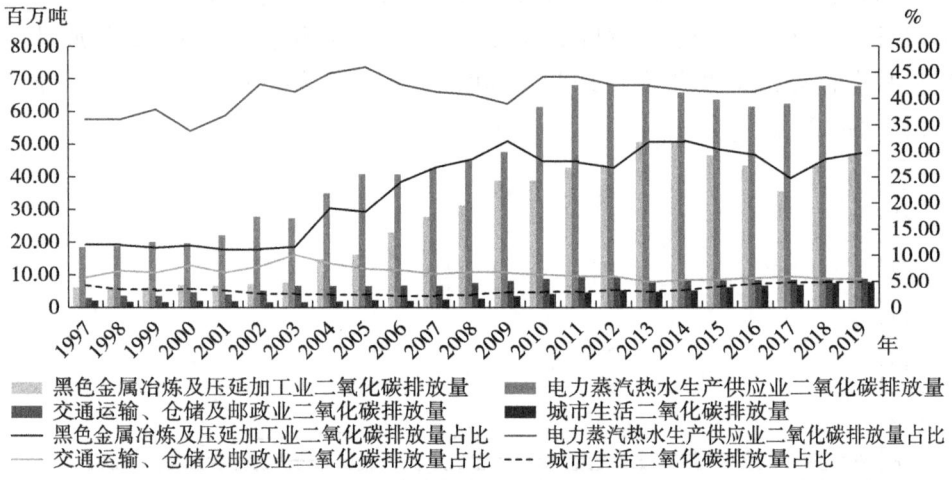

图 7 - 11 1997—2019 年天津市主要行业二氧化碳排放量及排放量占比

[资料来源：根据中国碳核算数据库（CEADs）数据整理计算]

1997—2019 年，天津市农、林、牧、渔业二氧化碳排放量占全市二氧化
碳排放量比重呈先增后降态势，基本保持在 1% 左右，2019 年占比约为
0.70%，较 1997 年下降约 0.03 个百分点；石油加工及炼焦业，化学原料及制
品制造业，非金属矿物制品业，批发和零售业、住宿餐饮业二氧化碳排放量
占天津市二氧化碳排放量比重呈下降态势，2019 年占比分别约为 3.21%、
0.61%、2.37% 和 1.69%，分别较 1997 年下降约 1.37 个、4.82 个、1.61 个
和 3.75 个百分点；建筑业二氧化碳排放量占全市比重呈增长态势，2019 年分
别约为 2.28%，较 1997 年增长了约 1.05 个百分点；农村生活二氧化碳排放
量占全市比重呈波动态势，2019 年约为 0.89%，较 1999 年峰值下降约 1.23
个百分点（见图 7 - 12）。

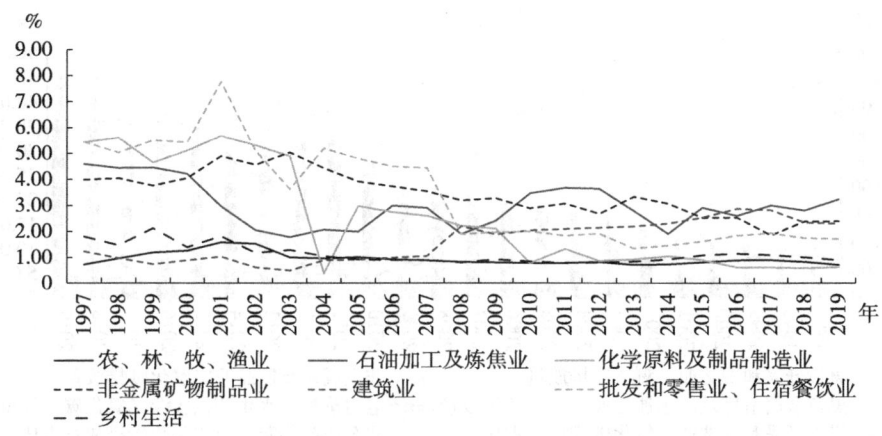

图 7 – 12　1997—2019 年天津市其他主要行业二氧化碳排放量占比

[资料来源：根据中国碳核算数据库（CEADs）数据整理计算]

4. 河北省二氧化碳排放行业结构

1997—2019 年，黑色金属冶炼及压延加工业、电力蒸汽热水生产供应业、非金属矿物制品业、煤炭开采和洗选业四大领域是河北省二氧化碳排放量的主要来源。2019 年，四大领域二氧化碳排放量合计约 814.78 百万吨，较 1997 年增长了约 3.96 倍；四大领域二氧化碳排放量合计占全市比重约 89.12%，较 1997 年提高了 11.73 个百分点。

其中，黑色金属冶炼及压延加工业二氧化碳排放量约为 413.52 百万吨，较 1997 年增长了约 10.21 倍，占全省二氧化碳排放量比重约为 45.23%，较 1997 年增长了 27.83 个百分点。电力蒸汽热水生产供应业二氧化碳排放量约为 329.87 百万吨，较 1997 年增长了约 2.54 倍，占全省二氧化碳排放量比重约为 36.08%，较 1997 年下降约 7.8 个百分点。非金属矿物制品业二氧化碳排放量约为 39.61 百万吨，较 1997 年增长了 1.42 倍，占全省二氧化碳排放量比重约为 4.33%，较 1997 年下降了 3.37 个百分点。煤炭开采和洗选业二氧化碳排放量约为 31.78 百万吨，较 1997 年增加了 78.27%，占全省二氧化碳排放量的比重约为 3.48%，较 1997 年下降了约 4.93 个百分点（见图 7 – 13）。

1997—2019 年，河北省农、林、牧、渔业，石油加工及炼焦业，化学原料及制品制造业、农村生活二氧化碳排放量占全省二氧化碳排放量比重呈下降态势，2019 年占比分别约为 0.35%、0.74%、0.87% 和 2.88%，分别较 1997 年下降约 0.80 个、0.39 个、1.16 个和 3.23 个百分点；交通运输、仓储

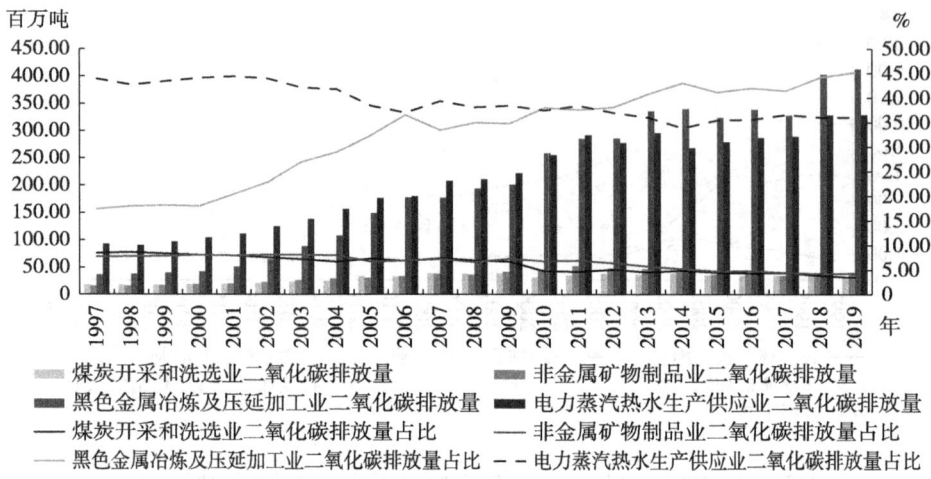

图7-13 1997—2019年河北省主要行业二氧化碳排放量及排放量占比

[资料来源：根据中国碳核算数据库（CEADs）数据整理计算]

及邮政业二氧化碳排放量占全省二氧化碳排放量比重呈增长态势，2019年占比较1997年提高约为0.41个百分点；批发和零售业、住宿餐饮业二氧化碳排放量占全省二氧化碳排放量比重基本保持稳定，在0.45%左右。与北京市和天津市市城市生活二氧化碳排放量占比呈增长态势不同，河北省城市生活二氧化碳排放量占比呈下降态势，2019年占比约为1.35%，较1997年下降约3.81个百分点（见图7-14）。

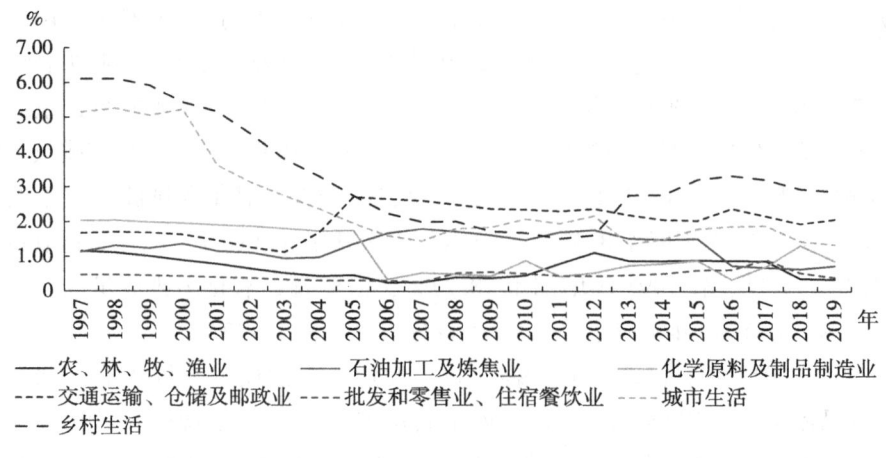

图7-14 1997—2019年河北省主要行业二氧化碳排放量占比

[资料来源：根据中国碳核算数据库（CEADs）数据整理计算]

（三）京津冀地区二氧化碳排放能源结构

依据 CEADs 数据库中京津冀三地省级清单《分部门核算碳排放清单》（1997—2019）数据，以及《中国能源统计年鉴》（1998—2020）、《地区能源平衡表》中京津冀三地终端能源消费数据，并将其划分为煤炭、石油、天然气、电力及其他能源（电力及其他能源包括电力、热力、其他能源等）四大类进行归类整理和加工分析，得出结论：1997—2019 年，煤炭、石油、天然气等化石能源仍是京津冀地区二氧化碳排放的主要来源。

1. 京津冀地区二氧化碳排放能源结构

依据 CEADs 数据库中京津冀三地省级清单《分部门核算碳排放清单》（1997—2019）数据，并将二氧化碳排放来源划分为煤炭、石油、天然气、过程排放四大类，进行二氧化碳排放能源结构的分析。

（1）京津冀地区二氧化碳排放能源结构。煤炭是京津冀地区二氧化碳排放的最主要来源。2019 年，京津冀地区使用煤炭产生的二氧化碳排放量约为 924.42 百万吨，占地区二氧化碳排放总量的 79.56%；使用石油、天然气产生的二氧化碳排放量分别约为 109.36 百万吨、95.10 百万吨，占比约为 9.41%、8.19%；过程排放约 32.98 百万吨，占比约为 2.84%。

1997—2019 年，京津冀地区使用煤炭和石油产生的二氧化碳排放绝对量呈增长态势，占地区二氧化碳排放量比重动态下降。2019 年，京津冀地区使用煤炭产生的二氧化碳排放量约为 924.42 百万吨，较 1997 年增长了约 2.40 倍；占地区二氧化碳排放量的比重约为 79.56%，较 1997 年下降了 3.91 个百分点。2019 年，京津冀地区使用石油产生的二氧化碳排放量约为 109.36 百万吨，较 1997 年增长了约 1.88 倍；占地区二氧化碳排放量的比重约为 9.41%，较 1997 年下降了约 2.25 个百分点。京津冀地区过程排放绝对量呈增加态势，从 1997 年的 13.58 百万吨增加到 2019 年的 32.98 百万吨，增长了约 1.43 倍；过程排放占地区二氧化碳排放量比重呈下降态势，从 1997 年的 4.17% 下降为 2019 年的 2.84%，下降约 1.33 个百分点（见图 7-15）。

（2）北京市二氧化碳排放能源结构。2015 年之后，北京市二氧化碳排放的主要来源是石油和天然气。2019 年，北京市使用煤炭、石油、天然气，以及过程排放产生的二氧化碳排放量分别约为 2.95 百万吨、46.11 百万吨、39.10 百万吨和 1.03 百万吨，占全市二氧化碳排放总量比重分别约为 3.30%、51.70%、43.84% 和 1.15%。

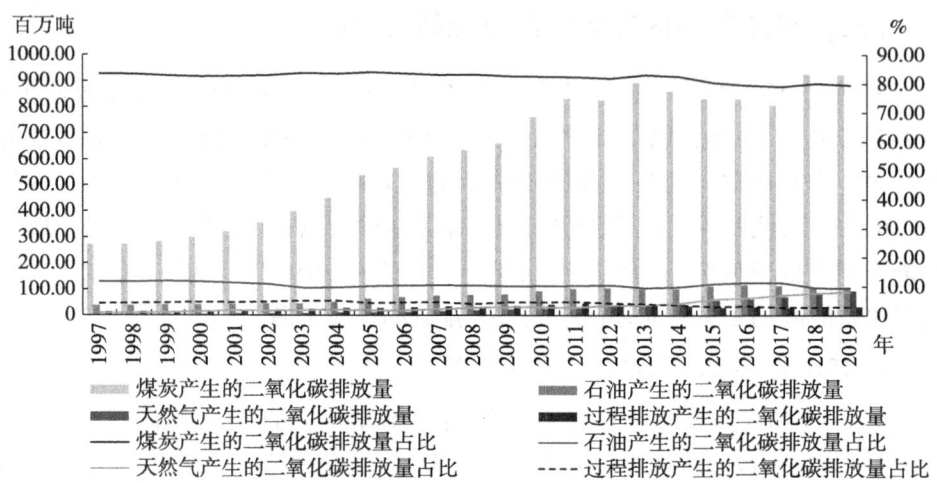

图7-15 1997—2019年京津冀二氧化碳排放能源构成及排放量占比

[资料来源：根据中国碳核算数据库（CEADs）数据整理计算]

1997—2019年，北京市使用煤炭产生的二氧化碳排放量呈先增加后减少的态势，2007年达峰值，约为59.99百万吨，约占当年全市二氧化碳排放总量的58.30%；2019年使用煤炭产生的二氧化碳排放量约2.95百万吨，不到2007年排放量峰值的1/20。1997—2019年，北京市使用煤炭产生的二氧化碳排放量占全市二氧化碳排放总量的比重呈下降态势，2019年占比约为3.30%，较1997年下降了约70.75个百分点。使用石油、天然气产生的二氧化碳排放绝对量呈增加态势，分别从1997年的13.68百万吨、0.35百万吨增加到2019年的46.11百万吨、39.10百万吨，分别增长了约2.37倍、110.01倍；使用石油、天然气产生的二氧化碳占全市二氧化碳排放总量比重也呈增加态势，分别从1997年的约22.09%、0.57%提高到2019年的约51.70%、43.84%，分别提高约29.61个、43.27个百分点；过程排放绝对量呈先增加后减少态势，过程排放占全市二氧化碳排放总量比重呈下降态势。2019年，北京市过程二氧化碳排放量约为1.03百万吨，约是1997年的50.53%；过程二氧化碳排放量占全市二氧化碳排放量的比重约为1.15%，较1997年下降了约2.14个百分点（见图7-16）。

（3）天津市二氧化碳排放能源结构。天津市二氧化碳排放的主要来源仍是煤炭和石油。2019年，天津市使用煤炭、石油、天然气，以及过程排放产生的二氧化碳排放量分别约为103.68百万吨、29.47百万吨、23.10百万吨和

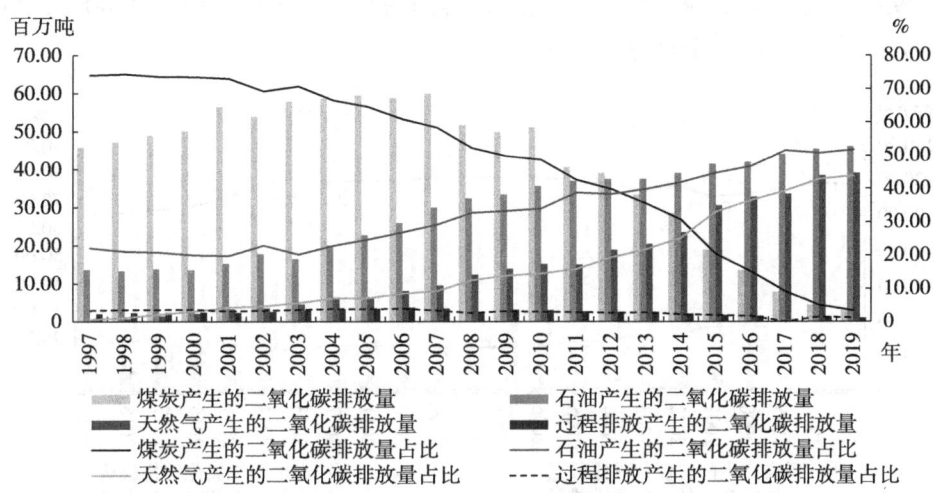

图 7 – 16　1997—2019 年北京市二氧化碳排放能源构成及排放量占比

［资料来源：根据中国碳核算数据库（CEADs）数据整理计算］

2.22 百万吨，占全市二氧化碳排放总量比重分别约为 65.43%、18.59%、14.58% 和 1.40%。

1997—2019 年，天津市使用煤炭产生的二氧化碳排放量呈先增加后减少态势，2013 年达到峰值，约为 124.72 百万吨，约占全市二氧化碳排放总量的 78.12%；2019 年使用煤炭产生的二氧化碳排放量约为 103.68 百万吨，较 1997 年增长了约 1.65 倍。1997—2019 年，天津市使用煤炭产生的二氧化碳排放量占全市二氧化碳排放总量的比重呈动态下降态势，2019 年占比约为 65.43%，较 1997 年下降了约 10.60 个百分点。

1997—2019 年，天津市使用石油产生的二氧化碳排放绝对量呈增加态势，但占全市二氧化碳排放总量比重呈下降态势。2019 年，天津市使用石油产生的二氧化碳排放量约为 29.47 百万吨，较 1997 年增长了约 1.65 倍，占全市二氧化碳排放总量的比重约为 18.59%，较 1997 年下降了 3.03 个百分点。1997—2019 年，天津市使用天然气产生的二氧化碳排放量绝对值和占全市二氧化碳排放总量比重均呈增长态势。2019 年，天津市使用天然气产生的二氧化碳排放量约为 23.10 百万吨，较 1997 年增长了约 37.46 倍，占全市二氧化碳排放量的比重约为 14.58%，较 1997 年增长了 13.41 个百分点。

1997—2019 年，天津市过程排放二氧化碳量和占全市二氧化碳排放总量比重均呈先增加后减少态势。2019 年，天津市过程排放量约为 2.22 百万吨，较 1997 年增长了 2.66 倍，占全市二氧化碳排放总量比重约为 1.40%，较 1997 年增长了 0.22 个百分点（见图 7 – 17）。

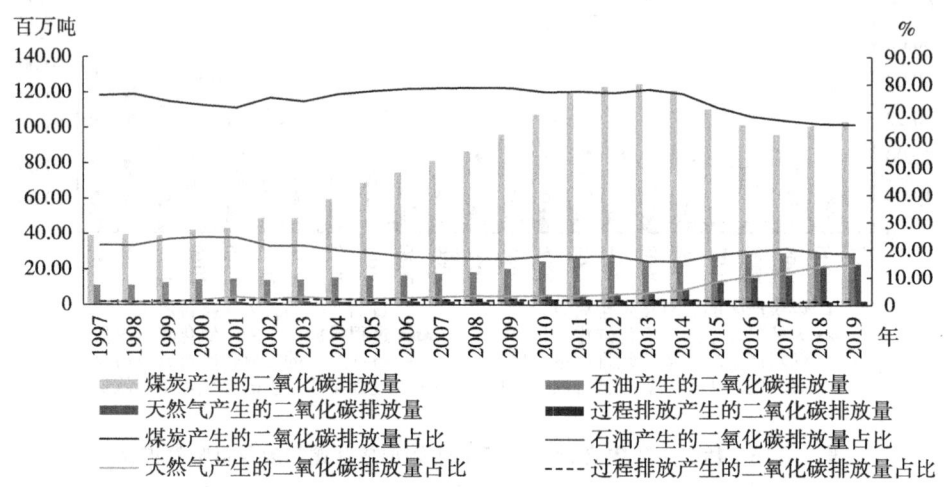

图 7 – 17　1997—2019 年天津市二氧化碳排放能源构成及排放量占比

[资料来源：根据中国碳核算数据库（CEADs）数据整理计算]

（4）河北省二氧化碳排放能源结构。煤炭仍是河北省二氧化碳排放量的最主要来源。2019 年，河北省使用煤炭产生的二氧化碳排放量约为 817.80 百万吨，占全省二氧化碳排放总量的 89.45%；使用石油、天然气产生的二氧化碳排放量分别约为 33.78 百万吨、32.90 百万吨，占比约为 3.69%、3.60%；过程排放约 29.73 百万吨，占比约 3.25%。

1997—2019 年，河北省使用煤炭产生的二氧化碳排放绝对量快速增加，占全省二氧化碳排放量比重呈波动态势。2019 年，河北省使用煤炭产生的二氧化碳排放量约为 817.80 百万吨，较 1997 年增长了 3.38 倍；占全省二氧化碳排放量比重约为 89.45%，较 1997 年增长了约 1.43 个百分点。1997—2019 年，河北省使用石油产生的二氧化碳排放量先增加后减少，占全省二氧化碳排放量比重动态减少。2019 年，河北省使用石油产生的二氧化碳排放量约为 33.78 百万吨，较 1997 年增长了 1.57 倍；占全省二氧化碳排放量比重约为 3.69%，较 1997 年下降 2.51 个百分点。1997—2019 年，河北省使用天然气产生的二氧化碳排放量和占比均呈增加态势。2019 年，河北省使用天然气产生的二氧化碳排放量约为 32.90 百万吨，较 1997 年增长了 24.11 倍；占全省二氧化碳排放量比重约 3.60%，较 1997 年增长了 2.98 个百分点。

1997—2019 年，河北省过程排放量先增加后减少，占比呈下降态势。2019 年，河北省过程排放约为 29.73 百万吨，较 1997 年增长了 1.72 倍；占全省二氧化碳排放量的比重约 3.25%，较 1997 年下降了 1.90 个百分点（见图 7-18）。

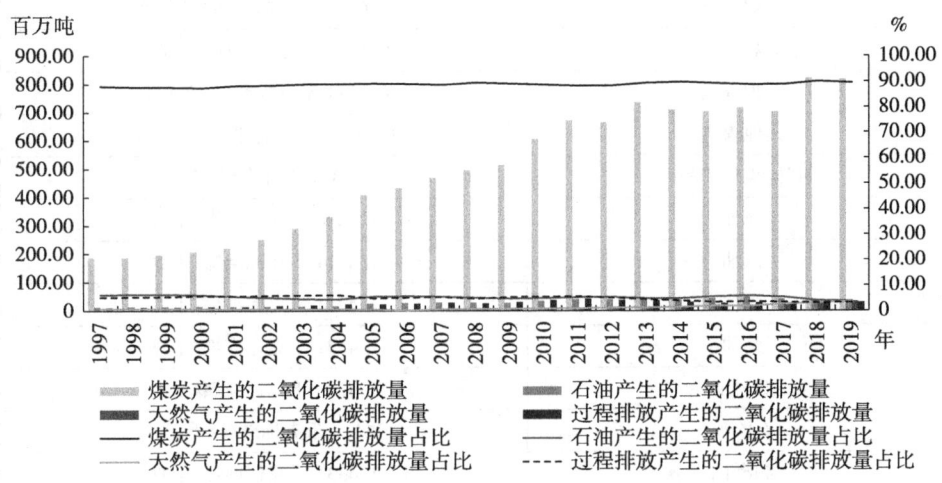

图 7-18　1997—2019 年河北省二氧化碳排放能源构成及排放量占比

[资料来源：根据中国碳核算数据库（CEADs）数据整理计算]

2. 京津冀地区终端能源消费结构

依据《中国能源统计年鉴》（1998—2020）、《地区能源平衡表》中京津冀三地终端能源消费数据，并将其划分为煤炭、石油、天然气、电力及其他能源（电力及其他能源包括电力、热力、其他能源等）四大类进行归类整理。为方便比较，所有能源单位均按照相应的能源折算标准系数折算成万吨标准煤①（见表 7-1）。

表 7-1　　　　　　　　　　　　　能源折算标准系数

能源名称	折标准煤系数
原煤	0.7143 千克标准煤/千克
洗精煤	0.9000 千克标准煤/千克
其他洗煤	0.4643 千克标准煤/千克
型煤	0.6 千克标准煤/千克

---

① 王风云，苏烨琴. 京津冀能源消费结构变化及其影响因素［J］. 城市问题，2018（8）.

续表

能源名称	折标准煤系数
煤矸石	0.1786 千克标准煤/千克
焦炭	0.9714 千克标准煤/千克
焦炉煤气	0.6143 千克标准煤/立方米
高炉煤气	0.1286 千克标准煤/立方米
转炉煤气	0.2714 千克标准煤/立方米
其他煤气	0.35701 千克标准煤/立方米
其他焦化产品	1.3 千克标准煤/千克
原油	1.4286 千克标准煤/千克
汽油	1.4714 千克标准煤/千克
煤油	1.4714 千克标准煤/千克
柴油	1.4571 千克标准煤/千克
燃料油	1.4286 千克标准煤/千克
石脑油	1.5 千克标准煤/千克
润滑油	1.4331 千克标准煤/千克
石蜡	1.3648 千克标准煤/千克
溶剂油	1.4672 千克标准煤/千克
石油沥青	1.3307 千克标准煤/千克
石油焦	1.0918 千克标准煤/千克
液化石油气	1.7143 千克标准煤/千克
炼厂干气	1.5714 千克标准煤/千克
其他石油制品	1.2 千克标准煤/千克
天然气	1.33 千克标准煤/立方米
热力	0.0341 千克标准煤/百万焦耳
电力	0.1229 千克标准煤/千万时

资料来源：《中国能源统计年鉴》。

（1）京津冀地区终端能源消费结构。1997—2020 年，京津冀地区煤炭、石油在终端能源消费结构中的占比逐渐下降，分别从 1997 年的约 63.27%、17.54%下降到 2020 年的约 49.55%、13.91%，分别下降了约 13.72 个、3.64 个百分点；天然气、电力及其他能源在终端能源消费结构中的占比不断增长，分别从 1997 年的约 1.20%、17.99%增长到 2020 年的约 8.63%、27.92%，分别增长了约 7.43 个、9.93 个百分点。20 多年间，京津冀地区终端能源消费结构中，煤炭、石油的消费结构占比不断下降，天然气、电力及其他能源的占比逐渐提升，京津冀地区能源消费结构得到优化（见图 7-19）。

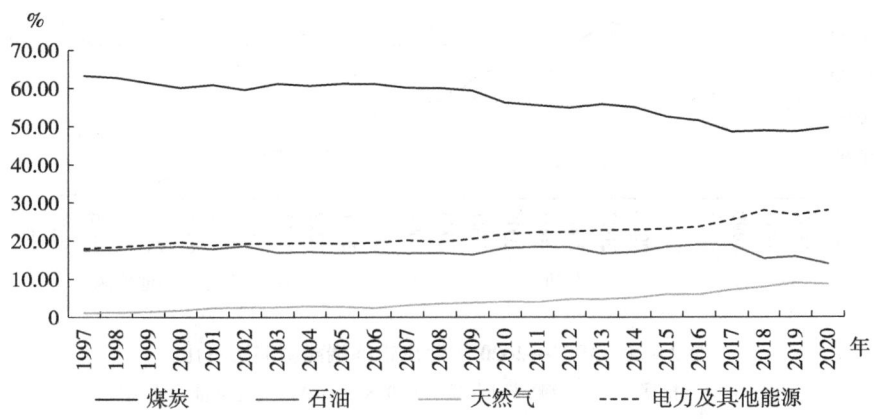

图 7-19　1997—2020 年京津冀地区终端能源消费占比

［资料来源：根据《中国能源统计年鉴》（1998—2020）、《地区能源平衡表》终端能源消费数据归类整理，按照能源标准折算系数转化后计算］

（2）北京市终端能源消费结构。1997—2020 年，北京市终端能源消费结构变动幅度较大，煤炭在终端能源消费结构中的占比大幅下降，从 1997 年的约 50.28% 下降到 2020 年的约 1.03%，下降了约 49.25 个百分点；石油、天然气和电力及其他能源在终端能源消费结构中的占比不断上升，分别从 1997 年的约 24.34%、0.72% 和 24.66% 增长到 2020 年的约 37.97%、16.74% 和 44.26%，分别提高约 13.62 个、16.02 个和 19.61 个百分点。1997—2020 年，北京市终端能源消费结构得到明显优化，电力及其他能源的消费结构占比增幅最大，天然气占比次之，煤炭占比大幅下降（见图 7-20）。

（3）天津市终端能源消费结构。1997—2020 年，天津市煤炭在终端能源消费结构中的占比呈下降态势，从 1997 年的约 48.43% 下降到 2020 年的约 27.45%，下降了约 20.98 个百分点；石油在终端能源消费结构中的占比在 30% 上下波动；天然气、电力及其他能源在终端能源消费结构中的占比呈上升态势，分别从 1997 年的约 1.96%、18.48% 增加到 2020 年的约 10.65%、31.89%，分别增加了约 8.70 个、13.41 个百分点。1997—2020 年，天津市终端能源消费结构也在不断优化，煤炭在终端能源消费结构中占比逐渐下降，天然气、电力及其他能源占比得到提高（见图 7-21）。

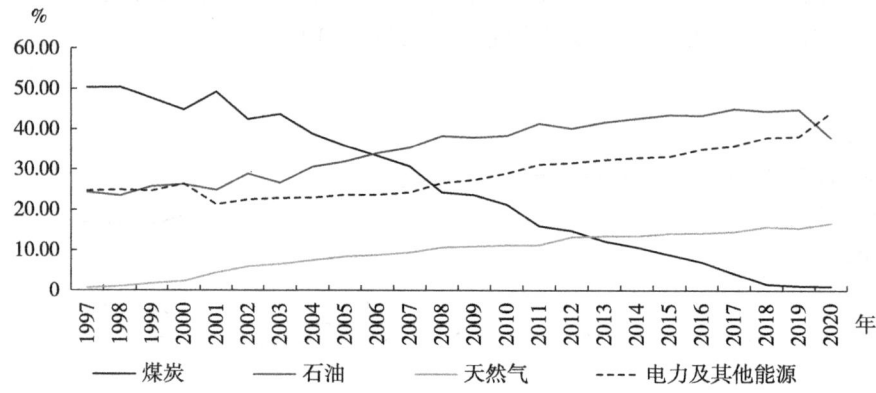

图 7 – 20　1997—2020 年北京市终端能源消费占比

[资料来源：根据《中国能源统计年鉴》（1998—2020）、《地区能源平衡表》
终端能源消费数据归类整理，按照能源标准折算系数转化后计算]

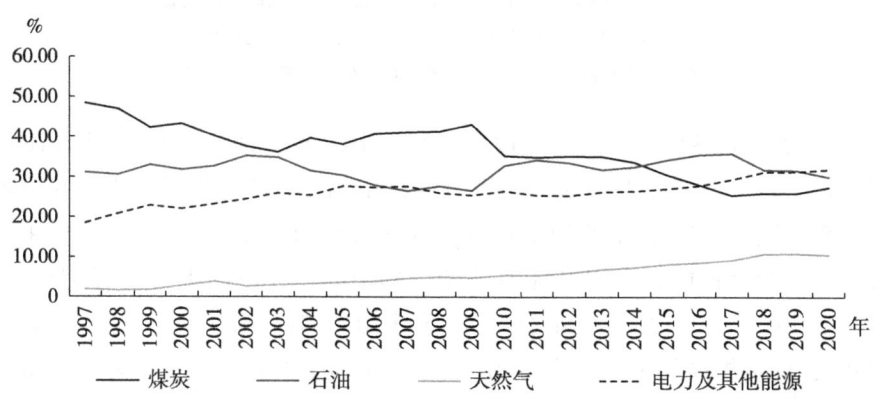

图 7 – 21　1997—2020 年天津市终端能源消费占比

[资料来源：根据《中国能源统计年鉴》（1998—2020）、《地区能源平衡表》
终端能源消费数据归类整理，按照能源标准折算系数转化后计算]

　　（4）河北省终端能源消费结构。1997—2020 年，河北省煤炭、石油在终端能源消费结构中的占比呈下降态势，分别从 1997 年的约 73.34%、10.62%下降到 2020 年的约 62.84%、6.15%，分别下降了约 10.51 个、4.47 个百分点；天然气、电力及其他能源在终端能源消费结构中的占比呈增长态势，分别从 1997 年的约 1.20%、14.83% 增长到 2020 年的约 6.78%、24.22%，增长了约 5.58 个、9.39 个百分点。1997—2020 年，河北省终端能源消费结构有所优化，煤炭、石油在终端能源消费结构中的占比逐渐下降，天然气、电力及其他能源占比得到提升（见图 7 – 22）。

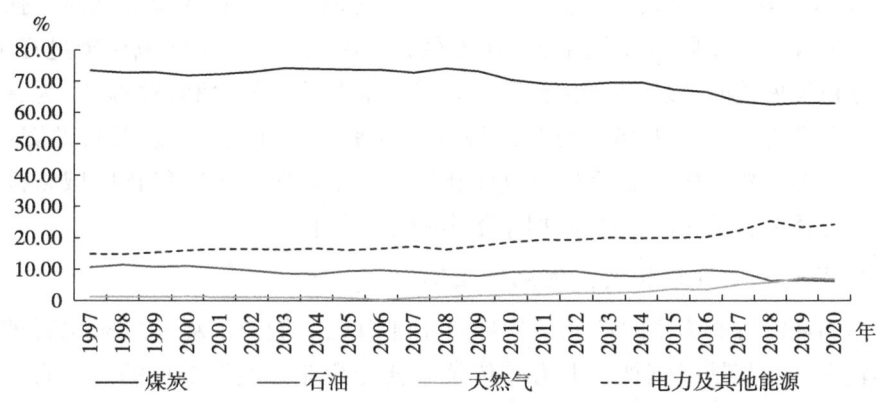

图 7 – 22 1997—2020 年河北省终端能源消费占比

[资料来源：根据《中国能源统计年鉴》（1998—2020）、《地区能源平衡表》终端能源消费数据归类整理，按照能源标准折算系数转化后计算]

（四）京津冀地区碳中和路径研究

京津冀地区作为国家重点战略发展区域，也是我国能源消费和二氧化碳排放高度集中的区域，二氧化碳排放总量占全国比重超过 10%，单位 GDP 二氧化碳排放强度和人均二氧化碳排放量均高于全国平均水平和长三角地区。传统制造业、电力蒸汽热水生产供应业、交通运输、仓储及邮政业，以及城市生活排放是京津冀地区二氧化碳排放的主要来源。煤炭、石油、天然气等化石能源仍是京津冀地区二氧化碳排放的主要来源。在"双碳"目标下，京津冀地区是实现碳达峰与碳中和、促进经济社会绿色发展转型的关键和重点区域。为更好地发挥京津冀地区在中国碳中和战略中的示范引领作用，亟须从顶层设计、产业结构、低碳技术、能源结构等方面下功夫。

1. 强化控碳顶层设计，推进区域排放

根据国家减排目标及区域碳排放情况，强化京津冀区域碳达峰与碳中和顶层设计，加快制定区域实现碳达峰与碳中和的时间表和路线图，尤其要突出产业结构调整升级，结合短期经济发展、中期结构调整、长期产业转型发展需要，在综合考虑经济平稳性和减碳成本的基础上，重点关注碳排放强度高、规模大的产业，按照三次产业结构、行业门类结构、工业结构和制造业结构，分阶段循序渐进地推进产业结构和低碳化调整。[①] 同时，京津冀三地碳排放规模和强度相差较大，河北省碳排放份额占京津冀区域的 70% 左右，单位 GDP 和人均二氧化碳排放量都远高于京津两地，河北省碳减排规模与强度并行，兼顾经济发展的减碳潜力、压力最大。因此，在实施区域控碳过程中，应在绿色发展共同体理念的指导下，以"目标协同"和"利益协调"为着力点，充分考虑北京、天津与河北经济发展水平、人口规模、能源资源禀赋、能源生产与消费结构、能源利用效率和技术水平差距，不断优化区域碳排放协同治理体系，健全减污降碳协同治理的机制设计。

2. 推动产业升级转型，优化产业结构

以高耗能行业为主的产业结构导致京津冀区域能源消耗和二氧化碳排放规模较大，尤其是以钢铁、电力等传统高耗能行业为经济支柱的河北省，碳排放规模持续扩大，碳排放强度仍处于较高水平。因此，产业结构优化成为京津冀区域，尤其是津冀控制二氧化碳排放的关键所在。京津冀区域应立足自身功能定位，持续优化升级三地产业结构，构建产业绿色协同发展的长效机制。重点优化河北省产业结构，严格控制高能耗、重化工业新增产能，推动钢铁、电力等传统高耗能行业技术升级和节能改造；大力发展先进制造业和战略性新兴产业，引进京津高新技术产业，对传统优势资源型产业进行置换，带动产业结构升级。近年来，天津市黑色金属冶炼及压延加工业产业二氧化碳排放量已占全市的 30% 左右，亟须进一步控制产业规模，推动产业转型升级。针对区域第三产业的碳排放，应降低电力蒸汽热水生产供应、交通运输、邮政行业，以及城市生活等领域的化石能源消耗，大力发展公共交通，推广新能源汽车，制订清洁能源替代方案。

3. 大力发展清洁能源，促进能源转型

研究表明，能源消费量与二氧化碳排放量呈正相关关系。京津冀区域能源消费量大、碳排放量大。在碳达峰与碳中和战略下，京津冀地区能源消费必然会受到二氧化碳排放容量的约束。经过 20 多年的发展，京津冀地区能源消费结构虽有所优化，但仍然不合理。在终端能源消费结构中，清洁能源结构占比相对较低，煤炭和石油消费结构占比仍处于主导地位。"十四五"是中国碳达峰的关键期、窗口期，要构建清洁低碳安全高效的能源体系，在消费

---

① 李国平，吕爽."双碳"目标视角下的京津冀产业结构优化研究［J］. 河北经贸大学学报，2022，43（2）.

端控制化石能源总量和强度，着力提高利用效能，实施可再生能源替代行动。京津冀地区应统筹实现能源领域深度脱碳和能源安全，进一步优化区域能源消费结构，降低煤炭和石油等化石能源消耗，促进核电、风能、太阳能、氢能等新能源与可再生能源对化石能源的替代。京津冀地区清洁能源储量较为丰富，如河北张家口与承德地区的风能、太阳能资源丰富，可大力发展风能和太阳能，天津则可以充分利用海洋资源，开展海上风电项目。[①]

4. 发挥科技支撑作用，助力绿色发展

科技支撑是企业控制碳排放总量与实现长远发展的关键抓手，京津冀地区实现"双碳"目标，必须充分发挥科技的作用。京津冀三地应加强合作，增强区域碳中和领域协同创新配置能力，尤其是重点构建低碳技术协同创新体系，开展全方位的科研合作，从原料脱碳、清洁生产工艺研发和应用、终端碳捕获和碳转化等方面加快基础理论研究和技术革新。京津冀地区应加快出台支持企业开展低碳技术的研发和产业化的政策，更新绿色氢能、可再生能源电网、CCUS 等关键技术，制定"脱碳、零碳、负碳"排放技术发展路线，鼓励三地企业联合进行低碳关键和核心技术攻关，提高技术经费的使用效率，提升节能减排技术的转化速度。同时，积极发挥绿色金融、技术交易等市场手段，调动企业作为碳中和主体的积极性，努力打造低碳绿色技术的应用场景，对接重点企业、行业协会等，推动绿色低碳示范项目建设和节能减排技术创新，提高技术创新对产业链现代化的支撑能力，构建以创新驱动和绿色零碳为导向的产业和经济体系。

---

① 张丽峰，刘思萌. 碳中和目标下京津冀地区碳排放影响因素研究——基于分位数回归和 VAR 模型的实证分析［J］. 资源开发与市场，2021，37（9）.